MÉMOIRES POLITIQUES

D'UN MEMBRE

3093

DE L'ASSEMBLÉE NATIONALE

CONSTITUANTE

DE 1871

PAR

LE BARON DE VINOLS DE MONTFLEURY

Représentant du Département de la Haute-Loire à cette Assemblée.

LE PUY

IMPRIMERIE DE J.-M. FREYDIER

—

1882

MÉMOIRES POLITIQUES

MÉMOIRES POLITIQUES

D'UN MEMBRE

DE L'ASSEMBLÉE NATIONALE

CONSTITUANTE

DE 1871

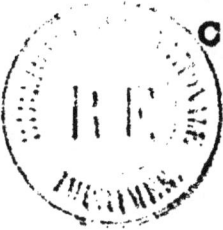

PAR

LE BARON DE VINOLS DE MONTFLEURY

Représentant du département de la Haute-Loire à cette Assemblée.

LE PUY

IMPRIMERIE DE J.-M. FREYDIER

—

1882

AVANT-PROPOS

J'ai écrit, jour par jour, ces mémoires, alors que j'avais l'honneur de siéger à l'Assemblée Nationale Constituante à laquelle la France, après les désastres inouïs de la guerre de 1870, avait confié la mission douloureuse et difficile d'obtenir la paix de l'Allemagne triomphante et de rétablir à l'intérieur l'ordre si profondément troublé par les factions révolutionnaires.

Mon but fut surtout d'en tirer une preuve saisissante de l'infirmité humaine, en montrant, d'un côté, l'aveuglement, l'inconscience, la petitesse de vues des prétendus *grands* hommes qui pendant cette période mémorable dirigèrent la marche des événements, et de l'autre, l'importance capitale et funeste de ces événements sur les destinées de mon pays, disproportion effrayante entre la cause et l'effet, et que la raison confondue ne peut expliquer qu'en reconnaissant que Dieu se joue à plaisir des peuples rebelles à sa loi, et, dans sa souveraine justice, les livre, pour les punir, à la merci des aventuriers qu'ils se sont donnés pour maîtres dans un jour d'affolement et d'orgueil.

L'étude de ces faits exposés avec une complète indépendance et une scrupuleuse exactitude, pourra montrer aussi sur qui, dans cette Assemblée si honnête et si bien intentionnée en majorité, doit retomber la responsabilité de son impuissance à arracher la France des mains des révolutionnaires et à lui donner un gouvernement monarchique, le seul qui pût lui faire reprendre sa place à la tête des Nations.

CHAPITRE I

Avènement de Napoléon III à l'Empire. — Ses fautes multipliées. —
Guerre de 1870. — Désastre de Sedan. — Les Révolutionnaires s'emparent
du pouvoir le 4 septembre. — Continuation insensée de la guerre. —
Paris assiégé. — L'armée ennemie au cœur de la France. — Election de
l'Assemblée nationale constituante. — Elle se réunit à Bordeaux. —
Traité de paix. — Signes précurseurs de l'insurrection de Paris. —
Prorogation de l'Assemblée. — Elle quitte Bordeaux.

Le 10 décembre 1848, à l'élection du Président de la
République, je votai pour le prince Louis Napoléon, le
préférant à son concurrent, le général Cavaignac, uniquement parce qu'il était de race impériale et que celui-ci
n'était qu'un simple citoyen.

Les commencements du gouvernement du Prince Président satisfirent généralement l'opinion publique, et j'avoue
que malgré les précédents fâcheux de sa vie passée, je
pensais que, comme Auguste, parvenu à l'Empire, il se
ferait pardonner les conspirations qui l'y avaient porté et
arracherait la France aux entreprises des Révolutionnaires,
dont l'insurrection de juin 1848 avait fait pressentir les
sinistres desseins.

Ma confiance en lui ne fut pas de longue durée : En 1851
des troubles éclatèrent à Bédarieux, dans l'Hérault : on
tenta de brûler vifs des gendarmes et leurs familles. Des
condamnations furent prononcées contre les insurgés; mais
sous couleur politique ces crimes ne furent punis que
de la déportation. Le Prince président gracia ces misérables,
pour satisfaire l'opinion démocratique à laquelle ils appar-

tenaient; il fut aisé de voir dans quel but. J'en fus profondément impressionné; mon opinion, formée sur lui dès lors, ne varia plus; et les événements la confirmèrent de plus en plus, jusqu'au jour où, par une lettre surprise dans sa correspondance intime avec Edgard Ney, il se fit connaître pour l'ennemi juré de la papauté. Aussi, en 1860, il ne craignit pas de devenir complice du roi de Piémont dans la spoliation du Pontife romain, et de recevoir pour salaire le comté de Nice et la Savoie.

La colère de Dieu se déchaîna dès lors sur lui et, frappé de cette cécité qui conduit à leur perte les monarques impies, après avoir compromis la fortune et l'honneur de la France dans la folle entreprise du Mexique, il laissa la Prusse écraser l'Autriche, notre alliée naturelle, et unifier l'Allemagne sous son drapeau; enfin il entreprit, contre cette puissance devenue formidable, une guerre insensée qui du trône le jeta dans la captivité où finit sa carrière et plongea la France dans un abîme de maux dont Dieu seul sait si elle pourra jamais sortir.

1870.   La journée du 3 septembre 1870 éclaira à Sedan ce suprême châtiment, lamentable défaite, où l'on vit 200,000 Français, commandés par leur empereur en personne, mettre bas les armes devant un roi de Prusse.

Notre armée entière captive, rien ne pouvait plus faire obstacle aux flots sans cesse accrus de l'armée d'invasion.

4 septembre.   Il n'y avait qu'un parti à prendre : demander la paix. Nul doute que l'Impératrice Régente, le Sénat et la Chambre des députés ne l'eussent en effet demandée et obtenue, si les factions révolutionnaires leur en avaient laissé le temps; mais ameutées par les députés qui tenaient à la Chambre la tête de l'opposition, dès que la nouvelle du désastre de Sedan fut parvenue à Paris, dans la journée du 4 septembre, elles envahirent le palais Bourbon, en expulsèrent les représentants du pays et, sous prétexte de le sauver de l'invasion, proclamèrent la République et

1870. s'emparèrent du pouvoir. Les ministres de ce gouvernement nouveau qui s'intitula de la Défense Nationale, furent :

GAMBETTA, à l'Intérieur.
Ernest PICARD, aux Finances.
CRÉMIEUX, à la Justice.
LE FLÔ, à la Guerre.
FOURICHON, à la Marine.
J. SIMON, à l'Instruction publique.
J. FAVRE, aux Affaires étrangères.
DORIAN, aux Travaux publics.
MAGNIN, au Commerce.
Le général TROCHU fut nommé gouverneur de Paris.

Ces hommes audacieux osèrent ainsi assumer sur eux l'écrasante responsabilité de continuer, contre une puissance formidable et triomphante, avec l'or et le sang de la France et sans l'avoir consultée, une résistance insensée qui ne fut marquée que par des revers et livra trente-cinq de nos départements aux ravages des armées ennemies, durant près de six mois.

Pendant ce temps, Paris assiégé présentait le spectacle affreux de toutes les souffrances, accrues par les séditions intérieures qui en prolongeaient les angoisses et en paralysaient la défense.

Cinq mois s'étaient écoulés pour la France dans une situation dont l'histoire n'offre pas d'exemple. On était en
1871. janvier 1871; la famine commençait à se faire cruellement sentir dans Paris; les débris des corps d'armée ou plutôt des bandes levées par le gouvernement d'aventure qui s'était emparé du pouvoir au 4 septembre, sans discipline, sans armes, sans vêtements, sans vivres, dirigées dans leurs opérations militaires, non par les généraux qui les commandaient, mais par les avocats et les ingénieurs qui, devenus maîtres du pouvoir, s'érigeaient en stratégistes, étaient partout refoulées par les armées allemandes, par-

faitement approvisionnées, pourvues d'une artillerie formidable, obéissant à une direction savante; et le flot de
l'invasion, s'avançant toujours, couvrait presque toute la
France jusqu'à la Loire.

C'en était fait de notre malheureuse patrie, si Dieu, dans
sa miséricorde, n'avait enfin contraint le gouvernement
provisoire à reconnaître son impuissance et à demander
au pays de nommer une Assemblée nationale pour décider
de son sort.

Un armistice fut conclu et les élections générales, à
raison d'un député par 40,000 habitants, fixées au 8 février 1871. L'intérêt suprême du pays le réclamait non
moins que son droit le plus sacré.

L'arrondissement du Puy, d'après sa population, devait
élire trois députés. L'opinion publique en désignait deux
par avance : MM. Vinay, maire de la ville et conseiller général, et Calemard de la Fayette, conseiller municipal et
conseiller général. Le troisième restait à choisir. Comme
conseiller municipal et conseiller général, j'avais bien
quelque droit à la confiance publique, mais n'ayant jamais
manifesté d'ambition ni quêté les suffrages, personne ne
vint d'abord m'engager à me mettre sur les rangs.

Le R. P. Rouquairol, supérieur de la Maison des Jésuites
à Vals, me fit prier de passer chez lui. En m'abordant, il
me dit sans préambule : « Il faut absolument vous mettre
sur les rangs pour la députation. » Le R. P. Desjardins me
déclara avec la même assurance et encore plus d'autorité,
que c'était mon devoir de briguer la députation.

Je me faisais difficilement à l'idée de devenir tout d'un
coup un homme politique; cependant j'allai trouver M. Vinay,
avec lequel j'avais eu, soit au Conseil général, soit au Conseil municipal du Puy, les meilleures relations : « Mon cher
ami, lui dis-je, quel parti prenez-vous pour la députation;
on dit que vous ne voulez pas vous présenter? — Non, me
dit-il; je suis accablé d'affaires ici, je ne puis m'éloigner;

d'ailleurs, pour aller à Bordeaux sans un ami, dans des circonstances si douloureuses et si difficiles, c'est dur; encore. si vous vouliez venir avec nous. — J'y suis tout disposé, lui répondis-je. — Topez-là, » ajouta-t-il en me tendant amicalement la main. Il fut dès lors convenu que nous marcherions ensemble et avec Calemard de la Fayette.

. Un comité électoral s'était déjà formé au Puy pour choisir six candidats; il tint plusieurs réunions dans les salons de M. Henry de Brye, ex-procureur impérial à Trévoux, révoqué par le Gouvernement du 4 Septembre, au dévouement et à l'activité duquel je dois rendre un hommage mérité. Le comité arrêta la liste suivante :

MM. VINAY.
    CALEMARD DE LA FAYETTE.
    Jules DE VINOLS.
    MALARTRE.
    Symphorien DE FLAGHAC.
    Général DE CHABRON.

Des six candidats, trois seulement habitaient le Puy: Vinay, Calemard de la Fayette et moi; M. Malartre résidait dans l'arrondissement d'Yssingeaux; M. de Flaghac, dans celui de Brioude; le général de Chabron commandait une brigade à l'armée de l'ouest. Ils nous avaient donné pleins pouvoirs pour diriger la campagne électorale.

Dieu était avec nous, et, le 8 février 1871, nous fûmes nommés avec 10,000 voix de majorité sur nos concurrents républicains. A ce moment de péril suprême, les populations choisirent les hommes qui leur inspiraient le plus de confiance.

L'élection eut lieu au scrutin de liste, les frais ne s'élevèrent qu'à 3,000 francs, soit 500 francs pour chaque candidat; aux élections de 1876, avec le scrutin d'arrondissement chaque candidat dût dépenser de 20 à 30,000 francs.

L'Assemblée était convoquée pour le dimanche 12 février, à Bordeaux.

Nous partîmes, Vinay et moi, pour Bordeaux, passant par Bourges, Limoges et Périgueux. Nous nous arrêtâmes à Libourne; le buffet de la gare avait été mis au pillage quelques jours auparavant par des soldats français, malgré la gendarmerie, tant il est vrai que sur leur passage les bandes françaises indisciplinées avaient souvent fait plus de dégâts que l'ennemi : il n'y avait plus un verre, plus une assiette. Je vis, sur le quai, Cathelineau, commandant d'un bataillon de francs-tireurs : il avait un costume vert foncé, un *sacré-cœur* brodé en rouge écarlate sur la poitrine, un chapeau pointu avec une plume noire; sur sa figure étaient peintes la bonté, la franchise et l'énergie. Je vis là aussi le général Chanzy, en grand uniforme, posant avec un certain éclat. Arrivé à Bordeaux, il siégea à la Gauche, toujours en grand uniforme; mais, après l'insurrection de la Commune de Paris, où il fut pris et faillit périr, il vint prendre place, à Versailles, sur les bancs de la Droite.

En passant à Monistrol, nous avions pris M. Malartre; il fut mon compagnon de chambre, à Bordeaux, pendant tout notre séjour; les logements y étaient très rares, à cause de la grande affluence d'étrangers que la curiosité ou de mauvais desseins y avaient attirés.

L'Assemblée avait ouvert sa session le dimanche 12 février, et constitué son bureau provisoire, sous la présidence de M. Benoist d'Azy, doyen d'âge.

Nous n'avions pas assisté à cette première séance, ayant été forcés de coucher à Périgueux, faute de correspondance dans les trains.

A notre entrée dans la salle des séances le lendemain 13 février, tous les sièges du côté droit étaient occupés, les députés de la Droite étant beaucoup plus nombreux que

1871. ceux de la Gauche; nous dûmes, pour nous placer, prendre les sièges restés vides au côté gauche, près de Millière, Gambon, Lockroy et autres de la même nuance.

Cette séance fut marquée par un grave incident : Garibaldi, nommé député par le département des Alpes-Maritimes et deux autres départements, était assis à deux banquettes devant nous; il avait à sa droite son lieutenant Bordone, ex-pharmacien à La Châtre, officier de circonstance, et à sa gauche Esquiros; il était vêtu d'une sorte de justaucorps gris, à revers rouges, avec une ceinture rouge; il était coiffé d'un chapeau calabrais en feutre gris, avec une plume rouge; il se découvrit à l'entrée du Président.

Voici ce qui venait de se passer (je tiens ces détails de M. Benoist d'Azy lui-même) : « Au moment où, comme président d'âge, j'entrais dans la salle pour présider la séance, un huissier vint me dire : « Monsieur le Président, « *un officier général* demande à vous parler. » Je descendis sous le péristyle du théâtre et là je fus abordé par Bordone, qui me dit, en me remettant une lettre : « Puisque la France refuse les services du général, il n'a « plus qu'à donner sa démission. — Comme vous vou- « drez, » lui répondis-je; et j'entrai dans la salle. » M. Benoist d'Azy prit place au fauteuil, ouvrit la séance et donna lecture de la lettre de Garibaldi, ainsi conçue :

« Citoyen Président de l'Assemblée Nationale,

« Comme un dernier devoir rendu à la cause de la République française, je suis venu lui porter mon vote que je dépose entre vos mains.

« Je renonce aussi au mandat de député dont j'ai été honoré par divers départements.

« Je vous salue,

« G. GARIBALDI. »

Immédiatement après, Jules Favre monta à la tribune et déposa la déclaration suivante :

« Les membres du Gouvernement de la Défense Nationale soussignés, tant en leur nom qu'au nom de leurs collègues absents, qui ratifieront les présentes, déposent leurs pouvoirs entre les mains du Président de l'Assemblée Nationale, s'engageant à rester à l'expédition des affaires jusqu'à ce qu'ils auront été régulièrement relevés.

A Bordeaux, le 13 février 1871.

« Signé : FOURICHON, E. ARAGO, J. FAVRE, E. PELLETAN, GLAIS-BIZOIN, GARNIER-PAGÈS, J. SIMON »

(E. Picard était à Paris; Gambetta n'avait pas signé.)

Le Président dit que l'Assemblée prend acte de cette déclaration, il engage MM. les Représentants à se rendre dans leurs bureaux pour la vérification des pouvoirs, il déclare la séance levée et quitte le fauteuil.

A peine le Président fut-il descendu de son siège, que Garibaldi se leva et demanda à parler. Sa voix cassée ne fut pas entendue. Alors ses deux acolytes Bordone et Esquiros demandèrent avec arrogance la parole pour leur chef. Un premier moment de surprise et de silence dans l'Assemblée permit à Garibaldi de prononcer quelques paroles inintelligibles. A l'instant tous les députés de la Droite se lèvent comme un seul homme et font entendre une protestation formidable contre l'inconvenance et l'audace de l'agitateur italien; la Gauche essaye de le soutenir; un tumulte épouvantable succède à ce premier conflit; chacun quitte sa place et vocifère; les tribunes invectivent les députés de la Droite. Je ne m'explique pas comment nous ne fûmes pas envahis. On va prévenir le Président, qui remonte *couvert* au fauteuil et ordonne aux huissiers de faire évacuer la salle.

1871. Garibaldi sortit; mais sur le palier qui est à l'entrée des premières galeries où convergent les deux rampes de l'escalier du théâtre, il y eut une vraie mêlée entre les députés, les officiers italiens et bon nombre d'hommes de désordre qui assistaient à la séance.

L'Assemblée se rendit immédiatement dans ses bureaux. Je faisais partie du 14me, où se trouvaient plusieurs hommes marquants : le comte Jaubert, ancien ministre du roi Louis-Philippe, président du bureau; le comte Daru, ancien ministre de Napoléon III; E. Arago, Magnin, ancien ministre du Gouvernement de la Défense Nationale; le général Martin des Pallières, qui s'était distingué dans les affaires d'Orléans; Mgr Dupanloup, évêque d'Orléans.

La séance ouverte, sous la présidence du comte Jaubert, le comte Daru, au milieu de l'émotion générale, nous dit : « Messieurs, en ce moment, un officier français se coupe la gorge avec un lieutenant de Garibaldi, qu'il a souffleté, à la porte de la salle des séances. Il est indispensable que l'Assemblée veille à sa sécurité en nommant des questeurs, et, si vous le voulez, je me joindrai à notre honorable Président pour en aller porter la réclamation dès ce soir à M. Thiers. »

Cette proposition fut acceptée à l'unanimité.

M. Thiers était déjà le centre d'action de l'Assemblée Nationale; sa notoriété politique, son élection dans vingt-deux départements lui avaient donné, dès son arrivée à Bordeaux, une position prépondérante; il n'y faisait pas défaut de sa personne; très friand d'autorité, il caressait des projets d'ambition personnelle pour un avenir prochain. Ses salons étaient ouverts aux députés de toute nuance; il y avait foule tous les soirs : Vinay, Malartre et moi, entraînés par le mouvement général, lui fûmes présentés par le baron de Barante, député du Puy-de-Dôme, avec lequel le baron de Flaghac, notre collègue, nous avait mis en relation.

L'incident Garibaldi causa un grand émoi parmi les révolutionnaires de Bordeaux; mais l'aventurier italien, jugeant sa situation plus qu'embarrassante, partit pour Nice le lendemain matin.

Il n'y eut pas de séance le 14. La séance du 15 fut consacrée aux validations d'élections. Le 16, à l'ouverture de la séance, le marquis de Franclieu monta à la tribune et se plaignit avec véhémence d'avoir été insulté en traversant la place; il demanda avec instance la nomination des questeurs.

La place qui est devant le théâtre était, en effet, encombrée bien avant l'heure des séances, par une foule si compacte que nous avions beaucoup de peine à nous y frayer un passage. Nous crûmes d'abord à une affluence de curieux; mais nous comprîmes bientôt que c'était la réunion des révolutionnaires de toute la France, accourus pour profiter d'une circonstance et mettre à exécution de sinistres desseins contre l'Assemblée. Je ne fus pas peu surpris d'y reconnaître un des coryphées du parti républicain du Puy.

Les 16 et 17 février, on procéda à la constitution du bureau définitif de l'Assemblée.

Furent élus :

Président.......... Jules GRÉVY, par 519 suffrages, sur 531 votants.

Vice-présidents...
- MARTEL, par......... 427 suf.
- BENOIST D'AZY........ 391
- VITET............... 319
- Léon DE MALLEVILLE.. 288

Secrétaires.......
- BETHMONT.
- DE BARANTE.
- DE RÉMUSAT.
- JOHNSTON.
- DE CASTELLANE.
- DE MEAUX.

Questeurs ....
$\left\{\begin{array}{l}\text{BAZE.}\\\text{PRINCETEAU.}\\\text{Général MARTIN DES PALLIÈRES.}\end{array}\right.$

Ce bureau était Centre-Gauche, c'est-à-dire républicain, l'Assemblée était-elle donc républicaine en majorité? Certes non, elle était monarchique; mais dans la situation si troublée où elle arriva à Bordeaux, elle n'eut pas le temps de se reconnaître et de s'organiser, et dut nécessairement subir les choix que lui présenta M. Thiers qui, avec ses amis de la Gauche, vieux politiques habiles et pour la plupart orateurs de talent, organisa immédiatement un centre d'action puissant et presque irrésistible.

Cette nécessité subie n'en fut pas moins grandement déplorable, car elle engagea l'Assemblée dans la voie des concessions à la Révolution sous l'action dirigeante de M. Thiers et lui ferma la voie d'indépendance et d'énergie personnelles, dans laquelle, si elle fut entrée résolûment à Bordeaux elle aurait d'abord puni le crime du 4 Septembre, comprimé et réprimé vigoureusement les excès des passions politiques, et insensiblement, par une direction énergiquement et franchement conservatrice imprimée à la marche du Gouvernement, préparé le retour de la monarchie, la seule forme de Gouvernement qui puisse rendre à la France sa prospérité et sa grandeur passées.

Dans cette séance fut présentée la proposition suivante :

« Les Représentants du peuple, soussignés, proposent à l'Assemblée Nationale la résolution suivante :

« M. Thiers est nommé chef du Pouvoir Exécutif de la
« République française. Il exercera ces fonctions sous le
« contrôle de l'Assemblée Nationale, avec le concours des
« ministres qu'il aura choisis et qu'il présidera.

« Signé : DUFAURE, Jules GRÉVY, VITET, L. DE MAL-
LEVILLE, L. RIVET, MATHIEU DE LA RE-
DONDE, BARTHÉLEMY SAINT-HILAIRE. »

Cette proposition était de la plus haute gravité, elle consacrait la forme républicaine et conférait à M. Thiers le pouvoir suprême, elle n'en fut pas moins votée en l'air, c'est-à-dire par *assis et levé* et presque à l'unanimité, sous prétexte qu'il était urgent de pourvoir immédiatement aux nécessités du Gouvernement et à la conduite des négociations.

Les dispositions de la foule qui encombrait la place du Théâtre devenant de plus en plus hostiles, des troupes et un corps de marins avaient été appelés à Bordeaux, après la nomination des questeurs. Dès le 17 février, les ordres furent donnés pour que, une heure avant la séance, la place fût évacuée et occupée pendant toute sa durée par une ligne de soldats disposée en carré, qui, contenant la foule, rendit facile l'entrée et la sortie des Représentants : c'est ainsi qu'on nous appelait à Bordeaux.

Ces précautions contre l'émeute indisposèrent grandement les membres de l'Extrême-Gauche. A la séance du 18, Floquet prononça un discours violent, avec ce ton inconvenant où se faisait reconnaître l'avocat mal élevé qui avait crié au passage de l'Empereur de Russie, à une revue au bois de Boulogne : « Vive la Pologne! Monsieur. » Rochefort et Brisson protestèrent contre la substitution de l'armée à la garde nationale de Bordeaux, pour la garde de l'Assemblée. On avait, en effet, pendant les premiers jours, chargé la garde nationale de contenir la foule; mais on ne tarda pas à se méfier de ses dispositions.

A la séance du 19 février, M. Thiers prononça son discours de remerciement et fit connaître son ministère :

MM. DUFAURE, à la Justice.

 J. FAVRE, aux Affaires étrangères.

 E. PICARD, à l'Intérieur.

 J. SIMON, à l'Instruction publique et aux Cultes.

1871.

MM. LE FLÔ, à la Guerre,

POTHUAU, à la Marine.

LAMBRECHT, au Commerce et à l'Agriculture.

DE LARCY, aux Travaux publics.

Quant aux Finances, il annonça qu'il y serait pourvu ultérieurement.

La composition de ce ministère, tout entier de gauche, à l'exception de M. de Larcy, et en opposition par conséquent à la couleur de l'Assemblée Nationale où alors les monarchistes étaient en majorité, annonçait clairement la volonté de M. Thiers de gouverner avec des républicains. L'Assemblée ne le comprit pas, ou, si elle le comprit, elle n'en subit pas moins ce second et décisif échec; un chef lui manquait, qui le lui fît comprendre et lui montrât les moyens de l'éviter, alors qu'elle en avait le pouvoir.

Des réunions politiques s'étaient cependant organisées dès les premiers jours; la Droite se réunissait dans les salons de M. Journus, député de la Gironde; Audren de Kerdrel était président. Je n'ai pas été assez assidu aux réunions pour pouvoir donner un aperçu sommaire des questions qu'on y traitait; toutefois, je ne puis oublier qu'un jour de Belcastel ayant voulu parler des chances de retour de la Monarchie légitime, avec la franchise qui était la plus belle qualité de son caractère et de son talent, le président de Kerdrel l'arrêta court et traita sa motion d'imprudente avec un ton d'irritation et d'aigreur qui me parut inspiré par une prudence excessive, dans une réunion qui comptait tous les légitimistes de l'Assemblée.

Le Centre-Droit, c'est-à-dire les orléanistes, se réunissait au cercle Johnston, M. de Barante m'y conduisit plusieurs fois; c'est là que je vis pour la première fois de près les ducs d'Audiffret-Pasquier et Decazel.

A cette séance, Barthélemy Saint-Hilaire, le mameluk de Thiers, proposa, à son instigation, la nomination de huit grandes commissions chargées d'examiner l'usage que le Gouvernement du 4 Septembre avait fait des services publics pendant la guerre et l'état dans lequel il les avait laissés : c'était pour occuper l'Assemblée pendant les négociations que Thiers allait traiter à Versailles avec M. de Bismarck, pour obtenir la paix.

Je fis partie de la commission des postes et des télégraphes. C'est dans cette commission que j'éprouvai ma première déception, à la vue de la faiblesse de notre président, de Tillancourt, et de presque tous mes collègues, qui ne montraient ni ardeur à la recherche de la vérité, ni énergie contre les abus signalés.

Je fus nommé pour le 14ᵉ bureau membre de la première commission d'initiative parlementaire ; c'était la plus importante des commissions mensuelles, celle où étaient discutés, admis ou rejetés, tous les projets de loi émanés de l'initiative des députés. Je dus cette distinction à la netteté avec laquelle j'exprimai mon opinion sur l'étendue, illimitée à mon sens, du droit de chaque député de présenter les projets de loi qui lui paraissaient utiles. Cette largeur d'idée me valut, outre les voix de ceux de mes collègues qui partageaient mes opinions politiques, et ils étaient nombreux dans le 14ᵉ bureau, celles des républicains tels que Emmanuel Arago, Magnin et autres qui, m'ayant entendu parler, me demandèrent mon nom et votèrent pour moi ; ça ne leur arriva plus depuis, jusqu'au jour où, cinq ans après, ils voulurent faire de moi, et malgré moi, un sénateur à vie.

La dignité et les prérogatives de l'Assemblée Nationale ont toujours été défendues par moi avec une ardente conviction, et quand mes collègues se plaignaient des prétentions et des exigences autoritaires de M. Thiers, je leur répondais qu'ils méritaient de les subir n'ayant jamais eu le courage de lui résister.

Gambetta, qui régnait en maître absolu à Bordeaux avant l'arrivée de l'Assemblée, voyait sa situation bien changée.

1871.

Il n'avait pas assisté aux premières séances; il vint à la séance du 19; sa présence donna de l'animation au groupe de l'Extrême-Gauche, non loin duquel nous avions été contraints de nous placer.

A cette séance, J. Favre, ministre des affaires étrangères, demanda la nomination d'une commission de quinze membres pour assister les négociateurs qui allaient partir pour Versailles. L'urgence déclarée, la séance fut suspendue et l'Assemblée se rendit dans ses bureaux pour la nommer, Batbie fut notre commissaire du 14e bureau. A la reprise, Gambetta demanda quel rôle joueraient les membres de cette commission. J. Simon lui répondit qu'ils assisteraient les négociateurs de leurs conseils, sans que par là l'Assemblée se trouvât engagée. Gambetta s'en déclara satisfait avec ce ton d'arrogance auquel l'Assemblée aurait dû reconnaître en lui l'homme qu'il s'est montré depuis.

Gambetta, on doit le dire, a constamment lutté de front contre l'Assemblée et n'a pas craint de lui refuser hautement, dès le début, le Pouvoir constituant. Je n'ai jamais pu m'expliquer la faiblesse et l'aveuglement de l'Assemblée à son égard. Je lisais très assidûment les articles de son journal la *République française*; c'était souvent le seul journal que je lisais; constamment j'y trouvais les attaques les plus violentes contre l'Assemblée. J'en étais toujours ému, parfois indigné, et ce sentiment débordant de mon âme, je m'adressais à mes collègues à la sortie de la salle des journaux, leur disant : « Avez-vous lu l'*Assemblée nationale?* Nous y sommes bien traités par Gambetta; c'est notre plus dangereux ennemi. » Pas un ne paraissait me comprendre; on a dû me comprendre depuis, mais trop tard.

M. Thiers, à la séance du 19, demanda que l'Assemblée suspendît ses séances pendant les négociations, et partit pour Versailles. Il n'est pas possible d'exprimer l'anxiété au milieu de laquelle s'écoula cette douloureuse semaine.

Enfin il revint le 28 février et soumit à l'Assemblée le

projet des préliminaires de paix, imposant à la France :
1° la cession de l'Alsace (moins la place de Belfort et son
territoire) et d'une partie de la Lorraine, y compris la
ville de Metz; 2° cinq milliards d'indemnité, payables en
trois ans. En attendant la ratification par l'Assemblée,
30,000 hommes de l'armée allemande devaient occuper
Paris, entre la Seine, la rue du Faubourg-Saint-Honoré,
l'avenue des Ternes et le Louvre.

Il n'y avait pas à discuter mais à se soumettre : l'Assemblée vota cette paix douloureuse par 546 voix contre 107.
Il y eut 23 abstentions, au nombre desquelles fut celle du
duc de Broglie, que je trouvai absolument inexplicable.

Au cours de cette mémorable discussion qui éveilla
toutes les susceptibilités patriotiques vraies ou simulées de
l'Extrême-Gauche, la violence des récriminations de Bam-
berger, député lorrain, contre l'ex-empereur Napoléon III,
amena une protestation de Conti (de la Corse), son ancien
secrétaire, et de quelques députés bonapartistes. L'Assemblée y répondit en votant par acclamation la déchéance
de Napoléon III et de sa dynastie. Six députés bonapartistes seulement votèrent contre; il y eut quelque courage
de leur part à se montrer fidèles à une cause que l'Assemblée écrasait du poids de sa réprobation indignée.

A la suite de cet incident mémorable, Victor Hugo, qui
rugissait de l'expulsion de Garibaldi, monta à la tribune et
insulta la Papauté. L'Assemblée demeura ébahie et muette
devant cette profanation de la personnalité la plus véné-
rable de l'univers.

Enhardi par ce silence, il y remonta le lendemain et
osa dire que Garibaldi seul avait eu du succès dans la
guerre. L'Assemblée, hors d'elle d'indignation, l'écrasa sous
une immense protestation, à l'expression de laquelle mes
collègues Vinay, Malartre et moi nous employâmes toute la
force de nos poumons. Il dut quitter la tribune; et à peine
descendu, il écrivit un billet qu'il fit remettre au Président.

1871.   Celui-ci demanda le silence et en donna lecture. En voici les termes : « Il y a huit jours, l'Assemblée a refusé d'entendre Garibaldi; aujourd'hui elle refuse de m'entendre; je donne ma démission. »

Un immense applaudissement répondit à cette communication.

A la suite de la séance, m'étant assis pour écrire à la table où les députés faisaient leur correspondance, dans le foyer du théâtre, je me trouvai placé à côté de de Meaux, alors secrétaire de l'Assemblée. Je lui exprimai ma satisfaction de l'expulsion de Victor Hugo. Quelle ne fut pas ma surprise de l'entendre me dire : « Cette démission est une chose fâcheuse; il serait heureux qu'il la retirât. » J'ai compris depuis que M. de Meaux était de cette école politique qui use et de tempéraments et d'expédients, aboutit le plus souvent à des situations fausses et intenables, d'où la bonne cause sort toujours compromise.

L'Assemblée nationale a suivi malheureusement ce système de concessions et de faiblesses qui, pour la troisième fois a conduit la France à la République, c'est-à-dire au désordre, à l'abaissement et à la ruine.

Victor Hugo ne retira pas sa démission et l'Assemblée en fut débarrassée.

Pendant que ces évènements se passaient à Bordeaux, une grande partie de la garde nationale de Paris, pour laquelle, par une faiblesse coupable, J. Favre avait obtenu de M. de Bismarck qu'elle conservât ses armes, montrait des dispositions de plus en plus hostiles à l'Assemblée. Des bruits sinistres nous parvenaient à Bordeaux.

Le 3 mars, M. Thiers avait nommé le général d'Aurelle de Paladines commandant supérieur des gardes nationales du département de la Seine. Il se rendit à Paris pour prendre ce commandement; mais il manquait, je crois, de la décision et de l'énergie nécessaires pour l'exercer dans des circonstances aussi difficiles.

Le même jour, Rochefort, Rano, Malon (de l'Internationale) et Tridon adressèrent leur démission, ne voulant pas siéger un jour de plus, disaient-ils, dans une Assemblée qui avait livré deux provinces, démembré la France et ruiné le pays.

Félix Pyat monta à la tribune, insulta l'Assemblée et, se tournant vers le président Grévy, lui adressa des injures, auxquelles celui-ci répondit par ces paroles dont la surprise peut seule excuser la faiblesse : « Le Président de l'Assemblée Nationale ne croit pas devoir relever les injures personnelles que lui adresse M. Félix Pyat. » Il aurait dû le faire arrêter. Félix Pyat, avec une insolence qu'autorisait la faiblesse du Président, jeta sa démission à la face de l'Assemblée, quitta violemment la salle et partit pour Paris y organiser l'insurrection qui éclata quinze jours après.

Toutes ces violences amenaient une grande effervescence dans l'Extrême-Gauche, auprès des bancs de laquelle nous nous trouvions placés; et comme nous ne cachions pas non plus l'expression de nos sentiments, il en résulta un jour une vive altercation entre Malartre et Millière, dans laquelle nous dûmes intervenir, Vinay et moi. Toutefois, jugeant la place intenable, nous prîmes des sièges au côté droit, au milieu de nos amis politiques.

Dans cette séance fut présentée, par du Temple, de Sugny, Durfort de Civrac, d'Abboville et autres, la proposition de réélection des Conseils généraux et municipaux, dissous illégalement par le Gouvernement du 4 Septembre. C'était se lancer bien promptement dans les hasards toujours redoutables du suffrage universel.

Une politique de justice et de prudence voulait qu'on rétablît ces assemblées, formées sous le Gouvernement Impérial, il est vrai, mais certainement antirévolutionnaires et composées en grande majorité de conservateurs, dissoutes d'ailleurs par un Pouvoir usurpateur et dont l'Assem-

1871. blée Nationale avait le devoir de flétrir les actes en annulant ses décrets.

Le garde des sceaux venait d'indiquer cette voie, en proposant de briser un décret de ce Gouvernement d'aventuriers qui avait révoqué quinze magistrats inamovibles.

Je fis valoir de mon mieux ces raisons dans mon bureau, mais en vain; un affolement aveugle contre tout ce qui tenait à l'Empire avait gagné l'Assemblée; à ce sentiment se joignait aussi, je crois, pour plusieurs, le désir d'entrer dans les Conseils généraux de leurs départements.

Le résultat de ces réélections, qui eurent lieu au mois de septembre, fut déplorable : elles éloignèrent de ces assemblées un bon nombre de conservateurs et y appelèrent, dans un grand nombre de départements, une majorité républicaine qui n'en est plus sortie. Quoique député, je ne fus pas renommé conseiller général dans le canton de Craponne, et fus remplacé par un homme d'opinion ultra-révolutionnaire. Il en fut de même de mon collègue Calemard de la Fayette, pour le canton du Puy (nord-ouest).

4 mars L. Blanc et autres de sa couleur présentèrent un projet de loi demandant : que les membres de l'Ex-Gouvernement de la Défense Nationale rendissent compte de la manière dont ils avaient exercé le pouvoir à Paris.

Pour les hommes de ce parti, Paris était toute la France.

Delescluze, qui quelques jours plus tard se fit tuer sur les barricades, était venu prendre place derrière moi; il me demanda un crayon, écrivit quelques lignes sur ses genoux, puis gagna la tribune et y déposa la proposition suivante : « Sont décrétés d'accusation, du chef de haute trahison, les membres du Gouvernement dit de la Défense Nationale, acclamés le 4 Septembre. Une commission d'instruction sera nommée..... »

Sa proposition fut renvoyée à la commission d'initiative d'où elle n'est pas sortie.

M. Thiers présenta, à cette séance, la proposition de

choisir pour résidence de l'Assemblée un lieu plus rapproché de Paris : Versailles ou Fontainebleau.

Le député Cochery lut son rapport sur les élections de quatre préfets du 4 Septembre, nommés dans les départements où ils exerçaient leurs fonctions, contrairement à tout principe de liberté électorale et aux prescriptions de la loi du 15 mars 1849 qu'avait fait revivre le décret du Gouvernement de la Défense Nationale, enfermé dans Paris, le 29 janvier 1871, et par lequel il appelait les collèges électoraux de toute la France à l'élection d'une Assemblée Nationale.

Ce rapport produisait des documents officiels établissant la résistance de la Délégation de Bordeaux, personnifiée en Gambetta, à l'exécution de ce décret et à l'objet de la mission de J. Simon, envoyé de Paris à Bordeaux pour vaincre cette résistance. Il établissait, entre autres, ce fait inouï, que J. Simon ayant, le 4 février, décrété que les élections auraient lieu le 8 du même mois, sans aucune des incapacités édictées par les décrets récents de la Délégation de Bordeaux, lesquels déclaraient inéligible tout citoyen ayant occupé des fonctions sous l'Empire, et privé de l'organe du *Moniteur*, qui était sous la main de la Délégation, ayant fait insérer ce décret dans quelques-uns des journaux de Bordeaux, ces journaux avaient été saisis par ordre du préfet de Bordeaux, sous l'approbation de Ranc, alors directeur de la sûreté générale; qu'alors J. Simon ayant envoyé un ami chargé de pénétrer dans Paris et d'y avertir le Gouvernement de la gravité de la situation, Arago, Pelletan et Garnier-Pagès s'étaient rendus à Bordeaux, et qu'alors seulement la publicité du *Moniteur* avait été rendue à J. Simon et le décret du 29 janvier publié librement de Bordeaux, le 6 février.

Le rappel de ces actes criminels souleva l'indignation de l'Assemblée, et le vicomte de Lorgeril demanda la mise en accusation de la Délégation de Bordeaux.

1871.

J. Simon, l'homme de la fausse prudence, supplia l'Assemblée d'écarter ces discussions irritantes, et le vote sur les élections scandaleuses de ces quatre préfets fut ajourné. Le vicomte de Lorgeril annonça qu'il présenterait de nouveau, ultérieurement, sa proposition.

Le 10 mars, l'Assemblée vota l'établissement du siège de l'Assemblée Nationale à Versailles.

Le 11, eut lieu la dernière séance à Bordeaux; elle fut sans importance : l'Assemblée s'ajourna au lundi 20 mars, à Versailles.

CHAPITRE II

L'Assemblée Nationale s'établit à Versailles. — Insurrection de la Commune de Paris. — Guerre entre l'Assemblée Nationale et Paris insurgé. — Projet de loi sur l'armée. — Commission pour juger les actes du Gouvernement usurpateur du 4 Septembre.

1871. Je partis de Bordeaux, le 12 mars, pour le Puy; j'y pris quelques jours de repos dans ma famille, que je quittai le dimanche 19. Je ne devais plus revoir mon père, qu'une maladie de quelques jours nous enleva le 18 avril 1871.

Le 15 mars, à midi, Thiers était arrivé à Versailles et s'était installé à l'hôtel de la Préfecture. Dans la soirée, il se rendit à Paris et présida le conseil des ministres, au ministère des Affaires étrangères.

Le *Moniteur* du 17 annonçait que M. Gambetta passerait très probablement la fin du mois et les premiers jours d'avril en Espagne, à Saint-Sébastien. On comprit bientôt le motif de cette communication.

Après l'armistice, signé le 28 janvier, l'instinct de la conservation ne tenant plus dans Paris les passions révolutionnaires captives, elles furent agitées et excitées par les chefs et amenèrent dans l'administration un affaissement et un désarroi complets. Un des premiers effets de cette effervescence fut, sur le bruit mensonger que les Prussiens allaient s'emparer des canons de la garde nationale réunis à l'avenue Wagram et au parc Monceaux, d'amener sur ces points une foule ameutée, qui, unie aux gardes nationaux, s'attela aux affûts et les conduisit triom-

1871.
phalement à Belleville, aux buttes Chaumont et à Montmartre.

Rochefort, dès le 5 septembre 1870, avait organisé, à côté du Gouvernement, dans l'Hôtel de ville même, un conciliabule composé de Rano, Tibaldi, Flourens et Lissagaray, qui délibérait sous sa présidence. Ce fut le noyau du Comité central de la Commune.

Dans la soirée du 17 mars, l'autorité militaire, représentée par les généraux Vinoy à la tête d'une dizaine de mille hommes cantonnés sur la rive gauche de la Seine, et d'Aurelle de Paladines, commandant supérieur des gardes nationales, envoya sur la place des Vosges de nombreux attelages pour emmener les canons au parc d'artillerie de l'avenue de Wagram. Mais du quartier général des gardes nationaux fédérés arriva l'ordre formel de ne pas les livrer, et les attelages durent se retirer.

Le 18 mars, de grand matin, fut affichée sur les murs de Paris une proclamation, signée de Thiers et de tous les ministres, engageant les hommes d'ordre à se séparer des factieux et à aider l'autorité militaire à arracher de leurs mains les canons dont ils s'étaient emparés pour organiser la guerre civile.

A six heures du matin, les troupes arrivaient au pied des hauteurs de Montmartre pour enlever les canons : ce fut le signal de l'insurrection.

Le rappel bat dans les bataillons fédérés; douze à quinze mille gardes nationaux s'ébranlent; la fusillade s'engage entre eux et la troupe. Mais bientôt celle-ci fait défection : le 88e lève la crosse en l'air; le général Lecomte, qui le commande, est fait prisonnier et enfermé dans la Tour de Solférino; peu après, le général Clément Thomas, reconnu, est arrêté; et on les conduit devant le Comité central, siégeant rue des Rosiers, où ils y sont fusillés dans l'après-midi.

Dans la soirée, le Gouvernement jugeant qu'il n'était pas

possible de lutter contre l'insurrection, les ministres quittent leurs ministères et se rendent à l'École Militaire, où se trouvaient les généraux Vinoy et d'Aurelle de Paladines. M. Thiers était déjà parti pour Versailles. En même temps, le Comité central de l'insurrection s'installait à l'Hôtel de ville.

Dans la soirée et jusqu'à onze heures, les troupes évacuèrent Paris, qui resta ainsi livré aux mains des insurgés.

J'étais parti du Puy le 19 mars. Arrivés à Saint-Germain-des-Fossés, nous y apprenions l'insurrection de Paris et l'assassinat des généraux Lecomte et Clément Thomas. A Saincaize, le chef de gare nous prévint que le ministre de l'Intérieur, par dépêche télégraphique, l'avait chargé d'engager les députés à ne pas passer par Paris pour se rendre à Versailles. Je m'arrêtai à Melun; nous y dînâmes dans un hôtel encombré d'officiers prussiens, dont un corps de troupes considérable occupait encore la ville. Dans une voiture de louage, Rouveure, député de l'Ardèche, de Meaux, sa femme et moi; nous partîmes pour Versailles, trouvant partout sur notre passage les villes et les villages en ruines et absolument déserts.

Arrivés à Versailles à dix heures du soir, nous nous rendîmes à la mairie pour y prendre des billets de logement. La ville était encombrée de Parisiens fugitifs.

Il était près de minuit lorsque je pus me mettre à la recherche du gîte qui m'était assigné, et ce ne fut pas sans peine que je parvins à découvrir dans la rue Neuve, absolument déserte à cette heure, le numéro 32. Je frappai à la porte. La femme du concierge était encore debout; avec une obligeance qui me toucha, elle m'ouvrit la porte à cette heure tardive et me conduisit au premier étage, où j'étais adressé. Le locataire, confiseur parisien retiré des affaires, réveillé au bruit répété de la sonnette, vint ouvrir de fort mauvaise humeur et, sur la présentation de mon billet de logement, me dit avec aigreur : « Monsieur, je vais me lever et vous donner mon lit. » Je franchis le seuil de la porte sans lui répondre, assuré de ne pas passer la nuit dehors et, une fois entré, je lui dis que je n'avais besoin que d'un matelas et d'une couverture. Il ajouta, d'un ton un peu radouci, qu'il me donnerait aussi des draps et ferait mon lit sur le carreau, à côté du poêle de sa salle à manger. C'est ainsi qu'un dépositaire de la souveraineté nationale passa sa première nuit à Versailles.

Le lendemain, à mon lever, je trouvai mon hôte très poli et un peu confus. Je pris congé de lui et fus chercher un logement. Il me fut indiqué par l'obligeante concierge, dans la cour même de la maison, chez une bonne vieille femme nommée Le Roy, femme de chambre retraitée, qui fut toujours d'une politesse, d'une complaisance et d'un désintéressement rares surtout alors chez les Versaillais. Je louais mon appartement 45 francs par mois, service compris : c'était une pièce au premier étage, très proprement meublée; tandis que la plupart de mes collègues donnaient 6 francs par jour, pour une pièce très exiguë.

J'ai occupé ce logement jusqu'au 12 juin, époque de l'arrivée de ma femme et de ma fille aînée à Versailles.

Je pris d'abord mes repas au restaurant de la Chasse, sur la place d'Armes, puis mes collègues Malartre et de Flaghac m'engagèrent à me réunir à eux et à MM. de Barante, de la Roche-Aymon, de Bouillé, de Féligonde, Vimal-Dessaigne et Tailhand, tous députés, qui avaient loué un petit hôtel, avenue de Sceaux, n° 6, et avec lesquels j'ai pris mes repas jusqu'au 12 juin.

On se figure aisément que la conversation était constamment animée, pendant les repas, de sujets intéressants, et que la politique et nos communs travaux à l'Assemblée fournissaient d'intarissables sujets de causerie et de discussions parfois très vives. Malartre et moi, toujours du parti le plus vif et le plus décidé, les plus jeunes aussi, nous rompions souvent des lances avec nos collègues, plus froids, plus prudents et plus politiques, pour ne pas dire de quelques-uns un peu trop prudents et un peu trop politiques, du moins à mon sens

L'étendard de l'insurrection flottait sur Paris; le Comité central était maître de la capitale. Dès le 19 mars, une foule de barricades s'élevaient dans les rues. Il fallait soumettre cette ville rebelle, ou livrer le pays tout entier aux horreurs de la guerre civile; M. Thiers remplit cette difficile tâche avec habileté.

Il notifia à toutes les autorités du territoire français l'installation de l'Assemblée Nationale et du Gouvernement à Versailles, avec injonction de ne recevoir d'ordres que d'eux sous peine de forfaiture, et l'avis que l'armée, au nombre de 40,000 hommes, y était concentrée, sous le commandement du général Vinoy. En même temps, le Gouvernement adressa une proclamation dans laquelle, se plaignant de l'abstention des gardes nationaux, amis de l'ordre, qui, convoqués pendant toute la journée du 18, n'avaient paru sur le terrain qu'en nombre insignifiant, il dit qu'il était encore temps de revenir à la raison et de prendre courage; que l'amiral Saisset, acclamé sur les boulevards et occupant le Grand-Hôtel avec ses braves marins, était nommé commandant supérieur des gardes nationales de la Seine, à la place du général d'Aurelle de Paladines.

Cette proclamation fut sans effet, et l'amiral Saisset, malgré son énergie et son courage, dut quitter Paris sans avoir pu rallier les bons gardes nationaux.

Pendant ce temps, le Comité central prenait possession de tous les ministères et de toutes les administrations. Il ordonnait que la garde nationale fédérée, à laquelle s'étaient joints les soldats et les marins déserteurs, feraient le service intérieur, et que les bataillons de marche occuperaient les forts et les positions avancées, pour assurer la défense de la capitale.

1871.   Le Gouvernement appela à Versailles tout ce qui restait de troupes; le général Ducrot fut chargé de recevoir à Cherbourg les prisonniers de guerre que nous rendait la Prusse; il les réorganisait à la hâte et les dirigeait sur Versailles. Dès les premiers jours on y avait réuni tous les sergents de ville de Paris, appelés alors gardiens de la paix, tous les gendarmes disponibles, ainsi que tous les marins et officiers de marine qui avaient pris une part si glorieuse au siège. Toutes les offres de services étaient acceptées avec empressement. Le général Martin des Pallières, que le 14ᵉ bureau avait nommé pour le représenter dans la commission de quinze membres, dite de la Défense, instituée par l'Assemblée pour aider le Gouvernement dans ces graves conjonctures, vint un jour nous annoncer l'arrivée prochaine à Versailles des zouaves pontificaux. Je crus devoir prendre la parole pour exposer ma crainte que ce corps ne trouvât à Versailles, de la part d'un grand nombre des députés, un accueil si exceptionnellement sympathique, que des froissements d'amour-propre et des ferments de jalousie n'en résultassent entre eux et les autres corps de l'armée.

Le bureau et le général Martin des Pallières partagèrent cette idée, et les zouaves pontificaux furent casernés à Rambouillet.

On entendait à Versailles, nuit et jour, le bruit incessant du canon. La première nuit, il me fut impossible de dormir; je m'y accoutumai peu à peu.

Les maires de sept ou huit arrondissements de Paris, au nombre desquels étaient Arago et Clémenceau, à l'instigation de l'Extrême-Gauche, tentèrent d'exercer une pression sur l'Assemblée pour obtenir des concessions qu'on avait déjà insinuées : à savoir, qu'il fût procédé, dans le plus bref délai, à l'élection d'un Conseil municipal qui nommerait, dans son sein, un maire de Paris. Ils se rendirent à la séance et se placèrent dans la tribune publique du premier rang, du côté droit, et, à un signal donné, ceints de leurs écharpes, ils se levèrent dans un silence significatif. La Gauche les salua avec enthousiasme des cris répétés de : *Vive la République!* La Droite, surprise et indignée, se leva tout entière, fit entendre une immense protestation et quitta aussitôt la salle. Nous nous rendîmes, les uns dans nos bureaux, les autres dans les galeries, déclarant qu'il n'y avait aucune concession à faire aux Parisiens, tant qu'ils n'auraient pas mis bas les armes.

On avait une vive appréhension que l'insurrection de Paris ne se communiquât aux villes de province. Gaslonde, se faisant l'interprète de ce sentiment, présenta, le 21 mars, une proposition tendant à ce que le décret de dissolution des Conseils généraux, par la Délégation de Bordeaux, fût rapporté et que ces assemblées, immédiatement réunies, nommassent des commissions pour assister les préfets jusqu'au rétablissement de l'ordre.

Cette proposition si juste et si sage souleva une interruption violente de Ducoux (du Loir-et-Cher), préfet de police en 1848, qui s'écria : « L'Empire est rétabli ! » et E. Picard, ministre de l'Intérieur, répondit que le Gouvernement présenterait le lendemain un projet de loi sur les Conseils généraux.

En effet, peu de jours après, Berthaud (du Calvados), esprit faux, déposa le rapport sur la proposition Gaslonde qui concluait à l'abrogation du décret de la Délégation de Bordeaux, et à la réélection des Conseils généraux; quant aux commissions chargées d'assister les préfets dans les circonstances présentes, elles devaient être nommées, sur leurs propositions, par le Gouvernement.

J'ai déploré à ce sujet, page 25, l'aveuglement de l'Assemblée et les suites funestes de cette réélection des Conseils généraux.

C'était le 24 mars. A la réunion du soir de la Droite monarchiste, dite des Réservoirs, du nom de l'hôtel dans les dépendances duquel elle tenait ses séances, le duc Decaze exposa avec véhémence et talent qu'il fallait vaincre les lenteurs de M. Thiers dans sa lutte contre la Commune de Paris et l'obliger à frapper un coup décisif. « Nous n'avons que 40,000 hommes, dit-il, mais 30,000 hommes devraient suffire pour s'emparer de Paris, et, en cas d'échec, il resterait à l'Assemblée Nationale obligée de se retirer au centre de la France, 10,000 hommes pour la suivre et la protéger. » L'état fiévreux des esprits nous fit accepter avec enthousiasme cette motion téméraire, et nous nous promîmes tous, au nombre de près de deux cents, de l'appuyer à la séance du soir, dans laquelle M. Thiers avait annoncé qu'il avait de graves communications à faire.

À l'entrée de la salle je rencontrai Ernoul (de la Vienne), avocat de talent, esprit d'une nature un peu apathique, mais très sensé, depuis ministre de la Justice; il me remontra l'imprudence et le danger de la motion Decaze et n'eut pas de peine à me convaincre.

De son côté, M. Thiers, en homme avisé, pressentant l'entraînement irréfléchi auquel l'heure avancée et l'échauffement naturel après le repas pourraient porter l'Assemblée, monta à la tribune et dit qu'il lui paraissait prudent de renvoyer la séance au lendemain.

Il me fut impossible de dormir, tant les conséquences de la motion Decaze me paraissaient redoutables, et il me sembla qu'il était de mon devoir de prévenir le Gouvernement des dispositions de mes amis politiques.

Le lendemain, jour de la fête de l'Annonciation, je me levai de grand matin, j'assistai à la messe dans l'église de la paroisse, chef-d'œuvre de Mansard; je reçus la sainte communion et, mon action de grâces terminée, je me dirigeai vers l'hôtel de la Présidence. Il était sept heures du matin. En ma qualité de député, je fus immédiatement introduit. Je demandai à parler à M. Thiers. On me répondit qu'il n'était pas encore levé; on me conduisit aux appartements de M. Barthélemy Saint-Hilaire, son secrétaire particulier, et on m'annonça. M. Barthélemy Saint-Hilaire prenait une tasse de café au lait; il laissa son déjeuner malgré mes instances. Je lui dis alors que j'avais une communication secrète à lui faire, et nous passâmes dans l'appartement voisin. Là je lui exposai les faits et mes craintes. M. Barthélemy Saint-Hilaire me remercia beaucoup et m'assura de l'intention bien arrêtée du Gouvernement de n'attaquer Paris qu'avec des forces irrésistibles.

Notre entretien fut assez long pour lui faire oublier que sept heures avaient sonné, et nous fûmes interrompus par une voix qui de la porte entr'ouverte criait : « Eh bien, qu'est-ce que vous faites là? il est sept heures et quart; c'est toujours la même chose. » C'était M. Thiers qui, comme un régent en colère, gourmandait son élève. M. Barthélemy Saint-Hilaire me quitta et lui dit : « J'étais avec M. de Vinols, qui avait quelque chose d'important à me dire. » Entendant prononcer mon nom, M. Thiers se retourna, jeta sur moi un regard de curiosité et disparut.

Je me retirai, avec la satisfaction d'avoir fait mon devoir, mais non sans surprise de me voir, simple particulier, absolument inconnu dans le monde politique deux mois avant, devenu le moniteur officieux du Chef du Gouvernement de mon pays.

Le 27 mars, M. Thiers prononça un long discours dans lequel il laissa voir son antipathie pour les Monarchistes de l'Assemblée, qu'il savait disposés à lui ôter le pouvoir dont il était fou.

A mesure qu'il arrivait des renforts de troupes à Versailles, le Gouvernement attaquait plus résolument l'insurrection.

Le 2 avril, le général Vinoy les débusquait des positions de Rueil, Nanterre, Courbevoie, Puteaux, où ils s'étaient

installés, et s'emparait de la barricade qui défendait l'entrée
du pont de Neuilly.

Le 3 avril, ils étaient délogés de Meudon par 1,000 gendarmes, gardiens de la paix et marins, combattant contre
des forces décuples.

L'Assemblée Nationale, vu la gravité des circonstances,
se déclarait en permanence.

Le 4 avril, Châtillon était enlevé. Les insurgés avaient
fait, au nombre d'environ 1,200, une sortie sur Châtillon;
ils comptaient de là gagner la forêt de Meudon, et marchant
sous bois par Viroflay, surprendre Versailles et mettre la
main sur l'Assemblée. Le général Vinoy les mit en déroute;
Châtillon fut enlevé et Duval, un de leurs chefs, fusillé
sur place. On en fit prisonniers plusieurs centaines. Je
vis arriver ces bandits à Versailles, entre deux haies de
fantassins, précédés et suivis de deux piquets de cavalerie
le pistolet au poing. Ils furent reçus par la foule, qui les
couvrait de malédictions; ils étaient tous tête nue, les
soldats leur enlevant leurs képis, qui jonchaient la route
derrière eux et dont les gamins se jouaient à coups de pied.

Ils furent entassés dans les caves des Grandes-Écuries;
on en mit aussi dans les serres de l'Orangerie et à Satory.

Le dimanche qui suivit la prise du pont de Sèvres sur
les insurgés, plusieurs députés et moi nous nous rendîmes
au Mont-Valérien. Cette position importante avait failli
tomber aux mains des insurgés, quelques jours auparavant.
Le commandant nous raconta que n'ayant avec lui qu'une
quarantaine de chasseurs à pied, le chef de poste était
venu lui dire que les gardes nationaux de Suresnes demandaient à entrer dans le fort. Il eut la présence d'esprit de
leur faire répondre qu'il ne pouvait les recevoir sans ordre
à pareille heure (il était six heures du soir), et que d'ailleurs
il n'y avait pas de place. Ces gardes nationaux, au nombre
de six cents environ, se retirèrent, et le commandant
demanda par estafette du renfort à Versailles, d'où on lui

1871. envoya un régiment. On doit s'étonner de cette négligence de M. Thiers, dont les conséquences pouvaient être désastreuses. Il y avait pour toute artillerie deux obusiers qui battaient la porte Maillot, voisine de l'arc de Triomphe, de l'Etoile, à la distance de quatre ou cinq kilomètres. Nous assistions avec une anxieuse curiosité à ce bombardement de Paris par l'artillerie française : l'obus en sortant de la bouche à feu faisait entendre un sifflement qui se prolongeait un instant et s'éteignait à mesure que le projectile s'éloignait; puis les artilleurs nous faisaient fixer nos regards sur le point presque invisible à l'œil nu qu'il allait atteindre, et son arrivée au but était signalée d'abord à nos yeux par un léger nuage de fumée, puis, quelques secondes après, à nos oreilles par le bruit de la détonation. Chaque coup était séparé par un intervalle de trois à quatre minutes, nécessaires pour recharger les pièces. Ce tir triste et solennel par sa lenteur, le panorama de Paris tout entier se déroulant à nos yeux par un soleil resplendissant, la guerre civile menée ainsi avec un sang-froid effrayant, tout contribuait à nous inspirer des sentiments de réprobation pour les insurgés et de pitié pour la France, qui, souillée et dévastée par la guerre étrangère, subissait encore les déchirements d'une guerre acharnée entre ses enfants.

Le commandant de place nous prit à témoin de l'insuffisance de son artillerie et pria Dussaussoy de demander au ministère de la guerre huit pièces de plus.

A notre rentrée à Versailles, Dussaussoy me pria de l'accompagner au ministère, où nous nous acquittâmes de notre mission.

L'Assemblée avait commencé, le 31 mars, la discussion de la loi municipale : ni l'électorat ni l'éligibilité, points capitaux, ne furent modifiés; le principe du suffrage universel y reçut une nouvelle consécration, et aucune garantie sérieuse n'y fut imposée aux éligibles. Comment s'en étonner :

1871. le rapporteur Batbie était un légiste érudit, mais imbu des principes égalitaires dont le triomphe a bouleversé notre société française; son savoir comme jurisconsulte lui donnait des droits à la confiance de l'Assemblée pour en recevoir la charge de codifier la loi, mais celle-ci avait le devoir d'y introduire les principes de sagesse et de justice. Soit manque de fixité dans les principes, soit légèreté, la partie la plus saine et la plus honnête de l'Assemblée a toujours abdiqué ce rôle prééminent et sacrifié le fond à la forme.

D'où il est résulté que les ambitieux, les intrigants et les beaux parleurs ont toujours dirigé ses travaux, en quelque sorte à son insu, et qu'une Assemblée monarchiste a refait en France la République.

M. Thiers voyait bien la vérité, lorsqu'il y avait intérêt; l'Assemblée, dans la loi municipale, ayant adopté, à *une* voix de majorité seulement, la disposition que les maires seraient élus par les Conseils municipaux, il déclara qu'il ne pouvait gouverner, si les villes étaient ainsi livrées au hasard de l'élection, et un amendement portant que le Gouvernement nommerait les maires et adjoints de tous les chefs-lieux de département et d'arrondissement et de ceux des villes non chefs-lieux de plus de 20,000 âmes de population, fut voté à une très grande majorité.

Cette première victoire de la sagesse intéressée de Thiers sur l'imprudence de l'Assemblée fut une leçon dont elle ne sut pas profiter.

Plus la lutte entre la Commune de Paris et l'Assemblée Nationale se prolongeait, plus nous redoutions que le mouvement ne se communiquât à la province. Un matin, en arrivant au Palais, je demandai au baron Chaurand (du Rhône) ce qu'il savait de Lyon. « Tout y est calme, » me répondit-il. Quelques instants après, le marquis de Mortemart, auquel j'en exprimais mon étonnement et ma satisfaction, me dit : « Désabusez-vous, le drapeau rouge flotte à Lyon. » Atterré à ces mots, je cours au salon de lecture, de là à la salle des conférences; m'adressant à haute voix à ceux qui s'y trouvaient : « L'insurrection est à Lyon, leur dis-je, elle va gagner tout le Midi; il faut à tout prix obtenir du ministre le remplacement des préfets du 4 Septembre encore en fonctions. » Quelques-uns s'animaient à ma voix; le plus grand nombre restaient calmes ou même indifférents; pour moi, je me mis à parcourir successivement les bureaux, y prêchant cette croisade, en véritable agitateur. Je m'arrêtai au troisième bureau, où je me sentis à bout de forces. La première commission d'initiative parlementaire nommée à Bordeaux et dont je faisais partie, y siégeait. J'interrompis la discussion commencée, et demandai *d'urgence* la parole. J'exposai l'absolue nécessité d'obtenir la substitution d'hommes sûrs aux préfets gambettistes, dans le Midi, où allait se propager l'insurrection; j'ajoutai que j'allais entraîner immédiatement mes collègues de la Haute-Loire au ministère, pour exiger le changement de notre préfet, et priai Audren de Kerdrel de demander à la tribune une mesure générale dans ce sens. Il me le promit et le fit en effet, à la séance, dans un discours qui lui fit grand honneur. Quant à moi, sans désemparer, je me mis en quête de mes collègues de la Haute-Loire. Je parvins enfin à les réunir tous les cinq à la porte par laquelle E. Picard, alors ministre, entrait habituellement dans la salle des séances; mais il fallait y rester et attendre; il me fut impossible de les retenir. J'eus beau avoir l'œil sur eux, ils m'échappèrent et disparurent. Vinay seul resta fidèle au poste. Tout à coup paraît le ministre. Nous nous précipitons vers lui, Vinay et moi, et lui exposons avec une telle vivacité la nécessité indispensable d'avoir un bon préfet au Puy, qu'il nous répond spontanément : « Mais votre préfet est nommé; il est à Versailles. — Ce n'est pas à Versailles qu'il doit être, Monsieur le ministre, lui répondis-je; il faut qu'il parte immédiatement. » M. Picard nous répondit : « Il partira ce soir. »

1871.

En effet, pendant la séance, un huissier m'apporta la carte de M. de Malartic, sur laquelle en quelques lignes il témoignait le désir de me voir. J'en prévins de Flaghac et nous lui donnâmes des indications sur les personnalités marquantes du département.

Mais il ne suffisait pas d'avoir un bon préfet, il fallait lui donner de bons auxiliaires. Vinay, de Flaghac et moi, nous nous rendîmes au ministère, alors installé dans le palais même de Versailles, et trouvant par un heureux hasard le Ministre en affaires avec le secrétaire général Calmon, nous obtînmes la révocation des deux sous-préfets et du secrétaire général, et leur remplacement par de Choumouroux à Yssingeaux, Charles à Brioude, et de Sinéty au Puy.

Quand je prononçai le nom de Sinéty, E. Picard dit avec humeur : « Encore un Corse! — Ce n'est pas un corse, repris-je, mais un Provençal, conseiller de préfecture depuis plusieurs années. » Il me répondit : « Il sera nommé. »

Je faisais partie du 6e bureau, président Rivet. Dans la discussion de la loi sur la presse, je luttai de toutes mes forces pour que la connaissance des délits politiques fût donnée aux tribunaux, tandis que le projet de loi, s'inspirant de l'esprit de la loi républicaine du 27 juillet 1849, la rendait au jury, toujours incapable d'apprécier les délits de cette nature, ou disposé à les excuser. Arago me répondit avec vivacité : « Vous voulez donc en revenir au régime de la sixième Chambre. » C'était la Chambre correctionnelle sous l'Empire; il était naturel qu'un républicain émérite comme Arago ne voulût pas de répression pour les délits de presse; mais la majorité conservatrice de l'Assemblée eût dû penser autrement; mais une répulsion

1 avril.

déraisonnable contre tout ce qui rappelait l'Empire aveuglait beaucoup de bons esprits, et on vota une loi absolument insignifiante contre les délits politiques, après avoir ergoté longuement sur des délits d'injure et de diffamation, très petit côté de la question. Il est bon de noter que le duc de Broglie fut le rapporteur de la loi et doit en porter la principale responsabilité.

A propos d'une pénalité de deux mois de prison, édictée par la loi pour un délit spécifié, je dis à Malvergne (de la Haute-Vienne), président de chambre à la Cour de Limoges : « Deux mois de prison pour un pareil délit, c'est insuffisant; il faudrait au moins six mois. — J'en conviens, reprit-il, mais si vous êtes si sévère, les tribunaux acquitteront. — Ils feront à leur guise, ajoutai-je, mais le devoir du législateur est d'édicter une loi répressive sérieuse; tant pis pour les magistrats qui n'auront pas le courage de l'appliquer. »

Et, remarquez l'inconséquence des hommes, trois mois plus tard, on présenta la proposition d'un jury spécial pour les délits de presse, et elle eut grande faveur à l'Assemblée; mais il n'y fut pas donné suite, je ne sais pour quel motif.

Limperani (Corse) présenta un projet de loi pour l'abrogation de la loi de 1807 sur l'intérêt de l'argent, projet qui en déclarant libre le taux d'intérêt, rendait l'usure légale. Je le combattis dans le 13ᵉ bureau, dont je faisais alors partie, et fus nommé commissaire contre Limperani son auteur. Dans la commission, se trouvait Léonce de Lavergne, économiste érudit, mais esprit faux, qui appuya le projet de loi. Je parlai contre, et la commission étant heureusement contraire en majorité, le projet de loi ne fut pas rapporté. Mon opinion fut formée sur Léonce de Lavergne; il ne l'a que trop confirmée depuis.

Bompard (de la Meuse) proposa une modification importante au règlement de l'Assemblée : elle avait pour but de donner au député le droit de présenter un amendement, au cours même de la troisième délibération d'un projet de loi et, avec l'agrément de l'Assemblée, de le faire renvoyer à la commission chargée de l'étude du projet.

Ayant appuyé la proposition dans mon bureau, je fus

1871.

nommé commissaire. A la discussion dans la commission, j'appuyai très vivement cette proposition qui étendait et facilitait l'exercice du droit d'initiative parlementaire. Jules de Lasteyrie, qui ne me connaissait pas, demanda mon nom au secrétaire, Antonin Lefèvre-Portalis. Il soutenait l'opinion contraire; mon collègue Calemard de la Fayette la soutenait aussi. Je m'étonnai de me voir, moi autoritaire par principe, combattu par des hommes connus par leurs opinions libérales. La question resta indécise et il fut convenu qu'avant de faire le rapport on consulterait le président de l'Assemblée. J'eus la satisfaction de voir M. Grévy partager mon opinion, qui fut celle de la majorité de la Commission et que l'Assemblée confirma.

Je restai surpris de cette tendance générale des vieux parlementaires libéraux d'amoindrir l'autorité et les prérogatives des représentants du pays. Ce fut toujours la tactique de M. Thiers : libéraux quand ils sont dans l'opposition, autoritaires dès qu'ils arrivent au pouvoir.

On connut bientôt à Versailles l'arrestation des otages. De Foucaud (des Côtes-du-Nord) me dit un soir, à la réunion des Réservoirs : « J'ai reçu une lettre du P. Bazin, arrêté comme otage; il me dit qu'après avoir longtemps résisté aux sollicitations de ses compagnons de captivité, au nombre desquels se trouve Mgr l'Archevêque de Paris, il se décide à me prier de faire une démarche auprès de M. Thiers, pour obtenir leur échange contre Blanqui. Ce bon Père ajoute que, quant à lui, il me supplie de ne pas le comprendre dans l'échange, espérant bien avoir le courage de mourir pour son Dieu. » De Foucaud ajouta : « J'ai vu M. Thiers, il a refusé. »

6 mai.

La séance du 6 mai amena le premier conflit avec M. Thiers : Mortimer-Ternaux signala à l'Assemblée le compte rendu, publié par plusieurs journaux, d'un entretien de M. Thiers avec des commissaires de l'Union des syndicats d'ouvriers de Paris, dans lequel le chef du Pouvoir Exécutif aurait

posé pour ultimatum à la soumission de Paris, des conditions, au nombre de douze, dont plusieurs seraient inadmissibles, celles entre autres de l'ajournement de l'entrée
des troupes dans Paris, de la garde de la ville laissée à la
garde nationale, etc...

M. Thiers répondit sèchement : « Quand notre armée
ouvre la tranchée à trois cents mètres de Paris, cela ne
signifie pas que nous ne voulons pas y entrer; ce document ne mérite pas d'arrêter l'attention de l'Assemblée. »

Le lendemain, de Belcastel (de la Haute-Garonne) interpella le garde des sceaux et le pria de déclarer que : même
après la reddition de Paris, la loi aurait son cours contre
les violateurs des droits des personnes et de la propriété.

(On avait dans la Droite quelque crainte de la faiblesse
de Thiers et des concessions que les promesses ou les
menaces des délégués de la Commune pourraient lui arracher.)

Belcastel fit allusion aux espérances que des documents
comme celui produit la veille à l'Assemblée pouvaient faire
naître dans les masses insurgées.

Mortimer-Ternaux revenant à ses déclarations de la
veille, produisit un nouveau document, signé par Fourcand,
maire de Bordeaux, son premier adjoint et un conseiller
municipal, rendant compte de leur entrevue avec le chef du
Pouvoir Exécutif, et où se trouvait ce paragraphe : « Si les
insurgés veulent cesser les hostilités, on laissera toutes les
portes ouvertes pour eux, excepté pour les assassins des
généraux Lecomte et Clément Thomas. »

M. Thiers monte à la tribune, blême de colère : « Je
consacre mes jours et mes nuits, dit-il, au service du pays
avec un désintéressement que je crois évident, exposé à
tous les dangers, et cependant je trouve encore dans l'Assemblée des tracasseries. (Murmures à droite. — Applaudissements à gauche.) Je ne recueille que des ingratitudes; il
ne faut pas que vous m'affaiblissiez; que l'Assemblée se

1871. prononce, je ne puis pas gouverner dans de telles conditions. Je demande un ordre du jour motivé; ma démission est prête. (*Une voix* : Donnez-la.) Si je déplais, dites-le; il y a parmi vous des imprudents. Ils sont trop pressés, il leur faut huit jours encore; au bout de ces huit jours, *il n'y aura plus de danger et la tâche sera proportionnée à leur courage et à leur capacité.* » (Réclamations et murmures à droite.)

Le marquis de La Rochejacquelin s'écrie : « Je constate l'injure faite à l'Assemblée; M. Thiers vient de dire : « Dans « huit jours nous serons à Paris; alors la tâche sera à la « hauteur de votre courage. » — Je proteste contre une pareille insulte. »

La colère de M. Thiers est à son comble. Il prend à partie Mortimer-Ternaux. Celui-ci proteste et fait juge de la loyauté de ses intentions l'Assemblée Nationale et le pays.

Berthaud, pour faire diversion, donne lecture d'un décret de la Commune de Paris ordonnant le séquestre des biens de M. Thiers et le rasement de sa maison, et ajoute : « Voilà la réponse de M. Thiers. »

En même temps, Bethmont, Delille, Othénin d'Haussonville et autres rédigent l'ordre du jour motivé suivant : « L'Assemblée Nationale, *ayant pleine confiance* dans le Chef du Pouvoir Exécutif de la République française, passe à l'ordre du jour. »

Une agitation extrême règne dans l'Assemblée, on s'interpelle violemment.

Audren de Kerdrel, se posant en chef de la Droite, à laquelle s'adressaient les reproches injurieux de M. Thiers, vient plaider au fond en sa faveur et engage à voter la confiance absolue.

Cet ordre du jour est voté par 499 voix contre 9, et 101 abstentions, au nombre desquelles fut la mienne; et dans cette manière de juger Thiers, je me rencontrai avec les

1871.

députés de la Droite les plus indépendants et les plus clairvoyants. En effet : lui accorder un témoignage de confiance absolue, c'était excessif; lui refuser toute confiance, c'était imprudent; s'abstenir, c'était lui dire la vérité et l'avertir.

10 mai.

On vint annoncer, pendant la séance, qu'un bataillon ramenait à Versailles huit pièces d'artillerie prises au couvent des Oiseaux, à Issy. Nous quittâmes la salle en très grand nombre, à la suite du vice-président Léon de Malleville, et allâmes dans la cour du Château féliciter ces braves soldats.

On apprit, ce jour-là, que la colonne Vendôme était abattue.

La brèche est ouverte à la porte de Saint-Cloud; le général Douai franchit avec sa division les fortifications de Paris, et celles des généraux Ladmirault et Clinchant s'ébranlent pour le suivre.

13 mai.

Il y a 90,000 hommes dans Paris; les Tuileries brûlent; l'hôtel de ville prend feu.

De Versailles on voyait sur Paris le ciel tout en feu : c'était la réverbération de cet immense incendie. Nous nous rendîmes à Meudon dans la soirée; de la terrasse du château on voyait dans toute son étendue cet effroyable spectacle. Trois points principaux brûlaient avec plus de violence à ce moment : les magasins et les abattoirs de la Villette, les greniers d'abondance sur le quai Saint-Paul, et les Tuileries. Nous apercevions aussi dans l'obscurité les éclairs des coups de canon que des hauteurs de Montmartre l'armée de Versailles tirait sur Belleville et le Père-Lachaise, et aussi de ceux par lesquels les communeux ripostaient.

27 mai.

L'armée fut maîtresse des deux rives de la Seine le 27 mai et campa sur les hauteurs de Belleville, qu'elle devait attaquer le lendemain.

Dans la nuit du 27 au 28, toutes les positions furent en-

1871. levées et la Roquette prise au moment où 169 otages allaient être fusillés.

Malheureusement l'armée n'arriva pas à temps pour sauver les autres victimes.

Le Comité central avait, dès le mardi 23, fait transférer tous les prisonniers de Mazas à la Roquette.

Le mercredi soir 24, Monseigneur l'Archevêque de Paris, l'abbé Deguerry, curé de la Madeleine, le président Bonjean, les Pères Jésuites Ducoudray, Clerc et Allard avaient été fusillés dans la prison et leurs corps transportés à l'ancienne mairie du 20ᵉ arrondissement.

Dans la nuit du vendredi 26 au samedi 27, dans le jardin d'un bal public, rue Haxo, à Belleville, avaient été massacrés les Pères Jésuites Olivain, Caubert et de Bengy, et treize autres notables, avec trente-huit gendarmes; en tout : cinquante-quatre victimes.

Enfin, le samedi 28 mai, furent fusillées quatre autres personnes dont les noms sont restés inconnus et qui faisaient partie d'une liste de vingt.

Il y a donc eu soixante-quatre victimes immolées par la Commune.

Le samedi 28, à cinq heures du soir, le Comité central avait fui de la Roquette, son quartier général, emportant la caisse vers la mairie du 20ᵉ arrondissement.

C'est le dimanche 29, que nous connûmes le sort des otages. On apprit aussi que le P. Bazin, échappé par miracle, était arrivé chez les Pères Jésuites à Versailles.

Je vis le P. Bazin. Voici le récit qu'il me fit des événements dont il venait d'être le témoin : « Un jour se présente à moi un nommé Flotte; il me dit : « Voulez-vous sortir « d'ici avec dix de vos amis? » Je lui répondis : « Quelle « proposition me faites-vous? C'est de l'argent que vous « voulez; je n'en ai pas et ne veux rien faire de contraire « à ma conscience et à l'honneur. » Je ne sais ce qui troubla ce premier entretien. Le même individu revint et me

dit : « C'est très sérieux, on veut échanger Blanqui contre
« quelques-uns de vous; on sait que vous avez du crédit à
« Versailles, et je viens vous proposer d'en user pour vous
« sauver. » Je connaissais, en effet, assez particulièrement
M. Vitet, alors vice-président de l'Assemblée Nationale; je
me dis : ce serait peut-être un bien si on pouvait sauver
l'Archevêque. Monseigneur avait conservé un souvenir
amer de la mission de l'abbé Lagarde, qui, sorti pour
aller traiter de sa délivrance et ayant échoué, n'était pas
revenu; il m'en parlait encore trois quarts d'heure avant
de mourir. Je réfléchis donc devant Dieu; il m'inspira d'é-
crire à M. de Foucault la lettre dont il vous a parlé. Je lui
donnai dix noms, ceux de Monseigneur, de M. Bonjean et
d'autres; je laissai deux noms en blanc, je voulais les réserver pour les PP. Ducoudray et Olivain. J'ajoutai de ne
pas s'occuper de moi et de ne rien faire pour me comprendre dans l'échange. Il me fut dit plus tard que
M. Thiers avait repoussé cette proposition avec colère, en
disant : « Qu'on ne me parle plus de cela. » Je n'en entendis plus parler en effet et notre heure approchait.

« Le samedi matin, entendant la fusillade et la canonnade
se rapprocher, car on se battait au Père-Lachaise, nous
voyions bien qu'on allait nous fusiller. Le bon Dieu me faisait la grâce de ne pas avoir peur. Ma cellule étant entr'ouverte, je me glissai furtivement dans l'escalier, et, descendant
au rez-de-chaussée où se trouvaient des sergents de ville et
trente mobiles ou mobilisés qui avaient refusé de se battre
pour la Commune, j'entrai dans la salle et leur dis : « Notre
« position est très grave, mes amis, si quelqu'un de vous
« a besoin de mon ministère de prêtre, me voici tout prêt. »
Quelques-uns se confessèrent; puis ils me dirent : « Mon-
« sieur le curé, pouvons-nous nous défendre? — Mais,
« certes oui, mes amis, leur répondis-je. — Alors, Mon-
« sieur le curé, dites-le à ceux d'en haut. — Je ne puis me
« charger d'une commission de cette nature, ajoutai-je,

« mais envoyez-y l'un des vôtres. » Un sergent se rendit
au premier et la défense fut résolue en commun. A deux
heures environ l'heure suprême allait sonner. Les gardiens
crièrent de l'intérieur des cours : « Que tout le monde
« descende. » Chacun comprit ce qu'on voulait faire de
nous et l'instinct de la conservation se ravivant instanta-
nément, tous les détenus se précipitèrent vers les lits et
en quelques minutes une énorme barricade fut faite de
matelas et de lits, à la porte de la salle. Dans leur précipitation, ces jeunes gens avaient mis les matelas contre la
porte et les lits en fer à la suite. Les communeux arrivèrent en fureur, proférant des cris de mort; ils essayèrent
de forcer la barricade et, ne le pouvant, tentèrent d'y mettre
le feu. Le bon Dieu voulut, pour nous sauver, qu'ils
n'employassent que des allumettes et aient oublié qu'il y
avait plusieurs bouteilles de pétrole, qui, s'ils s'en étaient
servis, mettaient le feu non seulement aux matelas mais
au plancher, et alors nous eussions été brûlés vifs. Après
avoir fait la barricade, ces jeunes mobiles passent sous
le lit de camp, au nombre de trente, d'un commun effort
le brisent, en prennent les éclats qu'ils façonnent gros-
sièrement avec leurs couteaux, en font des sabres de bois
et veulent se défendre ainsi. La Commune expirante siégeait dans le greffe de la prison. L'anxiété de l'issue de
la lutte faisait faiblir le courage de nos bourreaux, et quoique
menacés souvent, nous ne fûmes pas attaqués en forme
et pûmes rester dans cette situation depuis trois heures
du soir jusqu'à quatre heures du matin où les troupes de
Versailles entrèrent dans la prison, abandonnée par les
communeux en déroute. Un officier ayant appelé de la
cour, demandant un parlementaire, je fus envoyé et lui
parlai à travers la barricade. Il me dit qu'il était officier
de l'armée de Versailles, s'appelait de Turenne et venait
pour nous délivrer; il me passa son anneau; je reconnus à
ses armes que nous pouvions nous fier à lui. Nous descen-

dîmes tous dans la cour. Jugez quelle joie, quels ser-
rements de mains, quelle expansion de vraie fraternité.
Nous fûmes reconduits à travers tout Paris, qui faisait sai-
gner le cœur. J'arrivai à la rue de Sèvres, où j'eus la force,
quoique n'ayant pas mangé de deux jours, et la consolation
de célébrer le saint Sacrifice. Mais j'avais hâte de retrouver
le P. de Pontlevoy qui était à Versailles. Je m'y rendis de
suite, au moyen de mon sauf-conduit et il me chargea de la
triste mission de retrouver les corps de nos victimes. Le
lundi je fus à la rue Haxo. Un docteur en médecine et un
officier de mobiles nous montrèrent un grand dévouement
dans cette triste recherche.

« Après avoir jeté dans cette fosse un réactif puissant, ces
deux personnes y descendirent, et là, retournant ces ca-
davres les uns après les autres, leur passaient des cordes
sous les aisselles et au pli des genoux; on les retirait
ainsi et on les déposait sur une couverture. C'était une
infection insupportable. Le P. de Bengy était percé de
trente coups de sabre ou d'armes à feu; il était méconnais-
sable; je le reconnus à l'épingle de sa cravate. Il n'était
pas en soutane, dans la prison; le jour de sa mort, il était
sombre; je lui avais dit en plaisantant sur son costume et
en admirant son épingle de cravate en verre imitant le dia-
mant, qui lui coûtait six sous : « Si nous sommes fusillés,
« Père de Bengy, les communeux seront peu édifiés de voir
« un Jésuite si élégant. » Je retrouvai cette épingle au cou
d'un cadavre informe, ce fut le signe qui me le fit reconnaître. Je ne pus reconnaître le P. Olivain qu'à un carnet que
je trouvai dans la poche de côté de sa soutane : il avait le
crâne enlevé et le menton fracassé. J'avais eu soin de faire
fermer les grilles, pour empêcher les veuves des malheu-
reux gendarmes et sergents de ville qui venaient chercher
ces chères dépouilles, de troubler par leur douleur les pré-
paratifs de cette lugubre reconnaissance. Lorsque j'eus
retrouvé nos trois martyrs, je partis emportant leurs pré-

cieuses dépouilles, et on m'a dit depuis que c'avait été une scène affreuse que cette reconnaissance des maris et des frères par leurs femmes et leurs sœurs.

« J'ai vu bien des choses, ajouta le P. Bazin, j'en ferai le récit; il est même fait, mais il ne paraîtra qu'après ma mort. »

Cependant il arrivait à Versailles des prisonniers en masse. On apprenait la mort de Delescluze, tué sur une barricade, l'exécution de Millière, pris les armes à la main et fusillé sur la place du Panthéon, malgré sa réclamation d'inviolabilité comme député. On annonçait que Rochefort, arrêté, venait d'arriver à Versailles dans une voiture escortée d'un piquet de gendarmerie. On se demandait pourquoi il n'avait pas été amené à pied ou sur une charrette. On accusait le Gouvernement de faiblesse, et les esprits les plus modérés s'indignaient qu'on eût fait grâce à un seul insurgé pris les armes à la main, tant la guerre civile est horrible, exaspère et rend inexorable.

M. Thiers, qui avait mis de la sagesse et de l'énergie à diriger la guerre contre la Commune, mit de la faiblesse dans la répression.

M. Thiers était très peureux. Je tiens de la bouche de M. de Corcelles, ambassadeur à Rome, qu'à l'envahissement de la Chambre, le 15 mai 1848, M. Thiers, effaré et sans chapeau (il l'avait perdu dans la bagarre), prit le bras de M. de Corcelles pour rentrer chez lui et voulait absolument, pour s'y rendre, passer par le pont des Invalides, qu'il prenait pour le pont des Tuileries; il avait absolument perdu la tête.

A Versailles, un commandant de gendarmerie couchait, disait-on, en travers de la porte de sa chambre.

Cette faiblesse naturelle n'avait aucun appui religieux, le seul vraiment solide dans les circonstances difficiles et périlleuses. M. Thiers était libre penseur; pour lui, tout étant accident, son autorité d'un jour lui venant du hasard, ne pouvait lui conférer le droit de punir les coupables, car ce droit vient de Dieu seul, qui délègue le pouvoir de frapper le coupable dans l'intérêt de la société attaquée. C'était aussi la pensée d'un grand nombre de députés, que leur mandat était l'effet d'un accident politique éphémère, et d'origine purement humaine. C'est ce qui explique la faiblesse et l'incertitude avec lesquelles ils l'exerçaient.

Le marquis de Mornay proposa un projet de réorganisation de l'armée, qui rendait le service militaire obligatoire pour tous les Français. Dans mon bureau, dont il faisait aussi partie, je combattis le projet, regardant le service obligatoire comme contraire au génie national et funeste à l'esprit de l'armée; je fus presque seul de mon avis.

Le 13 juin, fut adoptée par l'Assemblée la proposition de Lorgeril, de nommer une commission de trente membres chargée d'examiner les actes de la Délégation de Tours et de Bordeaux au point de vue civil, militaire et financier. Je fus nommé membre de cette commission, ayant parlé vigoureusement à ce sujet dans mon bureau.

La commission nomma pour président Saint-Marc Girardin, académicien, littérateur émérite. Il manquait de l'énergie nécessaire pour présider un tribunal politique chargé de juger les actes d'un gouvernement usurpateur. Le vice-président fut le comte Daru, ancien ministre sous l'Empire, plus rude dans la forme, un peu trop conciliant au fond. Aussi cette commission a passé quatre années à entendre des dépositions et à écrire des volumes sur l'histoire du Gouvernement du 4 Septembre. Quant au jugement qu'elle avait mission de rendre sur ses actes, devant l'Assemblée Nationale et devant le pays, jamais elle ne l'a rendu.

Cette commission a commencé ses travaux le 13 juin 1871. Investie par l'Assemblée de pouvoirs illimités, elle a, pendant trois années, appelé à sa barre tous les hommes qui ont pris part aux affaires du pays depuis le 4 Septembre 1870 jusqu'à la réunion de l'Assemblée à Bordeaux. Jamais enquête n'a été plus vaste et plus solennelle et n'a eu pour objet des faits d'une plus haute gravité.

A la première séance, lorsqu'il fallut fixer les limites précises du champ d'investigation de la commission, Bardoux (du Puy-de-Dôme) et Lefèvre-Portalis (de Seine-et-Oise) demandèrent que la commission commençât par étudier les évènements qui avaient précédé et amené la Révolution du 4 Septembre : c'était mettre l'Empire en cause. Le comte Daru s'éleva vivement contre cette prétention, mais il était seul de son avis. Je crus devoir dire que nous n'avions pas reçu d'autre mission que celle d'étudier et de juger les actes du Gouvernement né de l'insurrection du 4 Septembre. Cette opinion prévalut.

Crémieux, juif, dictateur au 4 Septembre, comme il se qualifiait lui-même, comparut l'un des premiers devant la commission.

Dans mon ardeur à bien faire, je pris vivement à partie ce coryphée de la démocratie pour pénétrer le dessein qu'il avait eu en s'unissant aux révolutionnaires du 4 Septembre. Je lui adressai donc la question suivante : « Le 4 Septembre, l'Assemblée est violée ; est-ce seulement la personne des représentants qui est violée, ou bien est-ce la France? Je crois que c'est la France qui est violée dans ses représentants. » M. Crémieux répondit que si cette violence s'était exercée contre l'Assemblée Nationale actuelle, c'eût été un crime, parce qu'elle a été nommée par le peuple lui-même; donnant à entendre que ce n'était que justice que la Chambre nommée sous l'Empire l'eût été; puis il ajouta : « Vous êtes jeune, Monsieur, et je suis bien vieux. » Je lui répondis : « J'ai passé cinquante ans; » puis j'ajoutai : « Nous voulons arriver à juger les actes du Gouvernement de la Défense Nationale; pour les juger, il faut connaître les intentions de ceux qui les ont accomplis. Si M. Crémieux a cru que la garde nationale soulevée n'avait pas le droit de faire violence à la Chambre des députés dans la personne de ses membres, le 4 Septembre, je prends acte de cette déclaration; mais si M. Crémieux a cru qu'il pouvait abandonner son siège à la Chambre pour se rendre à l'hôtel de ville, qu'il pouvait déserter la résidence nationale qui est le palais où siège l'Assemblée, pour aller s'enfermer dans la citadelle insurrectionnelle de Paris, alors je proteste. » Notre président, effrayé de ma vivacité, m'engagea à plusieurs reprises à prendre un rôle passif dans l'enquête, rôle que je ne croyais pas être celui qu'attendait de nous l'Assemblée, mais que j'acceptai par déférence et un peu par découragement de me voir si peu soutenu.

Le général Pradier, officier de marine, commandait une brigade dans Saône-et-Loire pendant la guerre, et comme le système de Gambetta était de subordonner l'élément militaire à l'élément civil, source de conflits aussi violents que nuisibles à la défense, Frédéric Morin, préfet à Mâcon, avait attaqué le général Pradier avec une violence inouïe. Celui-ci lui avait opposé une résistance énergique; désespérant de la vaincre, le préfet avait un jour fait ameuter contre lui une populace furieuse, à laquelle, meurtri de coups, il n'avait échappé qu'en se réfugiant à l'hôtel de ville, ce que voyant, ses marins coururent à leurs pièces et allaient mitrailler cette populace, si le général lui-même n'avait calmé leur juste fureur.

Le général Pradier ayant à plusieurs reprises et toujours vainement demandé justice au garde des sceaux, en appelait à la commission. Il nous exposa ses griefs avec tant d'émotion et d'amertume que j'en fus pénétré d'une véritable indignation et dis que la commission manquerait à son devoir si elle ne prenait pas en main la cause de ce brave officier; et je m'offris à monter à la tribune, le jour même, et à interpeller M. Dufaure sur ce déni de justice. Comme à l'ordinaire, on fut un peu effarouché de mon ardeur, tout en l'approuvant au fond, et de Rességuier dit qu'il pensait qu'une réclamation officieuse de notre vice-président auprès de M. Dufaure, obtiendrait le même résultat. Je répondis que c'était tout ce que je voulais.

Gambetta comparut. J'étais tout disposé à lui poser des questions; mais arrivé à la réunion de la commission un peu avant l'ouverture de la séance et m'y trouvant seul avec notre président Saint-Marc Girardin, il me dit : « Je vous engage à ne pas poser de question à M. Gambetta; cela pourrait amener quelque discussion. » Par déférence pour l'autorité du président et surtout, je l'avoue, par découragement, je promis de me taire. Gambetta, sauf une réponse qu'il dut faire à une question sommaire de de Sugny, raconta son histoire d'un ton dégagé et sans être interrompu. Je partis le soir même pour le Puy. Le lendemain matin, en déjeunant au café de la Perle, à Saint-Etienne, je lus dans l'*Eclaireur* le compte rendu de la séance de la veille, dans laquelle, disait le journal, Gambetta avait dominé de toute sa hauteur la commission du 4 Septembre. Dans un accès de colère, j'appelle le garçon de café et lui demande de quoi écrire, pour apprendre à l'*Eclaireur* pourquoi la commission était restée muette devant Gambetta. Je m'arrêtai, pensant que j'allais livrer aux indiscrétions de la presse la faiblesse de notre président.

Je dois dire que mes collègues, de Rességuier, de La Borderie, Vinay, Callet, de Raineville, de Rodez-Benavent, Desanneau, de Maillé, Perrot et peut-être quelques autres que j'oublie, étaient animés des mêmes sentiments que moi; mais nous étions en minorité, et la direction supérieure du président ne nous secondait pas.

Le duc de Grammont, ministre des Affaires étrangères, au moment de la déclaration de guerre contre la Prusse, vint témoigner à son tour.

« M. le duc de Grammont, dis-je, n'a pas à justifier

devant la commission un sentiment que nous partageons tous, celui de l'honneur de la France grandement engagé dans cette question; il a été exprimé dans les notes si vives adressées au Gouvernement Prussien, dont nous venons d'entendre la lecture. Mais je lui demanderai si, en présence d'une guerre si redoutable, sur la portée de laquelle le Gouvernement devait être instruit par les rapports qu'il recevait d'Allemagne depuis longtemps, dans les conseils du Gouvernement une seule voix ne s'est pas élevée pour dire : Sommes-nous prêts ? Si cette guerre était juste, elle était imprudente, puisque nous n'étions pas de force alors à nous mesurer avec l'Allemagne. Je crois être l'interprète des sentiments de la commission et de ceux du pays tout entier en déclarant hautement que cette guerre a été entreprise avec une imprudence et une témérité inouïes dans l'histoire. »

M. le duc de Grammont me répondit : « Il n'y a qu'une réponse possible : puisque nous avons été battus, c'est que nous n'étions pas les plus forts. Quand on fait la guerre, c'est qu'on pense être le plus fort; si on fait la guerre et si on est battu, il est évident qu'on s'est trompé sur l'état de ses forces, et *c'est une faute.* »

C'était ce que je voulais faire constater officiellement.

« Pour moi, j'étais convaincu, ajouta le duc de Grammont, que nous battrions la Prusse, et je n'étais pas le seul, puisque la reine d'Angleterre m'avait fait remettre par son ambassadeur une note détaillée de tous les meubles existant encore à Gotha qui avaient été à l'usage personnel du prince son mari, en me priant, lorsque l'armée française entrerait à Gotha, de faire veiller à ce que rien ne fût cassé, mais lui fût remis, car elle y attachait un grand prix. Du reste, je sais que l'on peut me traiter de ministre imprudent et maladroit, mais je ne tiens qu'à passer pour loyal et véridique. »

« La commission est convaincue, Monsieur le duc, lui

1871. répondis-je, de vos sentiments de parfaite loyauté; elle comprend que les procédés hautains de la Prusse aient profondément blessé en vous le sentiment patriotique, mais je ne puis vous cacher ma conviction que cette guerre a été entreprise avec une grande légèreté. »

Il n'ajouta rien.

Le général Trochu avait joué un rôle un peu équivoque au 4 Septembre. Il était allé au camp de Châlons offrir ses services à l'Empereur, qui l'avait nommé gouverneur de Paris. Je crus devoir lui demander pourquoi il n'avait pas pris des mesures plus énergiques pour empêcher l'envahissement du palais Bourbon?

Il répondit : « Que c'était impossible; que ni la garde nationale ni la gendarmerie elle-même n'auraient exécuté l'ordre de faire feu. C'était moralement impossible. »

J'ajoutai : « Général, c'est donc le système de la fatalité en fait de défense militaire? »

Il ajouta : « Mes convictions sur ces matières datent de loin, elles sont le résultat de plus de trente ans d'observations, d'études philosophiques et pratiques. »

Je n'insistai pas, mais n'admettant ni ces explications ni le système fataliste sur lequel elles se basaient, je me demandais dans quel but, avec cette conviction que toute résistance était impossible, il avait offert ses services à l'Empereur pour défendre l'ordre dans Paris et même la dynastie impériale.

C'est ce point que je voulus éclaircir, lorsque M. Henri Chevreau vint déposer devant la commission; il était ministre de l'Intérieur avant le 4 Septembre. Voici sa déposition.

« Dans la nuit du 1er au 2 août, j'étais dans mon cabinet. Vers minuit ou minuit et demi, je travaillais avec mon chef de cabinet et le chef de division de la Sûreté générale; M. le général Trochu entra et me dit : « Je suis nommé « gouverneur de Paris et je vous apporte le décret de l'Em- « pereur qui me donne ce commandement. » Je lus ce décret et en fus fort surpris. Il me demanda de faire insérer la nuit même ce décret au *Journal officiel*. Je lui répondis que je ne pouvais le faire sans consulter l'Impératrice. Nous nous rendîmes aux Tuileries; je fis prier Sa Majesté de se lever; elle nous reçut immédiatement. Les nouvelles peu rassurantes qu'il donna sur l'insuffisance de l'armée de Châlons émurent beaucoup l'Impératrice, qui fit appel à son patriotisme dans les termes les plus chaleureux. Le général donna à Sa Majesté des assurances formelles de son dévouement, il promit de faire tout ce qui serait possible pour défendre Paris. »

Je demandai la parole : « Je désirerais, dis-je, que M. Chevreau voulût bien préciser dans quels termes le général Trochu a donné à l'Impératrice l'assurance de son dévouement. Vous nous avez dit d'une manière assez vague que le général avait promis de défendre Paris. Il y avait alors certainement dans la pensée de l'Impératrice deux ennemis également redoutables : les Prussiens d'abord, puis les révolutionnaires de la capitale. L'Impératrice a-t-elle fait comprendre au général Trochu que l'ordre, la paix publique et la dynastie pouvaient être sérieusement menacés dans la capitale, et a-t-elle reçu de lui l'assurance qu'il mettrait à défendre la dynastie impériale, le dévouement que vous avez signalé ? »

M. Chevreau me répondit : « Sans aucun doute, il s'agissait des entreprises révolutionnaires. Je comprends votre pensée. Mais il m'est difficile de vous dire les mots qui ont été échangés; la conversation fut très longue et très expansive, elle dura jusqu'à près de quatre heures du matin. C'est après cette conversation que l'Impératrice me dit : « Il n'y « a aucune crainte à avoir; il faut absolument que la no- « mination du général Trochu paraisse demain. Courez « chez le général de Palikao (ministre de la Guerre), et « obtenez de lui qu'il contresigne le décret. »

« Le langage de Sa Majesté et le désir qu'elle manifesta

de faire paraître immédiatement la nomination du général
Trochu, me semblent répondre suffisamment à votre question.

Cette déposition prouvait que le général Trochu avait
mis son épée au service de l'Impératrice; ce rôle chevale-
resque souriait en effet à sa nature ardente, un peu roma-
nesque et un peu prétentieuse. Il ne calcula pas les immenses difficultés qu'il y avait à le remplir et manqua
aussi de cette énergie froide et raisonnée qui seule pouvait
les lui faire surmonter. Il ne résista pas suffisamment au
mouvement du 4 Septembre, et si cette apparente faiblesse
lui valut de conserver le gouvernement de Paris pendant
le siège, il montra dans ce poste difficile plus de bonne
volonté que d'énergie et de résolution.

Pendant cette malheureuse guerre, la douleur publique
s'était épanchée partout en accusant la trahison des généraux; c'était un sentiment mal défini de l'une des causes
de nos défaites, et ce que l'opinion publique attribuait
à la trahison venait, après l'insuffisance de nos forces,
non de la trahison, mais de l'antagonisme des chefs, de
l'absence d'unité dans la direction des opérations; chacun
voulant opérer pour son compte, faute d'une autorité
supérieure par le mérite et le talent qui commandât l'obéissance à tous. Ce sentiment est dans la nature; il est excu-
sable quand il naît des circonstances; mais il est coupable,
lorsque, par vanité ou ambition, un subordonné manque
à l'obéissance qu'il doit à son supérieur. C'est pour flétrir
ce sentiment coupable, funeste en ses conséquences, que
je tins à faire constater dans les procès-verbaux de la
Commission du 4 Septembre, lors de la déposition du
colonel Le Perche, chef d'état-major du général Bourbaki,
commandant en chef l'armée de l'Est, que l'insuccès de la
bataille d'Héricourt avait tenu, en grande partie, à ce que
le général Billot, commandant le 18ᵉ corps d'armée, n'était
arrivé sur le champ de bataille qu'aux derniers moments

de l'action, faute d'avoir exécuté les ordres du général en chef.

Le général Billot avait pris à l'Assemblée une attitude dans laquelle on reconnaissait clairement les visées d'une grande ambition personnelle, il était de la Gauche et du nombre des députés les plus remuants, il pouvait avoir du mérite, mais il paraissait chercher avec bien de l'ardeur des succès prématurés.

J'ai donné, en anticipant sur l'ordre chronologique des événements, quelques dépositions des personnages marquants interrogés par la Commission du 4 Septembre, auxquels j'ai adressé des questions. Je n'en parlerai désormais qu'aux rares époques où elle pourra offrir quelques particularités intéressantes et d'où s'échappera un enseignement.

CHAPITRE III

Loi de grâce. — Premiers pourparlers de fusion entre les deux branches de la maison de Bourbon. — Abrogation des lois d'exil. — Loi sur l'organisation des Conseils généraux. — Pétitions de l'Épiscopat français en faveur de Sa Sainteté Pie IX. — Dissolution de la garde nationale. — Proposition Rivet. — Deuxième prorogation.

1871.   Après la défaite de la Commune, des conseils de guerre avaient été établis pour juger les insurgés. M. Thiers s'était hâté de présenter un projet de loi pour régler l'exercice du droit de grâce, encore non défini sous un gouvernement républicain. Il avait, je crois, la prétention mal dissimulée et mal motivée de se faire attribuer ce droit souverain. Je soutins dans mon bureau que l'Assemblée, étant seule souveraine, c'était à elle seule qu'il appartenait; c'était aussi l'opinion des esprits vigoureux; les faibles voulaient s'en décharger sur le Chef du Pouvoir Exécutif; les politiques, toujours les plus nombreux, soutinrent qu'il fallait le partager. Cette opinion prévalut; car M. Thiers, ravisé, avait jugé qu'il valait mieux partager le poids de la responsabilité avec une commission prise dans l'Assemblée, que de le porter seul.

Il n'eut même pas toujours le courage d'en porter la moitié : car, lorsque des condamnations à mort furent prononcées, mis en demeure de donner son avis sur la grâce, après que la Commission avait formulé le sien, il s'y refusa obstinément, ne voulant pas, disait-il, en refusant la grâce, faire couler le sang par son fait, et ne voulant pas, en

1871. l'accordant, décourager notre brave armée qui avait tant souffert dans cette horrible guerre.

Ce fait m'a été attesté par le comte Daru, membre de la Commission des grâces.

14 juin. Ma femme et ma fille aînée vinrent me joindre à Versailles. En traversant Paris, elles y virent les ruines des maisons et des édifices publics encore fumantes. Je quittai alors la rue Neuve, et nous prîmes un appartement dans la rue Royale, n° 70. Mes fils Raymond et François achevaient leurs études chez les Pères Jésuites à Iseure, près Moulins; ma seconde fille, Louise, était pensionnaire au couvent des Dames du Sacré-Cœur de Belle-Croix, près d'Iseure.

Le 14 juin, Batbie déposa le rapport sur la loi de grâce. Je m'étais beaucoup animé sur cette question comme sur toutes celles qui touchaient à la dignité et aux prérogatives de l'Assemblée Nationale, dont je croyais qu'on ne pouvait trop défendre les droits et maintenir le prestige. J'avais eu à ce sujet une très vive discussion à notre pension de l'avenue de Sceaux, avec Tailhand (de l'Ardèche), président de chambre à la Cour de Nîmes, qui était d'abord tout disposé à abandonner le droit de grâce à M. Thiers, puis qui, le lendemain, me dit en déjeunant : « Dans mon bureau, nous avons partagé le droit de grâce entre l'Assemblée et le Chef du Pouvoir Exécutif; j'ai été nommé membre de la commission. » Je compris un peu la raison du changement.

Le 15 juin, Baze, questeur par la grâce de Thiers, déposa une proposition signée de lui seul, qui fixait *à deux ans le maximum de durée de l'Assemblée Nationale*, qui ne devrait pas se séparer avant d'avoir réorganisé l'armée, la magistrature et tous les services administratifs, voté la loi électorale, et maintenait à M. Thiers les pouvoirs qu'elle lui avait confiés. A cette proposition, Dahirel (du Morbihan), ardent légitimiste, répondit par la proposition que l'As-

1871. semblée Constituante *(Dénégations à Gauche)* nommât une commission de quinze membres chargée de rédiger un projet de Constitution. Edouard Charton (de l'Yonne) s'écria : « Vous vous hâtez, de peur que les élections prochaines ne dérangent votre majorité. » C'était l'expression de la vérité et un avertissement dont la Droite aurait dû profiter en appuyant la proposition. Cependant Dahirel ne fut pas soutenu.

Le rapport de Batbie sur la loi de grâce ne me satisfaisant pas, j'avais préparé un contre-projet que je lui soumis, le connaissant plus particulièrement depuis notre séjour à Bordeaux, où nous étions ensemble au 14ᵉ bureau. Il m'engagea à ne le pas présenter. Je n'insistai pas.

La loi fut votée sans modification, mais elle était incolore et n'affirmait pas suffisamment les droits de l'Assemblée.

On en abusa pour introduire une équivoque dans le compte rendu des séances des 21 et 22 juin, où avait été nommée la Commission des grâces.

Le *Journal officiel* du 24 juin portait que : « Dans ses séances des 21 et 22 juin 1871, l'Assemblée Nationale avait nommé les membres de la commission *chargée de donner son avis* sur les recours en grâce. »

C'était une erreur qui portait atteinte et à la vérité et au droit de l'Assemblée.

Aussi surpris qu'ému, j'arrive à la Commission du 4 Septembre à une heure, je donne à lire le *Journal officiel* à MM. de Rességuier et de Maillé et les prends à témoin de cette inexactitude, les engageant à en demander la rectification à l'ouverture de la séance. Ils me répondent : « C'est à vous de la demander. »

Je n'avais pas encore abordé la tribune. Ce ne fut pas sans une profonde émotion et sans me faire violence, que je m'y décidai; et je fis, dans cette circonstance, l'épreuve de cette vérité : qu'on est toujours récompensé d'un acte d'énergie inspiré par le devoir, et que, dans une entreprise utile, il est bon de vaincre les répugnances de la nature et de s'y jeter résolument.

Dès l'ouverture de la séance, je demandai la parole et dis :

« Messieurs,

« Tout ce qui intéresse la vérité de vos délibérations et les droits de l'Assemblée Nationale souveraine doit être pour vous l'objet d'un soin jaloux.

« Dans ce double intérêt, permettez-moi d'appeler votre attention sur un extrait des procès-verbaux de vos délibérations des séances des 21 et 22 juin 1871, insérés au *Journal officiel* de ce jour, qui porte que dans ces séances vous avez nommé la commission *chargée de donner son avis* sur les recours en grâce.

« Il résulte des termes de cet extrait qui va devenir devant le pays la constitution officielle de la Commission du droit de grâce et en précisera les attributions, que cette commission à laquelle vous déléguez l'exercice de votre souveraineté dans son droit le plus auguste, celui du pardon, n'aura qu'un avis à donner.

« La loi que vous avez votée, Messieurs, n'amoindrit pas ainsi le droit de l'Assemblée souveraine.

« L'article 4 porte : « La grâce ne pourra être accor-
« dée aux personnes condamnées pour attentats qualifiés
« crimes par la loi, à raison des faits se rattachant à la
« dernière insurrection de Paris et dans les départements,
« depuis le 15 mars 1871, que s'il y a *accord* entre le Chef
« du Pouvoir Exécutif et l'Assemblée Nationale, repré-
« sentée par la commission dont il sera parlé ci-après. En
« conséquence, tous les recours formés par les condamnés,
« après avoir été instruits par le Ministre de la Justice,
« seront transmis au Président de l'Assemblée Nationale.

1871.

« Ces recours seront examinés par une commission de
« quinze membres, nommés par l'Assemblée Nationale en
« réunion publique et au scrutin secret. La grâce ne pourra
« être accordée par le Chef du Pouvoir Exécutif que con-
« formément à l'avis de cette commission. En cas de dis-
« sentiment entre la commission et le Chef du Pouvoir
« Exécutif, la condamnation sera exécutée. »

« Vous pouvez voir, Messieurs, par les termes de cet
article et aussi par les trois premiers articles du projet de
loi, que vous y affirmez votre droit de souveraineté, droit
que vous déléguez au Chef du Pouvoir Exécutif pour la
conduite des affaires publiques, mais que, dans les circonstances malheureusement exceptionnelles de l'insurrection
du 18 mars, vous vous êtes réservé, sur la demande du
Chef du Pouvoir Exécutif lui-même, pour le partager avec
lui et lui en alléger le redoutable fardeau.

« En conséquence, la forme dans laquelle cet extrait
est reproduit ne rend hommage ni à la vérité, ni à la
dignité de l'Assemblée.

« J'ai donc l'honneur de vous proposer de faire substituer aux mots : « ... chargée de donner son avis sur les
« recours en grâce, » ceux-ci, plus exacts et plus explicites : « ... chargée de statuer, d'accord avec le Chef du
« Pouvoir Exécutif, sur les recours en grâce. »

M. le président. — La Commission devant fonctionner
conformément à toutes les dispositions de la loi dont il
s'agit, je donne acte à M. le baron de Vinols de sa réclamation.

Un membre à droite. — Il y sera fait droit ?

M. le président. — Sans doute.

En descendant de la tribune, je reçus les félicitations
particulières et très vives de M. Tailhand.

Environ trois cents députés monarchistes, légitimistes
et orléanistes se réunissaient à l'hôtel des Réservoirs.
Jusqu'à la fin de mai, les péripéties de la guerre contre

la Commune étaient l'objet de toutes les préoccupations;
après sa défaite, les députés revinrent à la vie politique :
chacun donnait carrière à ses aspirations, et dans la réunion des Réservoirs, où les Légitimistes et les Orléanistes
avaient confondu leurs efforts dans le but de rendre la
Monarchie à la France, l'idée de réunir les deux branches
de la Maison Royale entra naturellement dans tous les
esprits.

L'homme qui, dans la réunion, s'occupait de cette entreprise avec le plus de zèle, était le duc d'Audiffret-Pasquier;
il en était le président et y exerçait une grande influence
par le charme de sa personne, son affabilité et son talent
de parole. Je l'ai toujours regardé comme l'orateur le plus
éloquent de l'Assemblée; malheureusement, plus tard, il
s'est montré léger, inconséquent et ambitieux. Alors il avait
tout son prestige.

Un soir où, selon l'habitude, les premiers arrivés étaient
réunis dans le petit salon où le rapprochement plus facile
et le cercle plus restreint provoquaient des conversations
plus intimes, je trouvai le duc d'Audiffret-Pasquier entouré de Légitimistes ardents; il leur parlait avec animation de la fusion, comme d'un fait sur le point de s'accomplir, et il les pressait de s'unir franchement aux
Orléanistes. Je m'adresse au duc et lui dis : « Vous
croyez la fusion faite; c'est une illusion, permettez-moi
de vous le dire; vous n'êtes pas, je crois, dans la vérité
de la situation. — Quelle est la vérité? me répondit-il,
surpris de mon interruption inattendue. — La vérité est
dure, elle est triste, ajoutai-je. — Dites-la, reprit-il
vivement. — Vous le voulez, j'obéis : Eh bien, la fusion
est impossible. Comment le comte de Chambord pourrait-
il s'entendre avec les fils de celui qui, après quinze ans
de machinations, a chassé Charles X du trône pour s'y
asseoir? Si j'étais Henri V, plutôt que de régner sous le
drapeau tricolore, je m'ensevelirais dans mon drapeau

1871. blanc. » Le duc d'Audiffret ne me répondit pas; mais je fus interpellé avec la plus grande vivacité par de Pioger et le comte de Maillé. Je leur répondis : « On m'a sommé de parler, j'ai dit ce que je crois vrai » et je sortis.

Ma franchise avait paru alors brutale et hasardée; mais, trois mois après, on en reconnut l'exactitude.

L'Assemblée abrogea la loi d'exil qui tenait éloignés de leur patrie les membres des familles qui avaient régné sur la France. Peu après, le duc d'Aumale et le prince de Joinville arrivèrent à Versailles. Plusieurs députés de la Droite, de Foucaud (des Côtes-du-Nord), entre autres, avec lequel j'étais lié, me prévinrent qu'ils allaient leur rendre visite et m'engagèrent à les accompagner. Je refusai, ne voulant pas, par cette démarche, m'engager vis-à-vis d'eux avant qu'ils ne se fussent rapprochés du comte de Chambord, ce que je regardais comme d'autant plus douteux, qu'ils n'avaient répondu que par le silence à l'appel que leur cousin leur avait adressé dans son premier manifeste.

Le comte de Chambord vint aussi à Chambord; de Colombet (de la Lozère) m'engagea à y aller avec lui. Je refusai aussi, quelque vifs que fussent les sentiments de dévouement et de respect que m'inspirait son auguste personne. Mandataire des électeurs de mon département, investi de la confiance de mes concitoyens, je me croyais tenu de garder une attitude entièrement indépendante de toute influence de parti.

Le comte de Chambord attendit en vain, des princes d'Orléans, une visite, promise, annoncée et toujours différée. Il quitta Chambord et publia un manifeste où il laissait percer ses regrets et affirmait qu'il ne se séparerait pas du drapeau blanc. C'est alors que d'Auxais (de la Manche), avec lequel j'étais lié, et plusieurs autres de mes collègues me dirent que j'étais prophète. Cette détermination causa une émotion profonde et moi-même, qui l'avait prévue, j'en fus très vivement impressionné.

Le comte de Vansay, secrétaire du comte de Chambord était revenu de Chambord avec lui, il vint à Versailles à la réunion des plus ardents de l'Extrême-Droite que le marquis de Franclieu recevait une fois par semaine dans ses salons. On peut se faire une idée de la curiosité anxieuse avec laquelle nous le questionnâmes. Voici le dernier détail qu'il nous donna, il est significatif : Le Roi a dormi du sommeil le plus calme de Chambord à Paris, pour moi, je n'ai pu reposer un seul instant. A l'arrivée, j'ai demandé à Sa Majesté si elle n'avait rien a changer à sa lettre, Elle m'a répondu non, faites imprimer tel quel. J'ai exécuté ses ordres.

Le 27 juin, s'ouvrit la première délibération sur la loi relative à l'organisation et aux attributions des Conseils généraux. Ce projet de loi était dû à l'initiative de deux républicains, Bethmond et Magnin ; le rapporteur fut Waddington. Je m'affligeais de voir les hommes de la Gauche presque toujours à la tête du mouvement d'affaires de l'Assemblée. Cela tenait à ce que la Droite était dépourvue d'orateurs et d'hommes d'action ; ils étaient, au contraire, nombreux dans la Gauche. Ce fut un grand mal, mais sans remède ; je me trompe : il y avait un remède, mais qu'on ne sut pas appliquer. Le voici : Consciente (et elle ne l'a jamais été) de sa faiblesse dans l'étude et dans le développement oratoire des projets de loi, la Droite aurait dû se retrancher presque toujours sur le terrain du vote, où l'avantage lui était acquis par le nombre, puisqu'elle a eu longtemps la majorité dans l'Assemblée. Là elle restait le témoin muet des joutes oratoires, et au moment du vote, unie et compacte et faisant bon marché de l'éloquence et de l'habileté des orateurs, elle votait avec ensemble et unité. C'est ce qu'on a vu faire à la Gauche, de 1876 à 1881, où les 363 ont constamment voté comme un seul homme.

Cette loi était inspirée par la pensée d'étendre les

attributions des assemblées départementales et d'amoindrir l'autorité des préfets. Ce sentiment naturel aux républicains, ennemis en principe de toute autorité, était alors
malheureusement partagé par la Droite qui, autoritaire
par principe, se laissait entraîner au sentiment contraire,
en souvenir de l'autorité abusive des préfets de l'Empire
et dans l'espoir que ces assemblées bien composées pourraient aider au rétablissement de la Monarchie. Ils s'unirent
donc aux républicains pour faire cette loi.

Je déplorais la réélection des Conseils généraux, que je
regardais comme très hasardeuse au point de vue politique et, au point de vue administratif, je réprouvais l'institution nouvelle d'une Commission dite départementale
qui, à mon sens, ne pouvait que gêner et entraver l'action
préfectorale dans l'expédition des affaires.

Je m'en expliquais hautement un jour avec mon collègue Vinay, sur l'escalier qui conduisait de la salle de
lecture à celle des séances. Ernest Picard vint à passer :
il m'entendit et s'approchant de nous : « Vous avez parfaitement raison, mon cher collègue, me dit-il; si vous
parlez dans ce sens, je vous appuierai. »

A la séance du 10 juillet, je parlai donc contre l'institution
de la Commission départementale. Voici mon discours :

« MESSIEURS,

« Par l'institution de la Commission départementale, on
veut atteindre deux buts :

« Le premier, de réduire les attributions des préfets et
de contrôler leur administration.

« Le deuxième, de développer la vie politique dans le
pays.

« Sur le premier point, je n'ai qu'un mot à dire :
Si on veut une nation forte, il ne faut pas affaiblir l'autorité du Gouvernement. On a abusé de l'autorité pour

faire beaucoup de mal au pays, nous le savons; mais on a abusé de bien d'autres choses, on abuse des meilleures choses; est-ce une raison pour les affaiblir ou les diminuer? Non, certes; mais il faut les régler sagement et énergiquement et les diriger vers le bien.

« J'adhère donc pleinement aux pensées sages et profondes développées à cette tribune par plusieurs orateurs et entre autres par quelques-uns qui ne sont pas suspects d'être exclusifs en fait d'autorité.

« L'honorable Ministre de l'Intérieur qui est aujourd'hui au pouvoir, l'honorable M. Picard qui vient de le quitter, ont tous deux exprimé la même pensée : ne pas affaiblir, ne pas faire échec à l'autorité du Gouvernement, et ont par là rendu hommage à la vérité; car, avouons-le, Messieurs, si on a abusé de l'autorité, n'abusons-nous pas de la licence, et l'un des plus grands maux de ce temps n'est-il pas de ne vouloir reconnaître aucune autorité?

« Messieurs, quand on a l'honneur de parler devant vous et devant le pays, il faut dire toute la vérité. La vérité est quelquefois dure à entendre; mais elle n'en reste pas moins féconde à son jour. Ainsi, à l'aurore de notre ère chrétienne... (Oh! oh!), la vérité éternelle, formulée par une parole divine, était qualifiée dure à entendre par les incrédules du temps, et cependant cette vérité si dure a été entendue du monde entier; elle a fait la gloire et le bonheur de l'humanité jusqu'à nos jours, elle fera encore notre bonheur et notre salut dans l'avenir.

« Vous voulez développer la vie publique dans le pays, nous le voulons tous; mais, Messieurs, quel est l'obstacle qui s'y oppose? disons-le nettement : c'est l'égoïsme, cette ivraie parasite qui étouffe tous les sentiments généreux, qui a ses racines dans l'amour immodéré des jouissances matérielles, d'où une insatiable cupidité, le besoin de gagner de l'argent le plus possible et par tous les moyens : de là cette poursuite famélique des emplois, ces indus-

1871. tries douleuses, ces entreprises commerciales où si souvent la probité est en péril et succombe; de là l'abaissement des caractères et l'intérêt privé substitué partout à l'intérêt public. Pour guérir ce redoutable mal, il ne faut pas favoriser l'égoïsme et les compétitions ambitieuses, il faut y substituer le dévouement.

« Dans cet état moral de notre société, Messieurs, pensez-vous en instituant la Commission départementale, décréter au sein des Conseils généraux l'abnégation individuelle et provoquer tous les dévouements? Vous vous trompez, Messieurs, vous vous trompez grandement, car au contraire de votre intention, vous y ravivez les compétitions individuelles, vous y éteignez les dévouements publics.

« Jusqu'ici les Conseils généraux ont été, à mes yeux la plus sage, la plus logique des institutions électives, et je m'honore de faire partie, depuis plusieurs années, du Conseil général de mon département. Les Conseils généraux ont été jusqu'ici, dis-je, des assemblées de membres tous égaux, s'estimant et s'appréciant mutuellement, comme aussi estimés de leurs concitoyens, appelés au chef-lieu du département pour s'occuper, chaque année, des intérêts généraux, et, dans l'intervalle des sessions, appliqués, chacun dans son canton, à la direction des affaires locales, apportant à cette tâche tantôt collective, tantôt individuelle, l'intérêt qui s'attache à tout ce qu'on fait et qui vous donne droit à une partie de la reconnaissance publique, juste encouragement à faire davantage.

« Que deviendront les Conseils généraux, quand la Commission départementale sera instituée?

« Et d'abord, permettez-moi de vous dire que la composition de cette commission sera sinon impossible, du moins difficile. Dans plus d'un département, vous trouverez des hommes intelligents. Seront-ils toujours bien désintéressés. Le fonctionnement de la commission sera difficile aussi, éveillera la méfiance et les susceptibilités des préfets; car, croyez-le bien, il y a une grande différence pour le chef du pouvoir dans un département entre s'incliner devant l'autorité de l'assemblée départementale tout entière, ou de le faire devant celle de quatre ou cinq individualités.

« Mais je suppose ces difficultés résolues : à la première session, la commission est constituée; plus d'un conseiller général est émerveillé de ce rouage nouveau, — toute nouveauté séduit en France; — tous, du reste, retourneront dans leurs foyers, s'en reportant sur le zèle de leurs commissaires, et désintéressés de leur propre mandat. Mais à la session suivante, lorsque les commissaires se présenteront à leurs collègues, chargés des dossiers des affaires par eux traitées, des projets qu'ils auront préparés eux-mêmes en dehors du Conseil pendant toute l'année, des questions à débattre qu'ils auront élucidées, ne voyez-vous pas que leur prépondérance sera incontestable dans le Conseil et que leur opinion prévaudra toujours?

« Alors, Messieurs, il arrivera inévitablement ceci :

« Cette prépondérance en fait des commissaires sur leurs collègues, qui sont leurs égaux en droit, aura détruit l'égalité entre eux; de là des situations gênées, difficiles, embarrassantes, ne craignons pas de dire le mot, des susceptibilités, des désaccords, un désintéressement général de la chose publique, qui a cessé d'être véritablement une tâche commune.

« C'est, Messieurs, une loi de l'humaine faiblesse, de se désintéresser de ce à quoi on ne prend pas une part directe et personnelle.

« Et alors, au lieu de répandre la vie dans tout le corps, vous l'aurez concentrée à la tête; les membres resteront inactifs et paralysés.

« Ah! Messieurs, que je trouverais plus sage et plus

1871. libéral, au lieu d'appeler à la direction effective des affaires quatre ou sept conseillers généraux, de les y appeler tous, de les y engager tous, de créer pour tous des appâts à leurs légitimes aspirations à l'estime publique. Pour cela, il faudrait étendre les attributions du Conseil, multiplier et prolonger ses sessions, créer dans les cantons des commissions de surveillance des chemins vicinaux, des écoles primaires, des biens communaux, des établissements publics, etc., etc.; la matière est inépuisable. (Bruit.)

« Alors s'opérerait en commun et avec une autorité autrement grave et irrésistible, le contrôle des actes de l'administration préfectorale. Quand les conseillers généraux veulent examiner de près la conduite des préfets, ils le peuvent. Dans le Conseil général dont j'ai l'honneur de faire partie, nous avons laissé une dépense de 22,000 francs à la charge d'un sous-préfet qui avait fait une fausse attribution de dépenses. Ce ne sont donc pas les institutions qui manquent aux hommes, ce sont les hommes qui ne veulent pas user des institutions; et avant de détruire une institution si respectable, si généralement estimée que les Conseils généraux, — car pour moi la Commission départementale serait un dissolvant nécessaire, — il faut essayer de réagir par tous les moyens que je viens d'indiquer. Alors se fera cette éducation publique non seulement au profit de quelques élus, je n'ose pas dire de quelques intrigants, mais au profit de tous, dans tous les cantons, sur toutes les parties du sol français. Alors, chacun satisfait de faire le bien autour de lui, l'exemple réagira sur les masses et développera cette moralisation, qui est la grande ancre de salut, que nous devons appeler de tous nos vœux et à laquelle tous nos efforts doivent tendre. ! » (Très bien sur quelques bancs. — Aux voix ! aux voix !)

M. E. Picard, qui était en face de moi sur les premiers bancs du Centre-Gauche, m'approuvait et m'encourageait;

1871.

mais il ne prit pas la parole, voyant, sans doute, qu'il y avait un parti pris dans l'Assemblée. L'article instituant la Commission départementale fut voté.

Par une inconséquence manifeste, le projet de loi qui avait pour but d'étendre la compétence des Conseils généraux, la laissait restreinte sur des points très importants et entre autres sur les demandes de changement de circonscriptions territoriales.

19 juillet

Je proposai donc de l'étendre à ces demandes, non seulement pour les communes, mais pour les cantons et même les arrondissements. Voici mon discours :

« MESSIEURS,

« Les questions relatives à des changements de circonscription territoriale et à des désignations de chefs-lieux, ont un intérêt essentiellement local et départemental; la politique n'a qu'y faire. Elles intéressent, en effet, les conditions essentielles de la vie des populations, leur bien-être, le développement de leur prospérité commerciale, agricole, et, en cela, elles doivent attirer votre attention à tous les égards.

« Aussi, à mon sens, sont-elles exclusivement du domaine du Conseil général. J'avoue que le programme décentralisateur de la Commission nous faisait espérer une extension plus complète des droits du Conseil général en pareille matière. Nous avons été trompés, du moins je l'ai été.

« En effet, le paragraphe 27 est ainsi conçu :

« Le Conseil général statue en dernier ressort sur les
« changements à la circonscription des communes d'un
« même canton et à la désignation de leurs chefs-lieux,
« lorsqu'il y a accord entre les Conseils municipaux. »

« Par cette disposition, les droits du Conseil général se

résument en ceci : enregistrer, homologuer, sanctionner un accord commun entre des Conseils municipaux. Ces droits me paraissent restreints à l'égard du Conseil général; ils sont illusoires au point de vue du concours de l'accord des Conseils municipaux. En effet, relativement aux propositions qui apportent un changement de circonscription territoriale entre deux cantons, le Conseil général se déclare incompétent; en second lieu, il ne fait qu'enregistrer les changements, les modifications sur lesquelles les Conseils municipaux sont d'accord.

« Messieurs, permettez-moi de vous le dire : à mes yeux, la souveraineté qu'on veut donner au Conseil général, souveraineté que, je me plais à le reconnaître, l'honorable rapporteur de la commission lui-même a voulu lui attribuer, — et pour mon compte je n'y vois aucun inconvénient en matière départementale et administrative, — cette souveraineté me paraît singulièrement limitée. A mon sens, le Conseil général n'est point un bureau d'enregistrement, c'est une administration départementale, c'est un conseil de famille devant lequel les affaires de la famille départementale doivent être portées, et dans lequel des juges compétents, habiles, désintéressés, sont appelés à recevoir les plaintes de leurs concitoyens.

« Qui d'entre vous pourrait refuser à des concitoyens quelconques le droit de venir dire : La division territoriale de 1790 a créé pour nous des difficultés presque insurmontables pour aborder le chef-lieu de canton, alors cependant que nos relations, l'importance de nos affaires, nos intérêts nous unissent à une circonscription autre, et nous faisons entendre en vain nos réclamations à cet égard; depuis un demi-siècle, elles ont été stériles, veuillez bien les recevoir, les apprécier et les juger. Refuser ce droit aux communes, aux cantons, c'est faire injure au sentiment décentralisateur, patriotique et libéral que vous affirmez.

« C'est donc au nom du droit le plus sacré de tous, de

celui auquel les populations tiennent le plus et qui les touche de plus près, que je demande que le domaine si légitime des Conseils généraux soit étendu aux départements. Dans ce domaine, essentiellement départemental, les Conseillers généraux sont, en effet, par l'indépendance de leur mandat, par leur connaissance approfondie des conditions locales, par la responsabilité qui pèse sur eux de la part de leurs concitoyens, — responsabilité qui les oblige à bien faire, parce qu'ils doivent passer leur vie et mourir au milieu de leurs mandants; — les Conseillers généraux sont les seuls juges compétents, véritablement intègres et désintéressés, les seuls aptes à traiter ces questions d'un intérêt capital.

« Je vous adjure donc tous, Messieurs, d'éloigner de ces questions si importantes l'ingérence administrative, parce que, j'ai eu l'honneur de vous le dire, ce sont des questions auxquelles la politique est absolument étrangère, ce sont des questions purement d'intérêt local, d'inspiration locale; je vous adjure de repousser cette ingérence, parce que, vous le savez, la plupart d'entre vous le savent aussi bien et même mieux que moi, le préfet, venu le plus souvent du dehors, et désintéressé du bien-être des populations au milieu desquelles il ne fait que passer, le préfet, quand il se trouve en présence d'une de ces questions, n'y voit que des difficultés de bureau, un remaniement quelconque toujours embarrassant pour lui, et il la repousse par une fin de non-recevoir qui laisse les droits les plus sacrés méconnus et violés. C'est pour mettre ces droits sous l'égide tutélaire des Conseils généraux que je vous supplie de voter l'amendement que j'ai l'honneur de vous proposer. » (Approbation sur quelques bancs.)

Le rapporteur Waddington me répondit par quelques considérations spécieuses. Je répliquai dans les termes suivants :

« Messieurs, on ne fera pas des améliorations sans peine,

1871.   cela n'est pas douteux. Permettez-moi de vous donner en
deux mots un exemple. Je connais dans mon département,
— je ne puis parler que de ce que je sais, — trois cantons
dans lesquels des communes limitrophes d'autres cantons
dépendant d'autres arrondissements demandent à passer
dans un autre arrondissement. Une de ces communes, depuis cinquante-cinq ans, sollicite son annexion au canton
voisin. Savez-vous ce qu'on a fait pour s'opposer à son
désir ? On lui a donné un maire qui, depuis dix ans, fait
obstacle continuellement à l'unanimité de son Conseil municipal... »

Ce fut en vain; ma parole n'avait pas assez d'autorité,
je le reconnais; mais les raisons que je faisais valoir étaient
assez sérieuses pour fixer l'attention des esprits sensés.
On écoutait à peine.

Mon amendement ne fut pas adopté.

Le résultat des élections complémentaires des membres
de l'Assemblée Nationale avait été connu par le *Journal
officiel* du 10 juillet : sur 115 élus, il n'y avait que 10 députés vraiment conservateurs. Ce résultat déplorable annonçait que l'esprit de sagesse qui animait les populations
au 8 février dernier, sous le poids des désastres de la guerre,
avait fait place aux aspirations révolutionnaires réveillées;
il impressionna profondément la partie sage de l'Assemblée.

Je ne dois pas oublier de dire qu'à la solennité de la
Fête-Dieu, un grand nombre de députés firent cortège au
Saint-Sacrement, dans les rues de Versailles, au milieu
d'une population sympathique, émue de ce témoignage
solennel de foi.

L'Épiscopat français et un grand nombre de catholiques
avaient adressé à l'Assemblée Nationale des pétitions où,
exposant la situation douloureuse du Saint-Père, ils la sup-
pliaient de chercher à y porter un remède.

Les rapports sur ces pétitions furent lus à la séance

du 22 juillet, au milieu d'une agitation extrême, et les pétitions renvoyées au Ministre des Affaires étrangères, mais
avec des réserves formulées par le Chef du Pouvoir Exécutif
qui ôtaient à cette mesure tout caractère de dévouement
effectif à la Papauté.

Le 12 août, Rivet présenta un projet de loi pour donner
à M. Thiers le titre de président de la République et le lui
assurer pour trois ans. La discussion qui eut lieu dans mon
bureau montra de quels procédés se servent les hommes
que guide leur intérêt personnel. Bérenger (de la Drôme)
soutenait le projet; Beulé et Casimir Périer le combat-
taient. Je présentai aussi dans le même sens quelques considérations accentuées.

On vota : il y eut 12 voix pour Bérenger, 10 voix pour
Beulé et 4 voix pour Casimir Périer. La majorité du bureau
était donc opposée à la proposition; mais il fallait réunir les
quatorze voix sur la même tête. De Barante, ami intime de
Casimir Périer, fut chargé par nous de le prier de faire
reporter sur Beulé les quatre voix qu'il avait obtenues. Son
silence nous fit croire qu'il y consentait. Il n'en fut rien :
au second tour de scrutin, il retint encore trois voix sur
quatre, et Beulé ne fut nommé qu'à une voix de majorité.

Mon opinion sur lui fut dès lors formée et confirmée de
plus en plus; son ambition le conduisit plus tard définitivement vers la Gauche.

Chaudey, rédacteur du *Siècle*, avait été assassiné pendant
la Commune. Les républicains de l'Assemblée proposèrent
de faire accorder une pension de l'État à sa veuve, au même
titre qu'à celles des généraux Lecomte et Clément Thomas.
Schœlcher soutint la proposition avec assurance et une sorte
de bonhomie et de modération qui me semblèrent faire
impression sur les membres du bureau.

Je pris la parole et montrai vigoureusement que si la
mort de Chaudey était regrettable, celle de Lecomte et
Clément Thomas était glorieuse, et qu'un témoignage

de reconnaissance nationale ne pouvait s'adresser qu'à ceux-ci. Le bureau, convaincu, allait me nommer commissaire, lorsque de Sugny, excellent homme, mais du Centre-Droit et trop précautionneux, me dit qu'il pourrait être d'un mauvais effet qu'un député de l'Extrême-Droite refusât la pension de la veuve Chaudey. S'il s'était agi de tout autre que moi, ce conseil m'eût trouvé insensible; mais je ne tenais guère, je l'avoue, à ces petits succès, et je déclarai tout haut que je priais de voter pour Mététal, qui avait dit quelques mots dans le même sens que moi.

En même temps que Rivet et les partisans de Thiers cherchaient à raffermir son pouvoir personnel en consacrant la forme républicaine, les ardents de la Droite luttaient pour défendre l'indépendance de l'Assemblée et préparer le retour de la Monarchie : De Belcastel présentait la proposition que l'Assemblée Nationale ne se séparât pas avant d'avoir proclamé la forme définitive du Gouvernement, et Dahirel réclamait la mise à l'ordre du jour le plus prochain de sa proposition de nomination d'une commission chargée d'élaborer un projet de constitution.

Cette proposition fut repoussée comme prématurée, la Droite étant très affaiblie moralement depuis les élections du 2 juillet.

On doit à Vandier l'initiative du projet de loi de dissolution de la garde nationale. Laisser des armes aux hommes de désordre était un danger permanent. Il s'entretenait de ce projet avec quelques députés, à l'issue d'une séance, lorsque, sortant de la salle, je suis appelé par eux. Ils me font part de la proposition. Je la signe avec empressement, d'autant plus qu'elle était rédigée d'un style énergique et précis où je retrouvais cette franchise et cette fermeté d'allures que j'aurais toujours voulu voir dans tous les actes de l'Assemblée. L'article premier portait : « Les gardes nationales *sont dissoutes* dans toutes les communes de France. »

M. Thiers, l'homme aux atermoiements, toujours craintif,

1871. demanda du temps, sous prétexte chimérique de désordre, et fit présenter par le général Ducrot un amendement portant : « Les gardes nationales *seront dissoutes* à mesure que la réorganisation de l'armée le permettra. »

C'était ôter à la mesure tout caractère de spontanéité et d'énergie qui aurait affirmé la virilité de l'Assemblée.

Cet amendement fut voté par 488 voix contre 149. Je dois dire que mes collègues de Chabron, Calemard de la Fayette et de Flaghac votèrent pour; Vinay, Malartre et moi, nous votâmes contre, avec la fleur de la Droite de l'Assemblée.

31 août. Après un discours des plus violents de Gambetta contre le Pouvoir constituant de l'Assemblée, on vota la proposition Rivet, par laquelle Thiers prenait le titre de président de la République française et devait exercer le pouvoir, tant que l'Assemblée n'aurait pas terminé ses travaux.

Je votai cette loi, par découragement et lassitude de toujours résister en vain.

3 septembre. L'Assemblée vota la proposition Ravinel, qui fixait à Versailles le siège de l'Assemblée Nationale, du Pouvoir Exécutif et des Ministères. Elle se prorogea le 17 septembre et fixa sa rentrée au 4 décembre; une commission de permanence de vingt-cinq membres fut nommée pour la représenter pendant les vacances.

CHAPITRE IV

Projet de loi sur l'instruction primaire obligatoire. — Projet de loi sur les coalitions. — Tentative infructueuse du Manifeste fusionniste monarchique. — Pétitions catholiques à l'occasion du transfert de la capitale du royaume d'Italie à Rome. — Rapports de la Commission des marchés. — Discussion de la loi sur l'armée. — Procès Bazaine. — Troisième prorogation.

1871.

Le mariage de ma fille aînée, Thérèse, eut lieu au Puy le 18 septembre. Et pendant le mois d'octobre, je poursuivis ma candidature au Conseil général dans le canton de Craponne. Je ne fus pas réélu : l'esprit révolutionnaire s'était réveillé, et un républicain très avancé me fut préféré.

A la reprise de la session, le 4 décembre, je fis partie du sixième bureau.

A la discussion, dans le bureau, du projet de loi présenté par Jules Simon, alors ministre, sur l'instruction primaire obligatoire, je m'élevai fortement contre la violation des droits des pères de famille et, aidé de l'influence qu'exerçait à juste titre Mgr Dupanloup, je déterminai de Rességuier, commissaire nommé, à repousser absolument l'obligation du projet de loi et même tout le projet de loi.

Je fus nommé, dans ce bureau, membre de la commission chargée d'étudier le projet d'abrogation de la loi sur les coalitions. Dans cette commission j'eus pour collègues Jules Ferry, préfet de la Seine sous le Gouvernement du 4 Septembre; Corbon, ancien prote d'imprimerie, vice-président de l'Assemblée Nationale en 1848; Tolain, ouvrier bronzier-ciseleur, tous trois de l'Extrême-Gauche. Dès la première

6

séance, je fis ma profession de foi en disant que je voulais aller à la limite extrême du droit de l'ouvrier, mais que je ne dépasserais pas cette limite. Ferry fut charmé de ma franchise, et, depuis, nous avons eu des rapports si familiers, que j'ai pu plus tard, sans l'offenser, lui faire des reproches presque publics de son mariage civil, et qu'à la nomination des sénateurs inamovibles, il fut le plus ardent à me presser d'accepter les voix de son parti. Corbon me témoigna toujours de la sympathie. Je ne puis dire que j'éprouvais pour lui le même sentiment; mais certainement, tout en le voyant engagé dans le parti révolutionnaire le plus avancé, j'éprouvais pour lui une sorte d'estime mêlée de pitié. Il en fut de même de Marc Dufraisse, l'un des coryphées du parti républicain, avec lequel je me trouvais souvent dans le trajet de Versailles à Paris. Nous causions familièrement ensemble, surtout de littérature et d'art. Il y avait en cet homme un fond riche, mais envahi par les idées révolutionnaires les plus outrées. Il mourut pendant notre législature, et j'eus la satisfaction, dans le dernier entretien que nous eûmes, dans la galerie des tombeaux à Versailles, quelques jours avant sa mort, qu'il sentait très prochaine, de l'entendre me dire : « Mon cher collègue, je n'ai plus de vie que pour quelques jours; veuillez ne pas le répéter à mes amis politiques; mais je vous assure que j'ai prié le curé de ma paroisse d'accompagner ma dépouille au champ du repos. »

J'eus l'occasion de voir de près Gambetta, dans le treizième bureau. Borgne, trapu, les cheveux, noir de corbeau, plats et huileux; je ne pouvais assez m'étonner que ce personnage eût été le maître de la France. Cet ex-dictateur se fit un jour solliciteur. Il s'agissait du projet de loi de dénonciation des traités de commerce. Gambetta désirait être nommé commissaire. La question étant grave, le scrutin fut remis au lendemain, et le président, le général de Chabaud-Latour, ayant recommandé l'exactitude à une heure,

1871.

Gambetta, habitant Paris, sollicita la fixation à une heure et demie : ce qui lui fut accordé.

Le lendemain, à une heure et demie, Gambetta et ses amis étaient absents; le président voulut bien attendre encore un quart d'heure, puis ouvrit le scrutin, qui fut clos à deux heures. Le dépouillement était commencé, lorsque paraît Gambetta, confus de son inexactitude, mais qui n'en sollicite pas moins, d'un ton modeste, la faveur de voter. Le président aurait dû rejeter sa supplique, mais il était du Centre-Droit, parti à concessions et à moyens termes. Pour se décharger toutefois de la responsabilité, il rendit le bureau juge, et celui-ci, comme une troupe abandonnée de son chef, céda, et Gambetta put voter. Je ne pus m'empêcher cependant de lui dire : « Moins que personne vous devriez chercher à justifier l'inexactitude, car vous savez mieux qu'un autre ce qu'elle nous a coûté pendant la guerre. » Nous sortîmes ensemble du bureau et traversâmes la salle des Conférences, causant avec une certaine animation, et je fus jusqu'à lui dire, en lui frappant sur l'épaule : « Allez et ne péchez plus. Vous avez obtenu ce que vous vouliez, sans avoir raison. » Mes amis me demandèrent à la séance : « Qu'aviez-vous donc avec Gambetta; est-ce que vous vouliez le convertir ? »

Dans le courant de décembre, je quittai Versailles pour me rendre au Puy, où m'appelaient mes affaires personnelles et la fondation, avec le Comité conservateur local, d'un journal défenseur de la religion, de la morale et de la saine politique. Vinay, de Flaghac, Malartre et moi, nous formâmes une première mise de fonds de 12,000 francs; d'autres apportèrent aussi leur concours, et le journal parut sous le titre d'*Echo du Velay*.

De retour à Versailles, j'appris qu'un manifeste fusionniste, rédigé et signé déjà par quatre-vingts députés de la Droite, était accepté par le Centre-Droit et devait trouver des adhésions même dans le Centre-Gauche. Je me renseignai auprès de Cazenove de Pradines, dont la véracité m'était connue, sur la part que le comte de Chambord, alors à Anvers, avait prise à cette manifestation. Il me répondit que le prince était censé ignorer la chose et qu'il n'engageait pas à signer ni n'en détournait; mais que tous nos amis avaient signé ou signeraient, *même Belcastel*, ajouta-t-il avec affectation. Or, Belcastel était pour lors à Anvers; il n'avait pas signé et ne signa pas. Pour moi, qui ne croyais pas à la fusion et qui redoutais quelque machination du Centre-Droit, je me refusai à signer.

Le manifeste avorta. C'est alors que l'Extrême-Droite se sépara de la réunion des Réservoirs et fut reçue dans les salons du duc de La Rochefoucauld-Bisaccia, sous la dénomination de Chevaux-Légers, du nom de l'impasse des Chevaux-Légers, où elle avait été réunie quelque temps dans les salons du marquis de Gouvello, après avoir quitté le salon du comte de Boisboissel, où, à notre arrivée à Versailles, se réunissaient les Bretons et quelques légitimistes avérés, au nombre desquels j'avais l'honneur d'être compté.

Le 17 janvier, fut célébré à Notre-Dame un service funèbre pour les victimes de la guerre, avec toute la pompe d'un deuil national. Les membres du Gouvernement et tous les grands corps de l'État y assistèrent. Le R. P. Félix, de la Compagnie de Jésus, prononça l'oraison funèbre; il resta bien au-dessous de ce grand et lamentable sujet : son style fut d'une froideur glaciale; pas un mouvement d'éloquence n'en rompit la monotonie.

On discuta ce jour-là la proposition de Du Châtel, qui, dans des vues d'ambition sans doute, avait demandé que la résidence de l'Assemblée Nationale fût fixée à Paris. Elle fut repoussée par 366 voix seulement contre 310 : ce qui prouva combien était déjà considérable le nombre de ceux auxquels leurs intérêts ou leurs passions politiques cachaient le danger de livrer l'Assemblée en butte aux entreprises révolutionnaires dont Paris était le foyer.

Dans le courant de janvier, l'Assemblée reçut de nombreuses pétitions des catholiques justement alarmés de la situation douloureuse faite au Saint-Père par le transfert de la capitale du royaume d'Italie à Rome et l'envoi prochain de notre ambassadeur près le roi Victor-Emmanuel; il était nommé et attendait l'ordre de partir.

Ces pétitions avaient été discutées dans la commission et le rapporteur d'Abbadie de Barrau, tout en exprimant les sentiments les plus sympathiques pour la cause de la Papauté, concluait, d'après l'avis de la majorité, à l'ordre du jour pur et simple.

A la réunion de l'Extrême-Droite, Combier (de l'Ardèche) fit connaître cette résolution, protestant que pour lui il n'aurait jamais le courage de voter un ordre du jour pur et simple sur ce sujet sacré; il supplia la réunion de désigner un de ses membres pour proposer à l'Assemblée un ordre du jour motivé, dans lequel il serait fait réserve des droits du Saint-Siège indignement violés. De Belcastel répondit qu'il en avait préparé un en ce sens et ainsi conçu : « L'Assemblée réserve les droits du Saint-Siège et passe à l'ordre du jour. » On ne pouvait rien dire de plus modéré.

La question étant aussi nettement posée, je fus surpris de la froideur avec laquelle elle était accueillie et je demandai la parole. La Bassetière (de la Vendée) la demanda en même temps. Je la lui cédai, pensant qu'il parlerait dans le même sens que moi; mais grande fut ma surprise, lorsque je l'entendis affirmer qu'il tenait du Nonce que le Saint-Père avait été très satisfait du résultat du vote du 23 juillet dernier sur les pétitions des Évêques, s'en remettant à la sagesse et au patriotisme de M. Thiers pour faire respecter les droits de la Papauté, et que, quant aux pétitions en question, il demandait qu'on s'en référât au vote sus-rappelé et qu'on passât à l'ordre du jour.

Je répondis que ma conscience me rendait plus exigeant

1872.

que le Nonce et que je croyais, comme Combier, qu'il ne nous était pas possible de répondre par un ordre du jour pur et simple au cri de douleur et d'alarme de la France catholique.

Alors la discussion s'étendit. Lucien Brun et Fresneau, tout en témoignant leur vive sympathie pour la cause pontificale, déclarèrent que, dans l'état d'affaiblissement où était la France, il serait dangereux de rien affirmer quant aux droits du Saint-Siège; que ce serait éveiller les susceptibilités de l'Italie.

Du Temple, avec sa vivacité habituelle, plaça la question sur le terrain de l'honneur national et de la foi catholique, et dit que la France ne se relèverait de son abaissement que par la protection de Dieu, et que le plus sûr moyen de la mériter était de soutenir la cause du Vicaire de Jésus-Christ, dût-on pour cela faire la guerre à l'Italie.

La réunion se sépara sans prendre de décision.

Je voulus m'assurer si le Nonce pensait réellement comme l'avait dit La Bassetière. Le lendemain, à neuf heures du matin, j'étais à la Nonciature, à Paris. Mgr Chighi me fit l'honneur de me recevoir et me dit : « M. Bassetière n'a pas très bien compris mes paroles. La position du Saint-Père est si difficile qu'il ne peut s'expliquer ouvertement; mais soyez assuré que plus vous ferez pour l'Eglise, plus Sa Sainteté vous en sera reconnaissante. »

Cet éclaircissement, dont je fis part à mes amis, nous fixa irrévocablement dans notre première résolution.

Cependant le débat de la veille avait remué dans l'Extrême-Droite le sentiment catholique toujours vif, bien qu'un peu obscurci par les nuages de la politique. J'apprends par Belcastel qu'un grand nombre de députés catholiques se réunissent pour s'occuper des pétitions. Je me rends à la réunion. La séance ouverte, d'Abbadie de Barrau donne lecture de son rapport concluant à l'ordre du jour pur et simple. Chesnelong répond que le devoir sacré des

1872. catholiques de l'Assemblée était de réserver les droits du Saint-Siége. M. de Corcelle, qui fut depuis ambassadeur à Rome, accentua encore cette pensée en ces termes : « L'Assemblée Nationale, réservant les droits du Saint-Siége et ceux des nations catholiques intéressées à son indépendance, passe à l'ordre du jour. »

C'était plus que nous n'avions demandé à la réunion de l'Extrême-Droite, et ce fut cependant accepté sans difficulté. Keller proposa de signer cet amendement séance tenante et de le faire signer pendant la séance de l'Assemblée. Rien n'était plus simple et plus juste. Cinquante ou soixante signatures des membres présents en auraient attiré certainement plus de cent dans l'Assemblée, peut-être deux cents. Mgr Dupanloup dit qu'il ne lui semblait pas convenable de quêter des signatures et qu'il était peu important que l'amendement en fût couvert. « Nous nous réunirons dans huit jours, ajouta-t-il, la veille de la discussion publique des rapports, pour nous entendre définitivement, et dans cette réunion les membres présents signeront. »

J'écrivis à Monseigneur l'Evêque du Puy pour lui faire part de ce résultat. Il me répondit qu'il aurait désiré encore mieux, mais qu'il fallait se contenter du possible.

Assurés de la fixité de cette résolution arrêtée publiquement, mes amis et moi nous ne nous en occupâmes plus; mais notre surprise fut grande, la veille de la réunion, d'apprendre que pendant la semaine d'Abbadie de Barrau avait soumis l'ordre du jour de Corcelle au Président de la République, qui l'avait modifié à sa convenance. Nous nous rendîmes très émus à la réunion, Belcastel, de Limairac, l'abbé Jaffré, d'Abboville, Keller, moi et d'autres, et nous comprîmes à l'affluence des membres du Centre-Droit, qu'on voulait imposer une résolution prise d'avance. Monseigneur d'Orléans donna lecture d'une lettre écrite de Rome par un personnage très autorisé, dit-il, engageant surtout à sou-

mettre à l'Assemblée, au sujet des pétitions, un ordre du
jour qui obtînt la majorité et qui, pour cela, fût agréé
d'avance par M. Thiers. En conséquence, il proposa l'ordre
du jour suivant : « L'Assemblée Nationale, s'associant aux
sentiments exprimés dans les rapports, passe à l'ordre du
jour. »

C'était un peu se déjuger; et ma surprise fut grande de
voir Chesnelong garder le silence, lui qui s'était montré si
affirmatif à la première réunion. En vain de Limairac (du
Tarn-et-Garonne) dit-il que notre devoir impérieux était de
réserver les droits du Saint-Siège; en vain d'Abboville qua-
lifia-t-il d'humble le nouvel ordre du jour; ils ne furent pas
écoutés. De Belcastel se tut. Je n'eus pas la force de dire
un mot. Profondément peinés, nous nous retirâmes, et
après notre départ, la réunion adopta l'ordre du jour proposé.

Mes amis et moi nous résolûmes de n'écouter que la
voix de notre conscience et de nous montrer catholiques
prudents mais fermes. Dumont (du Gers) l'un des nôtres,
rédigea l'ordre du jour motivé suivant : « Les droits du
Saint-Siège étant imprescriptibles, l'Assemblée passe à
l'ordre du jour. » Nous le signâmes et nous le fîmes
signer par les catholiques les plus fidèles. Je fus chargé de
recueillir des signatures. Je constatai que les hommes
croyants, indépendants et courageux sont devenus rares en
France. Nous recueillîmes trente-deux signatures. Nous
aurions pu, en nous adressant à tous les députés sans
exception, en recueillir peut-être cinquante. Qu'était-ce que
cinquante, dans une Assemblée française de sept cent cinquante membres? Je ne puis oublier que Chesnelong et
Chaudordy me reprochèrent très vivement de persister dans
une résolution impolitique, imprudente et qui divisait les
catholiques. C'était une division, en effet; nous la regret-
tions, mais notre conscience nous faisait un devoir d'affirmer notre foi. Nous n'espérions pas trouver dans l'Assem-

1872.

blée une majorité pour nous suivre; mais il fallait, pour l'intérêt de la catholicité, l'honneur de la France et la consolation des catholiques, que la vérité fût affirmée dans l'Assemblée Nationale, et elle l'eût été par plus de deux cents voix, si on eût fait ce que Keller avait demandé.

Le Gouvernement venait d'obtenir une concession; il en imposa une nouvelle au groupe catholique qui se mettait un peu trop à sa discrétion. Le lendemain, veille du jour où devaient être lus devant l'Assemblée les rapports sur les pétitions, M. Thiers fit connaître qu'il désirait que cette lecture fût ajournée. Les rapporteurs y consentirent, et le Gouvernement fit partir pour Rome M. Fournier, nommé ambassadeur.

6 mars.

A la séance, du Temple, indigné, monta à la tribune pour interpeller M. de Rémusat, ministre des Affaires étrangères, sur le départ de l'ambassadeur. Dès qu'il parut, un tumulte effroyable s'éleva dans l'Assemblée. Le vice-président, Benoist d'Azy, lui refusa la parole, sous prétexte que son interpellation n'avait pas été formulée d'une manière strictement conforme au règlement. Il dut céder et la formula par écrit. L'Assemblée en renvoya la discussion à trois mois. Alors Chesnelong vint demander au Ministre des Affaires étrangères s'il était d'accord avec la Commission des pétitions pour que celles relatives à la question romaine fussent discutées dans la séance de samedi prochain.

Le Ministre répondit affirmativement.

Il rappela que le Gouvernement avait accepté pour le lendemain la discussion des pétitions sur la question romaine, et pria l'Assemblée de les mettre à l'ordre du jour du lendemain. L'Assemblée refusa.

Voilà où aboutissaient les concessions qui avaient si profondément modifié le premier ordre du jour. Mgr Dupanloup était absent. A son retour, le lendemain samedi, il monta à la tribune et, en termes très mesurés, annonça à l'Assemblée, alors absorbée, dit-il, par les préoccupations du budget, que le vendredi ou le samedi suivant, il lui demanderait de fixer un jour pour la discussion des pétitions catholiques.

Au moment où Monseigneur d'Orléans montait à la tribune, M. Thiers le pria de lui céder la parole et, tout en témoignant de son respect pour le Saint-Siège, déclara que la discussion des pétitions était inopportune et dangereuse. Après quelques paroles de regret, Mgr Dupanloup accepta les raisons de M. le Président de la République. On demanda la clôture de l'incident. En vain du Temple voulut-il parler contre la clôture; elle fut mise aux voix et adoptée. Et ce fut la réponse de l'Assemblée au cri de détresse de la France catholique.

L'Assemblée s'ajourna au lundi 22 avril, à l'occasion des fêtes de Pâques et pour la deuxième session annuelle des Conseils généraux, tenue pour la première fois en exécution de la nouvelle loi départementale.

L'Assemblée reprit le cours de ses travaux.

Le duc d'Audiffret-Pasquier demanda la mise à l'ordre du jour de la discussion des rapports de la Commission chargée d'étudier les marchés d'armes et de munitions faits pendant la guerre. Gambetta, que cette question visait personnellement, voulant payer d'audace, dit qu'il la demandait aussi, au nom des intérêts calomniés.

J'avais prolongé mon séjour au Puy un peu au delà du terme de la prorogation, pour activer les travaux de défense de Volhac contre les inondations de la Loire. A mon retour à Versailles, le 4 mai, le duc d'Audiffret-Pasquier prononça sur la question des marchés un discours vraiment éloquent, dans lequel il fit ressortir le désordre de toutes ces opérations. Il eut un grand succès. Le même orateur ne craignit pas de dire hautement que le Gouvernement de la Défense Nationale n'avait, dans toutes ces malversations, qu'une faible part de responsabilité. Cette phrase lui valut les remerciements de Gambetta et les applaudissements fré-

1872. nétiques de la Gauche, dont il se sentit compromis, car, étendant la main de ce côté, il se crut obligé de dire : « Oh! je ne partage cependant pas toutes vos idées! » M. Rouher essaya de justifier l'Empire. Gambetta l'injuria en quelques mots. La discussion fut renvoyée. Le 22, le duc d'Audiffret répondit au discours de Rouher avec une grande éloquence, mais avec non moins de partialité contre l'Empire. La Droite souffrait de voir l'un des siens faire ainsi pencher la balance de la justice et chercher à alléger l'écrasante responsabilité qui pesait sur le Gouvernement factieux qui avait mis le comble aux malheurs de la France. Bolcastel siégeait à côté de moi. Je le vis tout à coup écrire quelques lignes au crayon, puis demander la parole. Il fut vraiment inspiré : en quelques mots simples, il éleva immédiatement ce grand débat à la hauteur de l'inflexible équité et flétrit avec une égale sévérité l'Empire et le 4 Septembre. Ce discours fut l'un des plus vrais et des plus élevés qui furent prononcés à l'Assemblée Nationale. La discussion fut close par un amendement du duc de Broglie, demandant que la Commission des marchés recherchât toutes les responsabilités, avant et après le 4 Septembre, voté par 676 contre 0.

Ces responsabilités n'ont pas été mieux recherchées par la Commission des marchés qu'elles ne l'ont été par la Commission du 4 Septembre.

Tout porte à croire que le duc d'Audiffret-Pasquier, l'un des chefs les plus autorisés du parti d'Orléans, très irrité de l'insuccès de la fusion tentée par le manifeste auquel j'ai dit plus haut avoir refusé d'adhérer, cherchait une combinaison nouvelle pour assurer au duc d'Aumale la survivance de M. Thiers à la présidence de la République. Dans ce but, il voulait se concilier la Gauche, en portant tous ses coups sur l'Empire, dont la popularité latente l'effrayait.

Quoi qu'il en fût, il dut être bien désappointé plus tard, en lisant dans le journal la *République française*, organe de

Gambetta et de toute la Gauche, numéro du 13 juillet, à propos du vote sur l'amendement Charreton-Guillemot qui ébranlait le Pouvoir Exécutif, l'expression des sentiments les plus répulsifs pour le parti orléaniste.

Le duc d'Audiffret perdit dans cette discussion une grande partie du prestige que son talent de parole lui avait acquis dans l'Assemblée.

La discussion de la loi sur la réorganisation de l'armée avait commencé le 28 mai. Le général Denfert-Rochereau, le faux héros de Belfort, avait pris la parole et produit à la tribune une théorie de discipline militaire si révoltante, mettant au-dessus du devoir et de l'obéissance le droit pour le subordonné de discuter l'ordre de son supérieur et d'y substituer sa propre initiative, que le général Changarnier, indigné, demanda la parole et accusa hautement le colonel Denfert d'avoir habité les casemates pendant le siège de Belfort. Denfert-Rochereau subit cette injure sanglante sans répondre.

M. Thiers n'avait jamais été partisan du service obligatoire pour tous les Français; il aurait voulu conserver la loi de 1832 et le service de sept ans. J'ai dit que je pensais de même; et un jour de réception à la présidence, me trouvant dans un cercle au milieu duquel il exprimait ses idées à ce sujet, quand il eut achevé, je lui dis : « Monsieur le Président, je suis heureux de voir que du moins mes idées sur cette loi sont les mêmes que les vôtres. — Je vous en fais mon compliment, mon cher collègue, » ajouta-t-il poliment. Mais c'était un affolement général dans l'Assemblée, et il était impossible d'y résister. M. Thiers le comprit et subit cette discussion. Mais lorsque, après le rejet de l'amendement Trochu (le service de trois ans pour tout le contingent), rejeté par 455 voix contre 227, les généraux Charton et Guillemot présentèrent un amendement pour réduire le service à quatre ans, le Président de la République déclara qu'il abandonnerait le gouvernement

1872. du pays, si l'Assemblée Nationale ne fixait pas la durée du service à un minimum de cinq ans pour une moitié du contingent, et d'un an pour l'autre moitié. Le moment était solennel : M. Thiers quittant le Pouvoir, le duc d'Aumale, dans la pensée des Orléanistes, était là pour lui succéder. On vit alors la reconnaissance de Gambetta pour la bienveillance intéressée du duc d'Audiffret-Pasquier : il allait de rang en rang commander l'abstention; aussi, de 227 qui avaient voté l'amendement Trochu, 171 lâchèrent pied, et il n'en resta plus que 56, fidèles à l'amendement Charton-Guillemot, qui fut repoussé; et M. Thiers se rassit sur son siège présidentiel.

Tout en cédant de nouveau à la volonté de M. Thiers, la plus grande partie de l'Assemblée conservait beaucoup d'aigreur contre lui; mais, pour les Orléanistes, la déception y ajoutait une plus grande amertume qu'ils exhalaient hautement. Quelques-uns de l'Extrême-Droite leur prêtaient l'oreille et une coalition se préparait sourdement.

Trois députés radicaux furent nommés dans le Nord. On s'en émut beaucoup à l'Assemblée. Il fut décidé qu'on porterait à M. Thiers l'expression des doléances des conservateurs. Le duc de La Rochefoucauld fut délégué du groupe de l'Extrême-Droite; l'entretien dura quatre heures : on exposa au Président de la République qu'il y avait dans plusieurs départements des préfets indignes de la confiance de la majorité de l'Assemblée. M. Thiers se borna à dire qu'il fallait bien faire l'essai de la République. Cette démarche resta sans effet : M. Thiers se jouait des Monarchistes, dont il connaissait mieux que personne les divisions et la faiblesse.

On instruisait le procès du maréchal Bazaine pour le fait de la capitulation de Metz. Le général de Rivière, rapporteur, fit demander à la Commission du 4 Septembre la déposition de Bazaine. (Cette déposition consistait en un mémoire que nous avait lu son chef d'état-major, et pen-

1872.

dant la lecture duquel le maréchal était resté absolument silencieux.) Je m'opposai à cette communication, cette déposition devant rester secrète aux mains de la Commission. Mon opposition fut soutenue et la remise ajournée. Le lendemain, le Ministre de la Guerre, le général de Cissey, se rendit à la réunion de la Commission et réitéra sa demande. Je pris la parole pour m'y opposer, comme la veille. Ma résistance, soutenue de celle de Perrot (de l'Oise) et de quelques autres, sembla fondée au président, Saint-Marc Girardin, et on résista au Ministre; mais celui-ci porta la question à

8 juillet. la tribune de l'Assemblée Nationale qui, après une longue et vive discussion, ordonna la communication de la déposition, sans qu'on pût, toutefois, la copier, ni l'extraire.

Du 22 au 25 juillet, l'Assemblée nomma les membres du Conseil d'Etat, au nombre de vingt-deux. Cette opération fut laborieuse comme toutes celles où des compétitions rivales sont en lutte.

29 juillet. Après un excellent discours de Raoul Duval, justement sévère pour les deux grands coupables, l'Empire et le Gouvernement du 4 Septembre, la Commission des marchés conclut à ce que son rapport fût renvoyé, avec un caractère de blâme sérieux, aux Ministres des Finances, de la Guerre et de la Justice. Le duc d'Audiffret-Pasquier le déclara nettement en quelques mots, au moment du vote. Cela suffit pour que, sur 538 membres présents, 166 s'abstinssent, tous Bonapartistes ou de la Gauche.

On passa ensuite à la troisième lecture de la loi sur la réorganisation de l'armée : elle fut votée par *assis et levé*. Je n'assistai pas à ces délibérations; j'étais aux eaux du Mont-Dore. Si j'avais été présent, j'aurais très certainement provoqué une demande de *scrutin public* et voté contre le projet.

L'Assemblée vota la loi donnant à l'Etat le monopole des allumettes chimiques.

Elle s'ajourna au 11 novembre suivant.

CHAPITRE V

Commission du 4 Septembre. — Message du Chef du Pouvoir Exécutif. — Sa rupture avec la Droite. — Lois constitutionnelles. — Pétitions dissolutionnistes. — Traité d'évacuation complète du territoire. — Démission du président Grévy. Il est remplacé par M. Buffet.

1872.
11 novembre.

A la rentrée, plusieurs rapports de la Commission du 4 Septembre étaient prêts, entre autres celui de Chapper, sur le siège de Paris. On hésitait à en faire le dépôt pour éviter d'éveiller les susceptibilités des personnages politiques en cause; quelques-uns étaient d'avis de le déposer sans conclusions. Je fis à ce sujet la proposition suivante, dans la réunion qu'eut la Commission, le 14 novembre :

« L'Assemblée Nationale et le pays attendent de nous un jugement, impartial mais sévère, sur les actes du Gouvernement dit de la Défense Nationale, et spécialement sur l'homme qui a plus particulièrement personnifié ce Gouvernement et qui, au moment présent, cherche à se grandir par de nouvelles menées et avec une audace toujours croissante. Je suis donc d'avis que les différents rapports soient déposés à la tribune et que des conclusions résumant nos travaux et exprimant l'opinion de la Commission, y soient lues à la face du pays. Permettez-moi de vous soumettre l'exposé des motifs que je croirais utile d'y placer comme préambule :

« L'Assemblée Nationale a institué une Commission
« pour examiner les actes du Gouvernement de la Défense

« Nationale. (Il est même dit : pour faire une instruction. —
« Rapport Malens.) Cette Commission a entendu tous les
« témoignages, compulsé tous les documents; elle a con-
« signé, dans des rapports particuliers, les éléments his-
« toriques qui ont formé la base de son appréciation :
« il en est résulté pour elle la conviction que la guerre
« de 1870, entreprise par le Gouvernement Impérial, avec
« la légèreté et l'imprudence les plus coupables, le ren-
« dent au premier chef responsable des malheurs de la
« France; mais, qu'après le désastre irrémédiable de Sedan,
« la prolongation de la résistance prenant un caractère
« essentiellement national, la nation seule pouvait en dé-
« cider : qu'en conséquence, les hommes qui se sont arrogé
« ce droit sans mandat, ont assumé sur eux une écrasante
« responsabilité. »

Après cette lecture, MM. Saint-Marc Girardin et Daru, président et vice-président, sans élever d'objections, dirent :
« Cette proposition de M. de Vinols sera discutée à la
prochaine réunion. »

On ne m'en parla plus, et je ne suivis plus désormais
que de loin les travaux de la Commission, dépourvus à mes
yeux d'intérêt politique.

Plusieurs rapports fort intéressants au point de vue historique furent déposés successivement sur le bureau de
l'Assemblée, sans attirer l'attention. Ils ajoutèrent des documents à la collection des mémoires pour servir à l'histoire
de France; mais ils ne donnèrent aucune conclusion politique, et la plus coupable et la plus désastreuse des usurpa-
tions de pouvoir resta impunie. C'est ainsi que l'Assemblée,
par légèreté ou par faiblesse, a, le plus souvent, abdiqué sa
souveraineté dans les plus graves questions, ou l'a abaissée
à des questions de détail ou à des intrigues de parti.

Je quittai Versailles à cette époque et vins m'établir à

1872.

13 novembre.

Paris, rue de Rennes, 69, avec ma femme, mes deux fils et ma seconde fille.

M. Thiers lut son Message à l'Assemblée Nationale. Après un compte rendu de la situation du pays, au point de vue des finances et de l'emprunt pour l'indemnité de guerre, il aborda la question politique et, après avoir exagéré à dessein l'impatience du pays de voir la forme du gouvernement définitivement fixée, il déclara à l'Assemblée qu'elle n'avait plus à choisir, et que la République était le Gouvernement de fait du pays; qu'il n'y avait même plus à perdre de temps à la proclamer, mais qu'il fallait s'occuper activement des affaires et compléter le rouage gouvernemental par la création de deux Chambres.

Cette décision autoritaire excita un mécontentement très vif dans la Droite. On protesta énergiquement; cette émotion s'étendit dans les Centres et jusqu'aux limites de la Gauche.

Après la lecture, Audren de Kerdrel monta à la tribune et demanda que l'Assemblée fit une réponse au Message.

Cette proposition répondait au sentiment de dignité blessée du plus grand nombre; aussi fut-elle fortement appuyée. Mais quand l'auteur de la proposition demanda l'urgence, on vit alors un grand nombre de timides faire retraite, et l'urgence ne fut votée qu'à une faible majorité. M. Thiers monta à la tribune et déclara, avec un air de dépit mal dissimulé, que l'Assemblée était son juge naturel.

Son mécontentement fut visible, à la cérémonie des prières publiques qui, conformément à la proposition faite par de Belcastel avant la prorogation, eut lieu dans la chapelle de Versailles, le 17 novembre, sous la présidence de Monseigneur de Versailles. Le prélat adressa au Chef du Pouvoir Exécutif, à ses Ministres et aux députés présents une allocution pleine de sagesse et de fermeté, montrant les immenses périls de la situation et le secours à attendre de la seule miséricorde de Dieu.

7

L'harmonie apparente entre l'Assemblée et M. Thiers, profondément troublée par le Message, fut rompue à la séance du 18 novembre.

Au début de la séance, le général Changarnier, presque octogénaire, monta à la tribune et, dans les termes les plus sévères, désigna M. Gambetta comme un factieux qui avait employé les loisirs de la prorogation à organiser des banquets dissolutionnistes, où il vomissait l'outrage contre ses collègues, ayant osé dire à Grenoble que l'Assemblée Nationale n'attendait plus que le fossoyeur et provoquant partout un pétitionnement en masse pour la dissolution.

M. Thiers, au lieu de répondre catégoriquement à l'interpellation, se jeta dans sa voie ordinaire de récrimination sur les tracasseries qu'on lui faisait et sur sa situation devenue intolérable. Bref, il posa la question de confiance.

Le général Changarnier, faisant appel à sa vieille amitié, le supplia de ne pas quitter des amis sincères et éprouvés pour des amitiés nouvelles et compromettantes.

Pour clore l'incident, M. Benoist d'Azy proposa l'ordre du jour suivant : « L'Assemblée réprouvant les doctrines professées au banquet de Grenoble et *s'associant au blâme que leur inflige M. le Président de la République*, passe à l'ordre du jour. »

C'était faire dire à M. Thiers ce qu'il n'avait pas osé dire. Il persista dans sa faiblesse et, de peur de mécontenter la Gauche, s'écria : « Je n'accepte pas. »

L'ordre du jour pur et simple, proposé par la Gauche, fut repoussé par 490 voix contre 133.

Mettetal, l'amiable compositeur, proposa alors l'ordre du jour suivant : « L'Assemblée, confiante dans l'énergie du Gouvernement et réprouvant les doctrines professées au banquet de Grenoble, passe à l'ordre du jour. » On voit la différence entre celui-ci et celui de Benoist d'Azy : ici l'Assemblée exprime sa confiance dans le Gouvernement, mais ne l'associe pas au blâme sévère qu'elle exprime sur les doctrines de Gambetta ; M. Thiers pouvait l'accepter sans se compromettre ; aussi chargea-t-il M. Dufaure de dire qu'il l'acceptait. Mais la priorité fut donnée à l'ordre du jour Benoist d'Azy que le Gouvernement n'acceptait pas. La question de confiance fut donc posée. On vota. L'amendement fut repoussé par 377 voix contre 279, sur 656 votants. Calemard de la Fayette et de Chabron votèrent contre ; de Flaghac, Malartre et moi nous votâmes pour ; Vinay était en congé.

Vint alors l'ordre du jour Mettetal : il fut voté par 263 voix contre 116 ; mais il y eut 277 abstentions, tant il paraissait insuffisant même aux timides. Seul de la Haute-Loire je votai *contre* ; Calemard de la Fayette et de Chabron votèrent *pour* ; de Flaghac et Malartre *s'abstinrent*.

Le résultat de cette séance fut significatif : M. Thiers n'osait pas blâmer les agissements révolutionnaires de Gambetta, et la majorité de l'Assemblée, par crainte de rompre avec lui, n'avait pas le courage d'exprimer le blâme qui était au fond de toutes les consciences. Toutefois, le grand nombre d'abstentions avait une signification très marquée et M. Thiers ne dut pas s'y méprendre ; sa conduite était implicitement blâmée par l'Assemblée.

Les cent seize députés, restés fidèles à la cause de la vérité, qui infligèrent ouvertement à M. Thiers le blâme que méritait sa faiblesse, peuvent être classés ainsi :

42 de l'Extrême-Droite ;

15 du Centre-Droit, très bons ;

9 Bonapartistes ;

50 de l'Extrême-Gauche, opposants systématiques
    à tout Gouvernement régulier.

Quant au Centre-Droit, il s'abstint en masse, le duc de Broglie en tête.

Le 20 novembre, la Commission de la proposition de Kerdrel fut nommée dans les bureaux : neuf commissaires sur quinze étaient favorables à la proposition. Dans le premier bureau j'exprimai mon opinion, que les journaux résumèrent ainsi : « M. le baron de Vinols a soutenu, dans le premier bureau, que M. le Président de la République ayant outrepassé son droit en déclarant avec autorité que la République était le gouvernement légal, et sous-entendu définitif, du pays, la réponse au Message est nécessaire pour l'engager à se renfermer dans les limites de son mandat de Chef du Pouvoir Exécutif. »

Cette question avait une telle gravité politique, que je crus de mon devoir de faire connaître aux électeurs de la Haute-Loire, par l'organe de l'*Echo du Velay*, les motifs de mon opinion.

Le 27, Balbie lut le rapport. Il y dépeignait la situation vraie du pays : l'esprit révolutionnaire se ranimant ; le Président de la République voulant hâter la solution républicaine, violentant par là la conscience d'un grand nombre de députés, et ne blâmant pas assez franchement les écarts des agitateurs. « Il y a du malaise produit par les dissentiments entre l'Assemblée et le Pouvoir Exécutif, dit-il. Le Pouvoir a besoin d'être renforcé ; il faut faire *un Gouvernement de combat*. M. Thiers, présent aux discussions, pèse du poids de sa haute personnalité sur l'Assemblée ; celle-ci doit conserver son entière liberté d'examen ; ce seront les Ministres qui le représenteront désormais aux séances ; il faut que leur responsabilité soit effective. Une commission de quinze membres étudiera ces diverses questions pour les soumettre à l'Assemblée. »

M. Thiers voulant écarter ce qu'il y avait de personnel pour lui dans ces conclusions, fit faire par M. Dufaure une proposition plus générale. Le Gouvernement demandait la nomination d'une commission de trente membres chargée de présenter un projet de loi pour régler les attributions des Pouvoirs publics et les conditions de la responsabilité ministérielle. Cette proposition fut votée par 372 voix con-

tre 335 : 37 voix de majorité. Calemard de la Fayette et
Chabron votèrent *pour*, avec la Gauche; Flaghac, Malartre
et moi nous votâmes *contre*, avec la Droite. C'était toujours,
je crois, un sentiment de faiblesse qui paralysait, au moment du vote, un grand nombre de ceux qui, au fond, blâ-
maient la condescendance coupable de Thiers pour les
agitateurs. Ils se dédommagèrent du reste de cette con-
trainte sur Victor Lefranc, son ministre de l'Intérieur, qui,
interpellé sur le pétitionnement illégal d'un grand nombre
de Conseils municipaux pour la dissolution de l'Assemblée, malgré ses explications et ses excuses assez mala-
droites, subit un ordre du jour de blâme et dut donner sa
démission.

Gambetta n'en resta pas moins impuni de ses menées
coupables contre l'Assemblée Nationale, comme il l'avait
été de ses excès de pouvoir sous le Gouvernement dit de
la Défense Nationale.

Le 5 décembre, fut nommée la Commission de trente
membres des Pouvoirs publics. Dans le premier bureau,
je dis que je réclamais la suprématie réelle de l'Assemblée
dans le gouvernement des affaires publiques. « Le 8 fé-
« vrier 1871 la Nation a donné à ses élus la mission de
« délivrer le territoire et de réorganiser le pays : la libé-
« ration avance, mais la réorganisation n'a pas été conduite
« avec assez d'énergie par le Gouvernement. Il faut que
« l'Assemblée y pourvoie par la sauvegarde des principes
« conservateurs. »

Dans cette Commission, dix-neuf membres étaient d'avis
de résister aux prétentions autoritaires de M. Thiers; elle
était composée de : Batbie, Théry, Delacour, du Châtel,
d'Haussonville, Barthe, Ricard, Duclerc, de Fourtou, Martel,
Arago, Berthaud, La Bassetière, Lacaze, de Larcy, Fournier, d'Audiffret-Pasquier, de Cumont, La Germonière,
Decazo, Lucien Brun, L'Ebraly, Lefèvre-Portalis (Amédée),
de Lacombe, Grivart, Desseligny, Ernoul, Baze, Max-Ri-

chard, Grévy (Albert). La majorité conservatrice s'affirmait. Une trève devait suivre ce premier acte de la lutte, et je crus pouvoir en profiter pour aller au Puy voir ma fille aînée Thérèse et notre petit-fils nouveau-né Joseph. Je partis le 9 décembre; mais à peine arrivé depuis deux jours, je reçus de Vinay et Malartre une dépêche m'annonçant, pour le samedi 14, un débat solennel sur les pétitions dissolutionnistes. Je me hâtai de revenir à Versailles et j'assistai à cette mémorable séance où, après un discours aussi violent qu'agressif de Gambetta, dans lequel il refusait comme toujours à l'Assemblée le mandat constituant, M. Dufaure foudroya cette prétention insolente avec une autorité et une vigueur qui firent éclater dans la Droite une véritable explosion d'enthousiasme. Cet acte énergique procura au Garde des sceaux le plus beau triomphe oratoire qu'il ait eu peut-être de sa vie. L'ordre du jour pur et simple sur ces pétitions fut voté à une immense majorité.

L'Assemblée se remit ensuite paisiblement au vote du budget et, le 21 décembre, elle se prorogea, pour les fêtes de Noël et du Jour de l'An, jusqu'au 6 janvier.

Elle reprit ses travaux le 6 janvier. Un fait d'une haute gravité s'était passé pendant la prorogation : notre ambassadeur près le Saint-Siège, M. le comte de Bourgoing, avait donné sa démission, ne trouvant pas en M. de Rémusat, alors ministre des Affaires étrangères, la déférence et la loyauté d'allures que commandait la personnalité du Saint-Père dans la situation si pénible que lui avait faite l'installation à Rome de la Cour du roi d'Italie.

La susceptibilité légitime des cœurs vraiment catholiques et vraiment français fut éveillée dans la France entière, et les pensées se tournèrent vers l'Assemblée Nationale, attendant d'elle et la lumière sur ces faits inquiétants et son appui pour la cause de la Papauté, mise de nouveau en péril.

Le 7 janvier, de Belcastel me prévint confidentiellement

qu'il se proposait d'interpeller le Gouvernement à ce sujet. Je signai sa demande d'interpellation avec plusieurs de nos amis, de ceux qui n'avaient jamais faibli sur la question religieuse. Un orage se formait cependant contre ce louable dessein.

Audren de Kerdrel et Baragnon étaient assez animés contre ce qu'ils appelaient le faux zèle. J'entendis Kerdrel s'écrier dans un groupe, après la séance du 8, dans lequel Mettetal parlait avec animation sans être contredit : « Belcastel s'arracherait le peu de cheveux qui lui restent, si une proposition de cette nature était faite par un autre que lui. » Je dois ajouter que Belcastel m'avait donné, la veille, le double de sa demande d'interpellation, en me priant de la faire signer le lendemain à la séance. J'avais été si peu encouragé dans mes démarches, chacun me répondant que c'était *inopportun*, que je ne pus m'empêcher de lui dire avec amertume : « Mon cher ami, je trouve toujours la même indifférence pour la question de Rome; nous avons une vingtaine de signatures et pas davantage. » Alors il recueillit celles des meilleurs; j'en fis autant; et la séance continua. Belcastel monte à la tribune et remet sa proposition au Président, qui en donne lecture. L'Assemblée, ô surprise, écoute cette lecture avec un intérêt marqué et fixe au 15 janvier le développement de cette interpellation, à laquelle Belcastel avait prudemment donné le nom plus modeste de question.

Quand les politiques et les opportunistes de la Droite virent ce succès, ils auraient tous voulu avoir signé, et Belcastel, plein de candeur, vint me dire : « Vous avez le double de ma demande; on veut la signer. » Je lui répondis : « Il n'y a pas longtemps qu'on demande à la signer; hier j'ai été repoussé. On sait que j'ai la proposition; qu'on vienne me trouver. Je ne crois pas de notre dignité d'aller chercher des signatures qu'on nous a refusées hier. »

La question fut adressée par Belcastel au Gouvernement,

le mercredi 15. Il y tint un langage franchement catholique et aussi élevé que modéré. M. Dufaure, garde des sceaux, y répondit et donna, au nom du Gouvernement, des assurances très explicites de sympathie et de respect pour le Saint-Siège.

Le 15 février, le comte Murat présenta le projet de loi de reconstruction de la colonne Vendôme.

M. de Fourtou fut appelé au ministère des Travaux publics en remplacement de M. de Larcy.

Toute l'attention était fixée sur la Commission des Trente qui élaborait lentement les graves questions quasi constitutionnelles que comportait son mandat. Les bruits de fusion monarchique s'étaient ranimés à la suite d'une ouverture du comte de Paris à M. de La Rochefoucauld; mais ils ne tardèrent pas à s'affaiblir. Les princes d'Orléans s'arrêtaient dans leurs avances; la visite exigée par la dignité royale s'ajournait; le parti ne la voyant pas d'un œil favorable, c'était un engagement grave et compromettant, disait-on, dans l'opinion publique, peu sympathique en général au comte de Chambord. — Encore s'il était en France; mais aller à Frosdhorf, c'était impossible. Ainsi parlaient les amis des princes. Cette froideur fut expliquée par le rapport de la Commission des Trente, lu par le duc de Broglie, à la séance du 21 février, c'était une consécration implicite de la forme actuelle du Gouvernement. Il était ainsi conçu :

« Article premier. — L'article 1ᵉʳ de la loi du 31 août 1871 est ainsi modifié : l'Assemblée Nationale, réservant dans son intégrité le Pouvoir constituant, décrète :

« Le Président de la République communique avec l'Assemblée par des messages. Il peut être entendu, s'il le demande; mais la délibération a lieu hors de sa présence.

« Art. 2. — Il promulgue les lois : celles déclarées urgentes, dans les trois jours; les autres, dans le mois. Le

1873.
21 février.

Président de la République aura le droit : pour les lois urgentes, de demander une nouvelle délibération dans les trois jours; pour les autres, qu'après la deuxième lecture, la troisième lecture soit renvoyée à deux mois.

« Art. 3. — Les Ministres seuls sont interpellés et répondent seuls de leurs actes, à moins que, par extension, la responsabilité du Président de la République n'y soit engagée; auquel cas, il a le droit d'être entendu.

« Art. 4. — L'Assemblée ne *se séparera* pas avant d'avoir statué :

« 1° Sur l'organisation et la transmission des Pouvoirs législatifs et exécutifs;

« 2° Sur la création et les attributions d'une seconde Chambre;

« 3° Sur la loi électorale. »

L'exposé des motifs annonçait que ce projet de loi était accepté par le Gouvernement, à l'égard duquel il allait à la limite des concessions possibles.

Ce rapport fut lu au milieu d'un profond silence. Les émotions, concentrées en général, mais cependant exprimées de temps à autre, furent celles-ci : douleur et répulsion de l'Extrême-Droite à l'ouïe d'une trahison des droits souverains de l'Assemblée sacrifiés à la suprématie de M. Thiers; froideur du Centre-Droit, conscient de la faiblesse de ses chefs, de Broglie et d'Audiffret; joie immodérée du Centre-Gauche et de la Gauche, triomphant avec M. Thiers; opposition systématique de l'Extrême-Droite, repoussant la deuxième Chambre et redoutant la consolidation du pouvoir personnel du Président de la République et son accord possible sinon probable avec les Centres, et profitable, après lui, aux princes d'Orléans.

Le duc de Broglie dut être frappé de l'aspect morne de la grande majorité de l'Assemblée, pendant cette lecture, et de la froideur de ses amis quand il quitta la tribune.

Voici, en effet, ce qui ressortait des quatre articles et des

termes du rapport : d'abord, en fait, la capitulation de la
Commission chargée de défendre l'Assemblée devant les
prétentions personnelles de M. Thiers de se mettre au-dessus d'elle et dans la forme et au fond; le *veto* accordé au
Président; l'initiative du Gouvernement dominant, étouf-
fant même l'initiative parlementaire dans l'exercice du droit
constitutionnel et pour les questions les plus graves.

C'était le *statu quo* continué, avec quelques modifications
dans les rapports de l'Assemblée avec le Chef du Pouvoir
Exécutif et ses Ministres, et l'expression de ce désir mal
dissimulé d'abréger la durée de l'Assemblée : il semblait
qu'elle pesât déjà au pays; on lui traçait son œuvre et on
lui donnait congé.

Dans de telles dispositions d'ajournement, on comprend
que le Centre-Droit, qui dominait dans la Commission, ne
se sentait pas prêt à consommer la fusion et à proclamer la
Monarchie.

La discussion générale de ce grand projet de loi commença le 27 février.

Plusieurs orateurs trouvèrent l'occasion d'étaler leur
éloquence dans des discours assez insignifiants.

Un seul émit une idée précise : ce fut M. de Castellane,
qui apporta à la tribune la proposition fort inattendue et un
peu hâtée, il en faut convenir, de proclamer la Monarchie
constitutionnelle, dans l'espoir assuré, dit-il, que les dissentiments, plus apparents que réels, qui séparaient encore
les deux branches de la Maison de Bourbon, s'effaceraient
devant les sollicitations, même les prières de l'Assemblée
Nationale appelant les Princes à s'entendre pour sauver
leur pays. M. Thiers, présent à la séance, s'écria avec dépit :
« Il ne suffit pas d'avoir de l'esprit, mais il faut faire une
proposition. »

Cette proposition, personne ne se hasarda à la faire,
chacun sachant bien que les dissentiments entre les Princes
étaient trop prononcés.

1873.
28 février.

Le 28 février, Gambetta, chef reconnu sans rival du parti républicain, fit un long discours commençant ainsi : « Je viens parler contre le projet de loi; c'est une œuvre puérile et périlleuse..... Nous le *repoussons*, parce qu'il prépare des armes pour une oligarchie contre la démocratie. »

Le 1er mars, M. Dufaure prit la parole, au nom du Gouvernement. Il engagea à voter le projet, déclarant que ce projet, pas plus que certains termes du Message du Président de la République, ne déclarait que la République fût fondée. « La République est le gouvernement légal, mais pas définitif; toutefois, que l'Assemblée se garde de vouloir arrêter définitivement cette forme; le pacte de Bordeaux subsiste toujours, et ce n'est pas quand on peut déjà prévoir que vous allez vous dissoudre, que vous devez prononcer sur cette forme de gouvernement, car, bien avant nous, un des membres de la majorité (dit-il en montrant le Centre-Droit) des plus autorisés, n'a-t-il pas présenté une proposition demandant que l'Assemblée ne se sépare pas avant que le territoire ne soit libéré. Sera-ce le moment de choisir entre ces deux formes de gouvernement profondément hostiles l'une à l'autre, la Monarchie et la République, lorsque personne ne peut répondre que pendant quelques mois, après la sortie de l'étranger, il n'y aura pas dans le pays un frémissement national qui rende plus difficile le maintien de l'ordre? »

Gent s'écrie avec un à propos tout républicain : *Alors gardez les Prussiens pour gendarmes.*

« Vous ne voulez pas, continue M. Dufaure, vous séparer sans avoir réglé la transmission des Pouvoirs, alors adoptez les résolutions de la Commission. »

C'était dire à l'Assemblée, à mots couverts : donnez-nous cette loi et retirez-vous.

Après ce discours, on vota pour passer à la discussion des articles. Sur 671 votants, 472 votèrent *pour*, les deux Centres, quelques-uns de la Gauche et tous les Bonaparlistes; 199 votèrent *contre*, ceux-ci étaient tous de l'Extrême-Gauche, Gambetta en tête, auxquels s'étaient joints 31 députés de l'Extrême-Droite, les plus ardents.

Tous mes collègues de la Haute-Loire votèrent pour. Absent, pour cause de maladie, je n'eus pas à me prononcer; présent, j'aurais voté pour, bien résolu toutefois à rejeter dans la discussion tout article contraire à mes convictions. Je fus surpris de l'abstention de Mgr Dupanloup et de MM. de La Rochefoucauld, de La Bouillerie, de Carayon-Latour.

Le 3 mars, à la discussion des articles, les orateurs verbeux s'évertuèrent.

Le 4, M. Thiers intervint aux débats. Après avoir renouvelé la déclaration de M. Dufaure, il dit : « Dans ce pays, la Monarchie est impossible à établir, pour le moment du moins, puissiez-vous la proclamer; mais vous ne le pouvez pas : vous êtes divisés sur le Monarque et la nature de ses droits. La République existe de fait; elle a bien fonctionné jusqu'à présent; j'espère qu'elle fonctionnera encore mieux à l'avenir, si vous voulez tous vous grouper et fortifier le Gouvernement dans sa tâche, qui est de gouverner loyalement dans la forme républicaine et pour la consolider à l'état de République *modérée et conservatrice*. On m'oppose le pacte de Bordeaux; je ne l'ai pas outrepassé, je ne l'ai même pas appliqué dans ses termes stricts. D'après ses termes, quand le pays aurait été un peu rétabli de ses blessures, un peu remis de ses grandes épreuves, je devais venir vous convier à lui constituer un gouvernement définitif. Il est rétabli et je ne vous demande pas autant : je vous demande de continuer la trêve des partis et, quand vous vous séparerez, de nous léguer des institutions conservatrices pour défendre la République modérée que nous avons, contre ses propres dangers. »

Quelle était la pensée de M. Thiers? Conserver le pouvoir que les circonstances et son habileté lui avaient donné

1873.
4 mars.

et qui flattait grandement son amour-propre, pouvoir qu'une longue pratique et sa facilité d'expédition des affaires lui faisaient bien régir, au point de vue matériel, le seul qu'il ait jamais paru comprendre, à savoir : le maintien de l'ordre dans la rue, la reprise du travail, le payement de la rançon et la libération du territoire; se maintenir par la trêve des partis, obtenue du patriotisme de toutes les fractions conservatrices de l'Assemblée, sacrifiant leurs préférences aux nécessités présentes, trêve qui, en neutralisant les opinions extrêmes, rendait les centres prépondérants; faire dominer les centres dans l'Assemblée et étendre cette prédominance dans le pays : voilà le programme de M. Thiers. Mais les Centres, ce sont les Républicains modérés au Centre-Gauche et les Orléanistes au Centre-Droit; il prétendait fusionner ces deux Centres en donnant le présent aux Républicains et laissant espérer aux Orléanistes, dans l'avenir, la survivance pour l'un des princes d'Orléans, soit comme président de la République, si la République prospérait, soit comme roi constitutionnel, si le pays préférait la Monarchie. Voilà ce que voulait M. Thiers, et voilà ce qu'il obtenait.

Ce résultat acquis, il demande dans le quatrième article du projet de loi, la création d'une deuxième Chambre modératrice, puis une loi électorale écartant les électeurs les plus suspects et avec laquelle, faisant vigoureusement la candidature officielle, il puisse se donner une Chambre juste-milieu; et alors, sous le nom de République au lieu de Monarchie, avec un président électif au lieu d'un roi héréditaire, nous voilà revenus au Gouvernement constitutionnel de 1830. Éternel retour vers la même erreur, à la poursuite de la même chimère, dans la voie cent fois rebattue des sophismes politiques; mais il y est encouragé et soutenu par tous les Orléanistes et M. le duc de Broglie à leur tête : car, à la séance du 1er mars, après la clôture de la discussion générale, ils figurent tous dans les 472 votants pour passer à la discussion des articles. Et cependant,

ces mêmes Orléanistes, quelques mois auparavant, après
la démarche infructueuse faite auprès de M. Thiers par le
duc de Broglie, le duc de La Rochefoucauld et trois ou quatre
autres députés, semaient avec fureur dans la Droite des
ferments d'opposition systématique contre la politique du
Président de la République; et le duc de Broglie disait :
« Il faut l'interpeller sur tout, le harceler sur tout, afin
qu'il n'y puisse pas résister. » C'est que, l'été passé, on
espérait la fusion monarchique au profit de la branche
cadette, et qu'aujourd'hui, la voyant impossible, le duc de
Broglie et son parti attendent de M. Thiers un secours et un
agent pour le triomphe des idées monarchiques, libérales
et constitutionnelles que, malgré ses semblants, ce républicain de fraîche date, plus contraint que convaincu, n'a
jamais abandonnées.

Après le discours de M. Thiers, le préambule de la loi :
« L'Assemblée, réservant dans son intégrité le Pouvoir
constitutionnel qui lui appartient, mais voulant apporter
des améliorations aux Pouvoirs publics..... » fut adopté
par 470 voix contre 197, les mêmes qu'au vote du 1er mars.

Ce jour-là, l'article premier, ainsi conçu : « Le Président
de la République communique avec l'Assemblée par des
messages... Néanmoins il sera entendu après avoir informé
l'Assemblée par un message... La délibération a lieu hors
de sa présence... » fut voté par 388 voix contre 227. Le
scrutin commence à changer d'aspect : 52 députés s'abstiennent et de ce nombre 34 Républicains.

Dans les luttes parlementaires, surtout lorsqu'elles se
prolongent, on voit bien des défections se produire, et plusieurs passer d'un camp dans l'autre.

Ce jour-là, l'article 2, ainsi conçu : « Le Président de la
République promulgue les lois déclarées *urgentes*, dans les
trois jours; les autres dans *le mois*. Dans les *trois* jours,
pour les lois *urgentes*, le Président aura le droit de demander une nouvelle délibération; pour les *autres*, il pourra

1872.
4 mars.

demander qu'après la deuxième lecture, la troisième lecture soit renvoyée à *deux* mois. »

Cet article fut voté par 478 voix contre 139.

Voici 88 opposants disparus, c'est-à-dire qu'il y eut en
faveur de cet article 90 voix de plus que pour l'article précédent. Cela tenait à ce que, tandis que 139 opposants restaient fermes, composés de :

   67 Légitimistes;

   47 Orléanistes-légitimistes ou Orléanistes convaincus;

   11 Bonapartistes;

   <u>14</u> Républicains, les vrais intransigeants : L. Blanc,
  139   Bouchet, Gaudy, Greppo, E. Quinet, Mark, Rou-
          vier, Millaud, Schœlcher, Ordinaire, Peyrat;

les autres Républicains changeaient de cocarde sous la
conduite de leurs chefs, Gambetta et Challemel-Lacour, et
votaient en masse pour cet article, parce qu'il *infirmait*
les pouvoirs de l'Assemblée Nationale, parce qu'il en gênait
l'exercice et que l'Assemblée, alors, *c'était l'ennemi*. Et ils
accordèrent avec enthousiasme le droit de *veto* à M. Thiers.

C'était, en effet, un droit considérable que celui d'ajourner à deux mois une délibération de l'Assemblée investie
de la souveraineté nationale. On doit dire que plusieurs de
ceux qui avaient voté cet article n'en avaient pas compris la
portée ni le danger.

Un de nos amis vit le péril et le conjura. Je dois revenir
un peu en arrière :

Dès que nous avions connu, à l'Extrême-Droite, dans le
groupe où je siégeais à côté de Belcastel l'esprit du projet
de loi, nous nous étions fort émus du péril que courait
le pouvoir constituant de l'Assemblée que nous voulions
à tout prix conserver intact jusqu'au jour où Dieu, dans sa
miséricorde pour la France, nous en rendrait l'exercice possible. De plus, ce projet, en organisant le provisoire, nous
semblait consacrer implicitement la République, qui en
France est l'état permanent d'anarchie. Nous étions donc

bien décidés à voter contre le projet. Belcastel prépara un amendement à l'article 4, ainsi conçu : « L'Assemblée Nationale ne se dissoudra pas : 1° avant d'avoir libéré le territoire; 2° avant d'avoir pourvu aux intérêts de la France par des *institutions définitives.* » Je le signai des premiers, en faisant observer, toutefois, que les mots *institutions définitives* étaient trop vagues et qu'il aurait fallu dire : en constituant une forme définitive de gouvernement.

Cet amendement avait été déposé le 21 février, le jour même de la lecture du rapport par le duc de Broglie.

Le mercredi 26, veille du jour où devait s'ouvrir la discussion générale, la Droite et le Centre-Droit furent convoqués aux Réservoirs, qu'ils avaient conservé comme lieu habituel de leurs réunions, à une heure après midi. L'Extrême-Droite, dite les Chevaux-Légers, le fut pour le même jour à huit heures du soir. Je me rendis à cette dernière et je n'en revins à Paris qu'à minuit, par un temps froid et pluvieux qui m'occasionna un si gros rhume qu'après avoir, avec beaucoup de fatigue, assisté aux débats des 27 et 28 février, je fus contraint de m'arrêter le 1er mars, et que je n'ai pu jusqu'à ce jour, 11 mars, où j'écris ces lignes, me rendre aux séances de l'Assemblée. J'espère le pouvoir dans deux ou trois jours.

Je me rendis donc aux Chevaux-Légers, le mercredi 26 février, à huit heures du soir. J'y arrivai le premier; cela m'arrivait fréquemment. L'exactitude est une qualité assez rare en France, même parmi les députés, même parmi les présidents des réunions parlementaires; j'en ai souvent fait l'épreuve. Mes collègues arrivèrent cependant un à un. Quand nous fûmes réunis au nombre de quatre, Dahirel nous dit qu'il était désespéré de ce qu'il avait vu et entendu à la réunion des Réservoirs : Baragnon et Depeyre acceptaient le projet de loi sans restriction. « En y regardant de près, disaient-ils, il n'y a que de bonnes choses pour les Monarchistes; il faudra voter le projet. » « — Quant à moi, ajouta Dahirel, je vote contre tout. — Et moi aussi, » ajoutai-je. Dahirel, inquiet et démonté, dit : « je m'en vais; personne n'arrive; » et il sortit. Heureusement un nouvel arrivant lui barre le passage dans l'escalier et le ramène. On vint peu à peu et la réunion se compléta. Le duc de La Rochefoucauld arriva aussi; il s'étonna de notre mécontentement : « Il faut examiner, » dit-il.

La séance s'ouvre. Au lieu de traiter immédiatement la question au fond, on se perd dans des projets de tactique. De Tarteron annonce que la Gauche doit proposer de proclamer la République; mais cette proposition sera repoussée par l'Assemblée, qui ne veut pas aller jusque-là. Je faisais à part moi la réflexion qu'elle y marchait à grands pas. « Si M. de Belcastel présente son amendement, ajouta Tarteron, et qu'il soit repoussé par l'Assemblée, c'est la Monarchie qui est repoussée. » Voilà dans quelles subtilités on s'égarait.

Belcastel protesta qu'il le présenterait plutôt tout seul. Je m'écriai : « Je vous soutiendrai, mon cher collègue. — Et moi aussi, » ajouta de Colombet. Plusieurs autres parlèrent. De Cazenove de Pradines demanda qu'on se pourvût, pour chaque vote, de demandes de scrutin signées d'avance, afin que sur une loi si importante chacun portât la responsabilité de son vote. Je fus surpris de voir M. de La Rochefoucauld ne pas attacher une grande importance à cette précaution; je m'expliquai son hésitation par son abstention au vote du 1ᵉʳ mars. Depuis, il s'engagea et marcha résolument dans tout le cours de la discussion.

De Belcastel dit qu'il avait l'intention de proposer aussi un amendement sur l'article 2, afin que le *veto* n'atteignît pas les lois constitutionnelles. De La Bassetière, secrétaire de la réunion et qui, comme membre de la Commission des Trente, avait une certaine autorité, répondit que l'amendement de M. de Belcastel semblait superflu, attendu que dans l'exposé des motifs du projet de loi, il était fait exception expresse du *veto* pour les lois concernant la sûreté de

1872. l'Assemblée et les lois constitutionnelles. De Belcastel répondit : « Si le rapporteur le déclare à la tribune, je retirerai mon amendement; sinon je le maintiendrai, car il ne faut pas laisser d'équivoque. » « Non, pas d'équivoque, ajoutai-je; il vaut mieux répéter la réserve que de la laisser sous-entendue. » Dahirel aussi s'écria : « Pas d'équivoque! » mais nous fûmes les seuls, et on allait se séparer, comme cela arrivait souvent, sans conclure et sans voter. J'insistai pour qu'on votât: les mains se levèrent, mais avec une certaine lenteur qui annonçait que la grande majorité de la réunion n'attachait pas une grande importance à cet amendement et réservait sa liberté d'action.

6 mars. Le 6 mars, de Belcastel donna lecture à la tribune de son amendement ayant pour objet d'ajouter à l'article 2 du projet de loi un paragraphe additionnel ainsi conçu : « Dans aucun cas, le *veto* suspensif ne pourra s'appliquer aux lois constitutionnelles. » Il le développa sommairement. Le duc de Broglie monta à la tribune et dit que la proposition de M. de Belcastel était surabondante et inutile, car, par essence, les lois constitutionnelles sont soumises à une procédure spéciale, et qu'il *pensait* qu'il en serait de même si l'Assemblée usait de son pouvoir constituant. Depeyre, toujours aux aguets et disposé à se mettre en avant, demande le renvoi de l'amendement à la Commission. Ce bon de Belcastel assure qu'il ne tient pas à la forme de sa proposition et que si la commission en propose une autre qui ait le même sens, il retirera la sienne. Depeyre insiste : « Demandez donc le renvoi à la Commission. » De Belcastel le demande; mais le duc de Broglie répond : « Non, car la Commission l'a déjà examinée et repoussée. » On crie : « Aux voix! aux voix! » De Gavardie part en guerre suivant son habitude et dit quelques vives et bonnes paroles pour demander qu'une aussi grosse question ne soit pas étranglée et supplie la Commission d'accepter le renvoi. Baragnon vient à la rescousse de Gavardie et demande le renvoi; le duc de Bro-

1872.
6 mars.

glie faiblit et accepte le renvoi; mais le président Grévy, plus exigeant et toujours à cheval sur son règlement, dit que si la Commission ne le demande pas, il faut que l'Assemblée l'ordonne et qu'il va la consulter. L'épreuve par assis et levé est déclarée douteuse. Alors le duc de Broglie, touché de la grâce, sans doute, se lève et dit : « Du moment qu'il y a doute, je demande le renvoi. » La Gauche qui, hostile d'abord au projet de loi, en est devenue partisane passionnée, proteste avec fureur par la voix tonnante d'Arago et par celle de Lepère contre l'interprétation du règlement ; le président Grévy maintient énergiquement son interprétation et le droit des rapporteurs des commissions. Enfin, pour clore le débat, l'ordre du jour pur et simple est voté sur l'incident et le renvoi ordonné.

A l'ouverture de la séance du 7 mars, le duc de Broglie déclara que la proposition de M. de Belcastel était implicitement dans l'esprit de la Commission, qui se l'appropriait et la présentait à l'Assemblée sous une forme plus précise et ainsi conçue :

« Les dispositions de l'article précédent ne s'appliqueront pas aux actes par lesquels l'Assemblée Nationale exercera le Pouvoir constituant qu'elle s'est réservé dans le préambule de la présente loi. »

Cet amendement fut voté par 407 voix contre 259 sur 666 votants, et devint l'article 3 du projet. Les opposants furent les 164 Gauchiers du 1er mars, et 95 Centre-Gauchiers.

On put reconnaître à ce vote, d'un côté, les amis de l'Assemblée, et de l'autre, les séides de la Révolution et les amis de M. Thiers, et surtout on put applaudir au succès d'une proposition sage et patriotique inspirée à un homme honnête et plein de cœur, et imposée par la force de la logique aux habiles et aux politiques. Cette joie ne nous fut pas donnée souvent dans le cours de notre législature.

L'article 4 portait en substance que les interpellations

ne pouvaient être adressées qu'aux Ministres et non au Président de la République; mais que celui-ci aurait le droit d'être entendu par l'Assemblée, soit lorsque ces inter-pellations se rapporteraient aux affaires extérieures, soit lorsque le Conseil des Ministres aurait reconnu qu'elles attaquaient la politique générale du Gouvernement.

Cet article, après un discours nourri du Garde des sceaux Dufaure, fut voté par 461 voix contre 135.

Les opposants se composaient de :

> 66 Légitimistes;
> 25 Orléanistes très convaincus;
> 11 Bonapartistes;
> 33 Républicains, au nombre desquels Gambetta.

Je n'insisterai pas sur le fait de la réapparition de Gam-betta dans le camp des opposants; j'ai déjà signalé la ver-satilité des Républicains comparée à la fixité d'attitude des vrais Monarchistes.

Après le vote de l'article 4, l'article 5 vint en délibéra-tion. Il était ainsi conçu :

« L'Assemblée ne se séparera pas avant d'avoir statué :

« 1° Sur l'organisation et le mode de transmission des Pouvoirs législatif et exécutif;

« 2° Sur la création et les attributions d'une seconde Chambre, ne devant entrer en fonctions qu'après la sépa-ration de l'Assemblée actuelle;

« 3° Sur la loi électorale.

« Le Gouvernement soumettra à l'Assemblée des projets de loi sur les objets ci-dessus énumérés. »

Le lundi 10 mars, de Belcastel développa l'amendement que nous présentions avec lui, ainsi conçu : « L'Assemblée ne se dissoudra pas : 1° avant d'avoir libéré le territoire; 2° avant d'avoir pourvu aux intérêts de la France par des institutions définitives. »

Son discours, très étudié et plein de bonnes raisons, fut

1873.
10 mars. un peu diffus, et il eut la malheureuse idée de rappeler le passage du discours prononcé le 1ᵉʳ mars, lors de la discussion générale, par M. Dufaure, dans lequel le Garde des sceaux avait parlé des explosions qui se produiraient à la sortie de l'Étranger. Cette maladresse de M. Dufaure avait été alors relevée avec une violence extrême par les journaux de l'opposition, il en avait été grandement mortifié, et lui rappeler cette faute, c'était bien imprudent. Le vieux parlementaire se jeta, furieux, sur Belcastel et l'accabla, non sous le poids de sa logique, car il avait tort et ne put qu'expliquer et paraphraser sa pensée tout en la dénaturant, mais sous celui de sa puissante personnalité politique.

L'amendement de Belcastel fut aussi combattu par le duc de Broglie, rapporteur, sous le prétexte banal des difficultés de la situation. On vit là, comme toujours, l'esprit d'incertitude, et d'hésitation du Centre-Droit. Il fut repoussé par 478 voix contre 159.

A la séance du 11 mars, la discussion continua sur l'article 5. Louis Blanc y étala ses vagues dissertations sur la République. Le marquis de Franclieu y fit une sortie virulente en faveur de la Royauté légitime, mais sans conclusion.

Cet article fut enfin voté par 481 voix contre 186.

13 mars. L'ensemble du projet de loi fut voté par 407 voix contre 225. Le Centre-Droit, le Centre-Gauche et une partie de la Gauche votèrent *pour*; la Droite et l'Extrême-Droite avec l'Extrême-Gauche votèrent *contre*. S'abstinrent, entre autres, Audren de Kerdrel, Mgr Dupanloup, E. Picard.

Cette discussion fut la lutte suprême entre la Monarchie et la République. Les Légitimistes y furent abandonnés par les Orléanistes, qui, sous la conduite du duc de Broglie, se rallièrent au Centre-Gauche pour organiser et consolider, sans le vouloir peut-être, la forme républicaine provisoire. Cette défaite du parti monarchique devenait un argument puissant en faveur de la dissolution; elle pouvait être différée quelque temps, pour voter les lois à l'étude, mais elle s'imposait, à brève échéance, avec une logique irrésistible. En effet, son indépendance du Pouvoir était la seule raison d'être de son existence comme de sa souveraineté; elle venait d'abdiquer en quelque sorte entre ses mains et se disposait ainsi à recevoir de lui le congé qu'il avait hâte de lui donner.

Un événement imprévu, la démission de Grévy, suivi d'un autre qui ne le fut pas moins, la chute de M. Thiers, rendirent la vie au parti monarchique; mais il ne sut ou ne put en profiter pour restaurer la Monarchie et retomba bientôt dans le même état de luttes intestines et d'impuissance.

Le 17 mars, le Ministre des Affaires étrangères donna communication à l'Assemblée du traité qui fixait au 5 septembre suivant l'évacuation par l'armée étrangère, des quatre départements restés encore occupés, le dernier payement de l'indemnité de guerre devant avoir lieu à cette date. Christophle, de l'Orne, demanda que l'Assemblée Nationale déclarât que M. Thiers *avait bien mérité de la patrie.*

M. Saint-Marc Girardin, qui, peu énergique, avait toutefois de l'élévation et de la droiture dans l'esprit, se faisant l'organe de 300 membres de la Droite, modifia ainsi cette proposition : « L'Assemblée Nationale, accueillant avec une patriotique satisfaction la communication qui lui est faite et heureuse d'avoir ainsi accompli une partie essentielle de sa tâche, adresse ses remerciements et ceux du pays à M. Thiers. » Belcastel demanda qu'on ajoutât à cette formule : « grâce au concours généreux du pays. » Cette addition fut acceptée par M. Saint-Marc Girardin; mais Horace de Choiseul la combattit, en demandant que M. Thiers seul fût glorifié.

M. Wallon proposa d'ajouter que « l'Assemblée déclarait que M. Thiers avait bien mérité de la patrie. » M. Saint-Marc Girardin accepta cette addition.

1872.
17 mars.

Emmanuel Arago protesta contre l'insinuation par laquelle l'Assemblée faisait entendre qu'elle n'avait accompli qu'une partie de sa tâche et proclamait ainsi son droit de se perpétuer. Gambetta, toujours disposé à attaquer l'Assemblée, veut prendre la parole; mais le président déclare que la discussion est close, et la proposition Saint-Marc Girardin est votée à une grande majorité.

1er avril.

Au cours de la discussion du projet de loi relatif à l'organisation de la municipalité de Lyon, après plusieurs discours très animés en sens divers, le rapporteur, de Meaux, exposa avec détail les abus de pouvoir de la municipalité de cette grande cité, depuis le 4 septembre 1870. Il le fit avec le ton un peu sarcastique qui lui était naturel. Le Royer, député du Rhône, lui répondit avec non moins d'aigreur et plus de violence, et il y employa aussi l'arme du ridicule et qualifia le discours de de Meaux de *bagage de la Commission*. (Il est certain que le rapporteur avait accumulé dans son rapport des faits personnels et presque domestiques en si grand nombre, qu'il avait un peu la physionomie d'un inventaire, mais rien ne pouvait justifier l'inconvenance de l'expression de Le Royer.) Le marquis de Grammont, qui était assis sous la tribune, s'écria : *C'est une impertinence!* A ce mot, Le Royer, furieux, se tourne vers le président et dit : « Si M. de Grammont n'est pas rappelé à l'ordre, je descends de la tribune. » Et en même temps il se met sur le côté, prêt à descendre. La Droite s'émeut et s'agite; et, au moment même, au milieu du bruit croissant, on entend ces mots : « *Monsieur de Grammont, je vous rappelle à l'ordre,* » prononcés par le président. La Droite proteste avec une nouvelle énergie : on se lève, on vocifère; c'est un grand tumulte. Le président, pâle d'émotion, maintient son rappel à l'ordre. Le marquis de Grammont dit qu'il maintient son expression et qu'il ne la retirera que si M. Le Royer retire la sienne. Le Royer ne dit mot et quitte la tribune. L'agitation et les protestations de la Droite vont

1873.
1ᵉʳ avril.

croissant. Alors le président, s'adressant à la Droite, dit :
« Puisque je ne retrouve pas, en retour de mes efforts pour bien remplir mes fonctions, chez vous, Messieurs, la justice à laquelle j'ai droit, je saurai ce qui me reste à faire. La séance est levée. »

L'Assemblée se sépara au milieu d'une très grande agitation.

Les paroles du président Grévy étaient comminatoires. Après la séance, on parlait dans les groupes de démission possible, mais on n'y croyait pas. On était assez généralement soucieux, presque attristé, tant on aime le calme, tant on craint la lutte!... Qui allait-on nommer? On se le demandait avec inquiétude. Je répondais : « Il n'y a pas d'homme indispensable; vous avez Buffet. » Dans une circonstance où il avait été en lutte avec Léonce de Lavergne, j'avais été frappé de la rectitude d'esprit de M. Buffet; je fus malheureusement un peu désabusé plus tard.

Le lendemain, en arrivant à la séance, j'appris que M. Grévy avait donné sa démission et qu'elle allait être annoncée.

Le 2 avril, M. Vitet, vice-président, occupant le fauteuil, donna lecture de la lettre suivante :

« Monsieur le Vice-président,

« Je vous prie de vouloir bien transmettre à l'Assemblée Nationale ma démission des fonctions de la présidence.
« Agréez.....

                                        « J. GRÉVY. »

On procéda immédiatement à l'élection d'un président : M. Grévy eut 349 voix; M. Buffet 231.

M. Grévy maintint sa démission.

Le 4 avril, quand il fut sérieusement question de lui

1872.
4 avril

donner un successeur, M. Thiers vint à la séance et pa-
tronna ouvertement la candidature de M. Martel. Entre
M. Martel, vice-président de l'Assemblée et ami du Président de la République et patronné par lui, et M. Buffet, son
ennemi politique, ancien ministre de l'Empire, on ne dou-
tait pas du succès de M. Martel; M. Buffet eut 304 voix,
et M. Martel 285; majorité : 19.

CHAPITRE VI

Présidence de M. Buffet. — Indemnité aux victimes de la guerre et de l'insurrection de Paris. — Quatrième prorogation. — Conflit entre la Commission de permanence et le Cabinet. — Rentrée de l'Assemblée. — Interpellation sur la politique générale du Gouvernement. — Renversement de M. Thiers. — Nomination du maréchal de Mac-Mahon président de la République.

1873.

Le 5 avril, M. Buffet parut au fauteuil : il était en habit noir et en cravate blanche. M. Grévy était toujours en cravate noire et en redingote boutonnée jusqu'au menton. Cette différence de tenue fut très remarquée; elle était en effet l'indice extérieur des opinions très différentes de ces deux hommes : l'un monarchiste, fidèle aux traditions de convenance; l'autre républicain, égalitaire et sans façon.

La nomination de M. Buffet fut un rude coup porté à M. Thiers, qui le détestait (il l'appelait, disait-on, *la vipère*). M. Buffet avait, en effet, le globe de l'œil très saillant et très couvert; il louchait un peu, était grand, mince, un peu courbé, et avait la figure d'un parfait honnête homme.

M. Buffet prononça une allocution très sympathique, dans laquelle il affirma les droits de l'Assemblée Nationale, et présida la séance avec une dignité, une bienveillance et une impartialité dont il ne s'est jamais départi. On se disait, le soir, tout joyeux : « Mais il préside mieux que Grévy; vraiment, il n'y a pas d'homme indispensable. »

Cet incident nous fait voir qu'une cause futile produit, sous la main de Dieu, les effets les plus considérables : une impatience provoquant un mouvement de susceptibilité,

1872.
5 avril. deux emportements se heurtant, et voilà le Président de
l'Assemblée Nationale, qu'on croyait et qui se croyait aussi
solide sur son fauteuil que le Chef du Pouvoir Exécutif à la
tête du Gouvernement, renversé en quelques heures et
aussitôt avantageusement remplacé.

Le temps qui s'écoula entre la nomination de M. Buffet et
la prorogation des fêtes de Pâques, fut occupé par la discussion du projet de loi relatif à la suppression de la mairie
centrale de Lyon et le vote des crédits pour indemnités
de guerre. La Chambre brisa cette personnalité révolutionnaire du maire de Lyon. Bérenger (de la Drôme), cœur
excellent, mais d'un jugement un peu incertain, parla
avec une extrême véhémence contre le maire de Lyon et,
après en avoir montré et les fautes et les abus, conclut
qu'on ne devait cependant pas supprimer la mairie. Système
de bascule, de concession, de faiblesse : cette institution
est mauvaise, détestable, et cependant il ne faut pas la
détruire. Ce discours, tout dans la note de Thiers, devait
quelques jours plus tard valoir à Bérenger un portefeuille
dont le poids ne le fatigua pas longtemps.

On alloua des crédits pour indemniser les victimes des
désastres de la guerre. Paris et les départements y eurent
part : c'était justice; mais où fut l'injustice, ce fut dans l'allocation de fonds à la ville de Paris pour indemniser les victimes de l'insurrection du 18 mars. Je votai contre cette loi
qui mettait à la charge de la France entière la responsabilité
des crimes des Parisiens révoltés; la ville seule de Paris
eût dû en être rendue responsable, afin d'apprendre aux
Parisiens, à l'avenir, à s'opposer aux entreprises d'une
minorité dont l'audace criminelle eût pu être contenue
facilement par la grande majorité paisible et conservatrice
des gardes nationaux de la capitale.

9 avril. Le Mercredi saint, 9 avril, l'Assemblée se sépara pour les
vacances de Pâques et fixa sa rentrée au 19 mai.

Dans cet intervalle eurent lieu les élections à Paris et

à Lyon. M. Thiers, qui, pour se rendre les électeurs parisiens favorables, avait fait voter le crédit de 140 millions, leur présenta son ami de Rémusat, alors ministre des Affaires étrangères. Ils lui préférèrent Barodet, ex-instituteur, ex-maire de Lyon, homme nul, mais radical avéré. Quant aux Lyonnais, ils nommèrent Ranc, ancien membre de la Commune, avec le mandat impératif de demander la dissolution de l'Assemblée.

Ces choix déplorables et honteux donnèrent la mesure de la perversion de l'esprit public dans les deux plus grandes cités de France. C'était un sinistre présage. Alors se produisit aussi, dans le sein du Cabinet, un fait d'une haute gravité :

M. Jules Simon, dans un discours prononcé à la Sorbonne, à la réunion des Sociétés savantes, avait osé dire que la libération du territoire était due à M. Thiers *seul*.

La Commission de permanence, gardienne des droits et de l'honneur de l'Assemblée, s'en était vivement émue et avait interpellé à ce sujet le Ministre de l'Intérieur, M. de Goulard, qui, reconnaissant la justesse de cette réclamation, avait rejeté la responsabilité du propos sur son collègue de l'Instruction publique. La question, portée au Conseil des Ministres, y fit naître un débat très vif. M. Thiers, peu sympathique à M. de Goulard, en prit occasion de le lui faire sentir. M. de Goulard tint bon et dit qu'il se retirerait, si M. Jules Simon ne désavouait pas la phrase incriminée. M. Thiers accepta la démission de l'un et de l'autre et prit, pour leur succéder, Casimir Perrier, Bérenger et Waddington, tous trois appartenant à la Gauche. Cette préférence accusée de M. Thiers pour les Républicains sembla menaçante, et on jugea indispensable de lui faire tête pour conjurer le péril.

Dès notre rentrée à Versailles, une demande d'interpellation sur la politique générale du Gouvernement nous fut présentée à signer. C'est le Centre-Droit qui en eut l'initiative, sous l'inspiration du duc de Broglie. Elle était fondée sur le motif que le Chef du Gouvernement, loin de profiter de l'enseignement significatif des deux récentes élections radicales de Paris et de Lyon, pour se séparer des révolutionnaires, se laissait entraîner vers eux ou par aveuglement ou par faiblesse, et que dès lors il perdait la confiance de l'Assemblée. En voici les termes :

« Les soussignés, convaincus que la gravité de la situation exige à la tête des affaires un Cabinet dont la fermeté rassure le pays, demandent à interpeller le Ministère sur les dernières modifications qui viennent de s'opérer dans son sein et sur la nécessité de faire prévaloir dans le Gouvernement une politique résolument conservatrice. »

Des six députés de la Haute-Loire, quatre la signèrent : de Flaghac, Vinay, Malartre et moi. De Chabron et Calemard de la Fayette ne la signèrent pas.

Cette demande d'interpellation, appuyée de 314 signatures, fut déposée le jour même de la reprise des travaux de l'Assemblée, le 19 mai. Je fus chargé de recueillir les signatures de ceux qui étaient arrivés à Versailles pendant les journées des 21 et 22. J'en recueillis quatorze, que je déposai au secrétariat de la rédaction.

Le président en donna lecture dès l'ouverture de la séance. La discussion en fut fixée au 23.

Le même jour, le Garde des sceaux présenta un projet de loi relatif à l'organisation des Pouvoirs publics; puis Peyrat et cinquante de l'Extrême-Gauche déposèrent une proposition déniant à l'Assemblée le Pouvoir constituant et demandant qu'elle se prononçât, dans quinze jours, sur l'époque de sa dissolution.

Le 20 mai, M. Buffet fut réélu président pour la session, par 359 voix contre 289 données à M. Martel. Le Garde des sceaux présenta un projet de loi électorale qui était une consécration du suffrage universel : l'électorat à vingt-un ans, l'éligibilité à vingt-cinq. On ne sait ce qui doit le plus étonner dans M. Dufaure, ou de son aveuglement, ou de sa perversité politique.

Enfin arriva le vendredi 23 mai. M. le duc de Broglie développa son interpellation avec la puissance de logique et l'autorité de parole que donnent les situations franches et patriotiques. Il eut un courage qui avait fait absolument défaut à M. Thiers, celui d'attaquer énergiquement les personnalités révolutionnaires de Ranc, Barodet, Gambetta et autres, devant lesquels il parlait. M. Thiers, présent à la séance en vertu d'une délibération du Conseil des Ministres déclarant que sa responsabilité était engagée, communiquée par M. Dufaure, vice-président du Conseil, était assis au banc du Gouvernement. Le discours du duc de Broglie ne fut pas long, mais il fut remarquable par la netteté et l'énergie. Le Garde des sceaux, Dufaure, y répondit avec embarras et finit par dire que le Gouvernement était sans force dans le provisoire et qu'il fallait faire du définitif et voter les lois dont il apportait les projets. M. Thiers demanda, par un message préparé d'avance et lu immédiatement par Waddington, ministre de l'Instruction publique, à répondre à l'interpellation. Les impatients de la Droite voulaient qu'il parlât de suite.

M. Thiers était à la séance : si la loi le lui permettait, ce dont je doute, sa dignité le lui défendait; mais il n'avait aucune idée de ce que c'est que la dignité personnelle. Ne pouvant contenir son émotion, il s'écria : « Je demande..... » On lui coupa la parole par ces cris partis de la Droite : « La loi ! la loi ! vous n'avez pas la parole ! » Il se tut, et le vice-président du Conseil, invité par le président de l'Assemblée à faire connaître les intentions du Président de la République, répondit que M. le Président de la République désirait que la séance fût remise au lendemain.

On le lui accorda; mais on décida, malgré l'opposition de la Gauche, que la séance commencerait à neuf heures du matin, dans la prévision d'une lutte à outrance. Nous savions que le maréchal de Mac-Mahon accepterait la présidence de la République, quoiqu'avec répugnance. C'était la personnalité la plus en évidence alors, et par cela seul elle s'imposait, car celui qu'on veut placer à la tête d'une nation doit être le plus élevé, le plus en vue.

Le lendemain samedi, 24 mai, la séance commença à neuf heures un quart; un déploiement de forces militaires considérables occupait les abords de l'Assemblée. Le palais était assiégé de curieux, venus de Paris. Le nombre des sergents de ville avait été décuplé.

M. Thiers parla pendant deux heures et demie et posa nettement la question de confiance. Il justifia sa politique par la nécessité de marcher entre les partis extrêmes dans une voie franchement républicaine. « Non seulement le pays est divisé, dit-il, mais l'Assemblée l'est plus encore que le pays. Je vois à droite deux Monarchies et l'Empire, à gauche deux Républiques, l'une conservatrice, l'autre qui veut aller aux extrêmes. On ne veut pas constituer : les uns, de peur de ne pas constituer la Monarchie; les autres, dans l'espoir qu'une autre Assemblée constituera la République de leur choix. De cette incertitude prolongée résulte un état provisoire, précaire, qui prolonge le malaise dans le pays et infirme l'autorité du Gouvernement. Pour sortir de cet état, nous vous offrons des projets de lois constitutionnelles : une loi électorale pour épurer *le suffrage universel, dont je ne suis pas l'auteur, dont je connais les inconvénients, mais auquel je crois impossible de porter atteinte aujourd'hui.*

« Il peut y avoir des élections mauvaises, et elles tiennent surtout à l'abstention des conservateurs; celles qui ont eu lieu dernièrement ne m'ont certainement pas satisfait. C'est aussi comme contrepoids à une Assemblée ne pensant pas sagement, que nous vous proposons l'institution d'une deuxième Chambre, avec le droit de dissolution

placé quelque part. Si tous ces moyens ne suffisent pas, je
n'en sais pas d'autres. »

Après ce discours, la séance fut levée à onze heures quarante minutes, et la reprise en fut fixée à deux heures.

La séance fut reprise à deux heures un quart. Casimir
Perrier, le nouveau ministre de l'Intérieur, fit un discours
insignifiant et tout personnel. La Droite, car c'est elle seule
qui était engagée dans la lutte, ne répondit pas à ces discours; elle comprit, cette seule fois peut-être, qu'on doit se
taire quand on veut agir, et la discussion fut close.

Alors Ernoul proposa l'ordre du jour motivé suivant :
« L'Assemblée Nationale, considérant *que la forme du
Gouvernement n'est pas en discussion*, mais qu'il importe
de rassurer le pays, regrette que les récentes modifications
ministérielles n'aient pas donné satisfaction aux intérêts
conservateurs, et passe à l'ordre du jour. »

Cet amendement bien modéré était signé de trente-cinq
membres du Centre-Droit et de huit membres de la Droite,
dont six de l'Extrême-Droite. Le duc de Broglie, qui l'avait
signé le second, car il en était l'auteur, n'avait pas cru
convenable de le présenter lui-même.

Quelque évident que fût le danger auquel était exposé
le pays par la faiblesse de M. Thiers, ses partisans étaient
en très grand nombre dans l'Assemblée, et le succès de la
lutte entreprise contre lui par les conservateurs n'était
rien moins qu'assuré. C'était la triste nécessité de ne pas
éloigner les hésitants qui avait dû contraindre le Centre-
Droit à donner à l'ordre du jour motivé d'Ernoul une
forme aussi adoucie et à y faire la réserve déplorable
de la forme républicaine du Gouvernement.

Un incident fort inattendu décida du succès. Après
qu'Ernoul eut donné lecture de son ordre du jour, Target
monta à la tribune et, en son nom et au nom de quatorze
députés du Centre-Gauche modéré, P. Cottin, Prétavoine,
Balsan, Mathieu Bodet, Lefébure, Caillaux, E. Tallon, Louis

Passy, A. Delacour, L. Vingtain, Desselligny, Dufournel, Daguilhon, E. Martel, déclara qu'il adhérait à l'ordre du jour Ernoul, en acceptant la solution républicaine résultant des lois constitutionnelles présentées par le Gouvernement.

M. Dufaure monta à la tribune et déclara que le Gouvernement, en protestant contre le commentaire dont la proposition d'ordre du jour pur et simple présenté par M. Ernoul était accompagnée, acceptait cet ordre du jour pur et simple.

L'ordre du jour pur et simple fut repoussé par 362 voix contre 348; majorité : 14.

Alors Broet proposa l'ordre du jour suivant : « L'Assemblée Nationale, confiante dans les déclarations du Gouvernement et attendant de lui une politique résolument conservatrice, passe à l'ordre du jour. » Cézanne demande la priorité pour cet ordre du jour. L'Assemblée, par assis et levé, la refuse à celui-ci et la donne à l'ordre du jour d'Ernoul. Le président en donne une nouvelle lecture. Il est impossible de peindre l'agitation fiévreuse de l'Assemblée à ce moment solennel. On annonce une demande de scrutin public; il était cinq heures et demie environ. L'Extrême-Gauche demanda alors, par dix-huit signataires, le vote à la tribune. Baragnon monte à la tribune et dit : « Puisqu'on demande le vote à la tribune, nous déposons une demande de scrutin secret. »

J'avais été chargé de faire signer un des trois exemplaires de la demande de scrutin secret. (Il fallait soixante signatures.) Baragnon m'en avait confié un : « Ne le donnez à personne, » m'avait-il dit. L'Assemblée était houleuse. Les perplexités pour employer oui ou non le scrutin secret étaient des plus vives : par le scrutin public, on craignait, dans cette lutte à visière levée contre le Gouvernement, la défection des timides et des intéressés; mais on redoutait, par le scrutin secret, l'odieux d'une tactique voilée, indigne d'hommes loyaux et courageux. Tout à

coup Baragnon revient à moi, très agité : « Vous avez
un scrutin secret, me dit-il; donnez-le-moi pour le déposer. » Je le lui remis. L'agitation va croissant; chacun
quitte sa place; j'en fais autant et me vais mêler aux
groupes. J'entends qu'on se prononce ici pour le scrutin
secret; là, au contraire, on y est opposé. Voyant ces hési-
tations, je me rends au bureau des secrétaires, pour savoir
si la demande de scrutin secret est, oui ou non, déposée.
Je la trouve, en effet, sur leur bureau, près de Cazenove
de Pradines, qui me dit en me la montrant : « Baragnon l'a déposée là. — Elle est à moi, » lui dis-je. Je la
prends et je me jette au milieu des groupes, demandant
à chacun : « Que pensez-vous du scrutin secret? » Les
uns me disent : « Il est indispensable; » les autres : « Il
est inutile et dangereux. » Je ne savais qui croire. Je ques-
tionne M. Rouher. Il me dit : « Il est indispensable. »
J'allais le déposer sur une affirmation aussi nette, lorsque
la pensée me vint que le duc de Broglie, le héros de cette
tragédie, devait avoir l'intelligence spéciale des nécessités
de la situation. Je lui demandai son opinion. Il me répondit : « Je crois qu'il ne faut pas de scrutin secret. » A ce
mot, je mets mon papier en poche et je regagne mon banc.

Le vote a lieu, et 360 voix contre 344 affirment que
le Gouvernement n'a plus la confiance de l'Assemblée :
16 voix de majorité.

La Gauche en fut atterrée, mais la Droite n'en fut pas
moins profondément émue : la France n'avait plus de Gouvernement!... Il y eut un moment de stupeur, en face de
cette responsabilité redoutable. Je regardais autour de moi;
les visages étaient consternés. Alors Baragnon, par un
mouvement spontané et pour calmer l'inquiétude générale, monte à la tribune et dit qu'ayant demandé aux
Ministres s'ils n'avaient pas à faire une communication à
l'Assemblée, et que, les Ministres étant restés silencieux,
il proposait une séance à huit heures, afin que le Gou-

1873.
4 mai.

vernement fît connaître s'il conservait, oui ou non, la direction des affaires.

Après quelques interruptions en divers sens sur l'utilité de cette séance, le Garde des sceaux, contraint de s'expliquer, dit que le vote que l'Assemblée venait d'émettre n'empêchait pas qu'il y eût un Président de la République et des Ministres qui, jusqu'au moment où ils auraient été remplacés, garderaient le Pouvoir et répondraient de l'ordre dans le pays.

Cette déclaration fut un grand soulagement pour nous et nous sûmes gré à Baragnon de l'avoir provoquée.

Après de nombreuses réclamations de la Gauche, la reprise de la séance fut fixée à huit heures, et la séance levée à six heures moins cinq minutes.

A neuf heures moins un quart, à l'ouverture de la séance, M. Dufaure fit connaître que ses collègues et lui avaient donné leur démission au Président de la République, et remit en même temps au président de l'Assemblée un message dont celui-ci donna lecture. En voici le texte :

« Monsieur le Président,

« J'ai l'honneur de remettre à l'Assemblée Nationale ma démission des fonctions de président de la République qu'elle m'avait conférées.

« Je n'ai pas besoin d'ajouter que le Gouvernement remplira tous ses devoirs jusqu'à ce qu'il aura été régulièrement remplacé.

« Recevez l'assurance de ma haute considération.

« A. THIERS. »

Cette résolution était prévue et sa communication ne fit pas sur la Droite une impression à beaucoup près aussi vive que le vote de l'ordre du jour motivé. La lutte était

engagée, et c'est le début qui est toujours le plus rude;
j'ajouterai qu'on était mieux disposé à lutter, car c'était
après dîner. Il est permis au style familier des mémoires
de signaler ce détail un peu humiliant, mais bien réel.

La Gauche employa tous les moyens dilatoires : elle
proposa de ne pas accepter la démission de M. Thiers.
Cette proposition fut repoussée par 362 voix contre 331;
majorité : 31, plus forte de 15 voix. Rien de plus tristement
instructif que l'étude des scrutins dans les votes de grande
importance : voici trois députés qui, après avoir soutenu
M. Thiers quand il était debout, l'achèvent quand ils le
voient terrassé; en voici treize qui, découragés, l'aban-
donnent à sa mauvaise fortune; leurs noms sont au *Journal*
officiel.

La Gauche, sans se décourager, proposa encore de
renvoyer aux bureaux la nomination du successeur de
M. Thiers; elle échoua. Elle proposa de la renvoyer au lundi
suivant; elle échoua; à dimanche, elle échoua; une suspension d'une heure, elle échoua encore; et la majorité,
avec un ensemble et une fermeté qu'elle n'a que trop rarement montrés, décida qu'elle allait nommer *immédiatement*
le successeur de M. Thiers.

Le maréchal de Mac-Mahon fut nommé président de la
République par 391 voix contre 1, donnée à Grévy. (La
Gauche et l'Extrême-Gauche s'abstinrent.)

En voilà trente-un de plus pour nommer le successeur
de Thiers. Quels sont ceux qui, n'ayant pas osé prendre
part au combat, osent bien prendre part au triomphe. Dieu
seul le sait, car le vote fut secret.

Il y eut une suspension d'une demi-heure. M. de Goulard occupa le fauteuil. M. Buffet, président de l'Assemblée,
et une députation du bureau de la Chambre se rendirent
auprès du maréchal de Mac-Mahon pour lui porter le résultat du vote et rapporter sa réponse.

À minuit moins un quart, M. Buffet paraît au fauteuil

1873.
aoùt

et fait part de l'acceptation du Maréchal, qui, en faisant
taire sa résistance délicate, dit-il, a donné une nouvelle
preuve de patriotisme.

A minuit moins dix minutes, la séance est levée.

Une grande évolution politique venait d'être faite par
la majorité conservatrice de l'Assemblée. Le maréchal
de Mac-Mahon recevait d'elle une mission difficile mais
glorieuse. Il eût pu faire reprendre à la France sa place
dans le monde, ou du moins le tenter et mourir, s'il le
fallait, en immortalisant son nom. Il n'a pas été à la hauteur de ce beau rôle.

A la sortie du palais, à minuit et demi, il n'y avait plus
qu'une centaine de drôles de 15 à 16 ans, hurlant : « Vive
la République! vive M. Thiers! » J'arrivai à une heure
à Paris. Il y avait à la gare Montparnasse une cinquantaine
de curieux, absolument silencieux et formant deux haies
entre lesquelles nous passâmes.

Le lendemain de bonne heure je parcourus plusieurs
quartiers de Paris. Le plus grand calme régnait partout: singulier démenti donné à M. Thiers, qui se disait le soutien
de l'ordre matériel.

CHAPITRE VII

Présidence du maréchal de Mac-Mahon. — Quelques mots sur les membres du nouveau Cabinet. — La Gauche ne tarde pas à l'attaquer. — M. Dufaure demande la mise à l'ordre du jour des lois constitutionnelles. — Le Schah de Perse à Paris et à Versailles. — Dépôt du projet de loi électorale municipale. — Déclaration d'utilité publique de la construction de l'église du Sacré-Cœur à Montmartre. — Cinquième prorogation.

1873.
25 mai

Le maréchal de Mac-Mahon avait nommé son ministère, choisi par le duc de Broglie, il était ainsi composé :

Vice-président du Conseil, ministre des Affaires étrangères : le duc de Broglie, à la place de M. de Rémusat;

Ministre de la Justice : M. Ernoul, à la place de M. Dufaure;

Ministre de l'Intérieur : M. Beulé, à la place de M. Casimir Perrier;

Ministre des Finances : M. Magne, à la place de M. Léon Say;

Ministre de la Guerre : le général de Cissey (maintenu provisoirement, le Maréchal se réservant de choisir un homme à lui pour ce portefeuille);

Ministre de la Marine : l'amiral Dompierre d'Hornoy, à la place de l'amiral Pothuau;

Ministre de l'Instruction publique, Cultes et Beaux-Arts : M. Batbie, à la place de M. Waddington, protestant, et de M. de Fourtou;

Ministre des Travaux publics : M. Desseiligny, à la place de M. Bérenger;

Ministre de l'Agriculture et du Commerce : M. de La Bouillerie, à la place de M. Teisserenc de Bort.

Ces nominations parurent à l'*Officiel* du 26 mai.

1871.
4 mai

A l'ouverture de la séance, le président donna lecture de la lettre que lui avait adressée le maréchal de Mac-Mahon, après la levée de la séance de samedi. Elle était ainsi conçue :

« Messieurs les Représentants,

« J'obéis à la volonté de l'Assemblée dépositaire de la Souveraineté Nationale, en acceptant la charge de président de la République. C'est une lourde responsabilité imposée à mon patriotisme. Mais, avec l'aide de Dieu, le dévouement de notre armée qui sera toujours l'armée de la loi, l'appui de tous les honnêtes gens, nous continuerons *ensemble* l'œuvre de la libération du territoire et du rétablissement de l'ordre moral dans notre pays; nous maintiendrons la paix intérieure et les principes sur lesquels repose la société. Je vous en donne ma parole d'honnête homme et de soldat.

« Maréchal DE MAC-MAHON,
« *duc de Magenta.* »

M. de Broglie donna lecture à l'Assemblée du message du Président de la République.

Ce grand acte gouvernemental, où on reconnait le style ferme du duc de Broglie, exprimait des sentiments élevés et l'annonce d'une politique résolument conservatrice.

M. Thiers parut à l'Assemblée. A son entrée, la Gauche et l'Extrême-Gauche se levèrent et le saluèrent par une longue salve d'applaudissements. Ce fut son oraison funèbre politique.

Je dois dire quelques mots des membres du Cabinet : Le duc de Broglie était nouveau venu de 1871 sur la scène politique; il y entrait sous le patronage d'un nom illustre, mais personnellement y apportait plus d'érudition et de talent d'écrivain que de puissance oratoire et d'habileté politique. Aussi avait-il eu à l'Assemblée une position relativement effacée jusqu'au jour où, seul et de haute lutte, il renversa l'homme prétendu *indispensable* qui, lui, n'avait pas perdu un jour pour se mettre à la tête de l'Assemblée et l'absorber dans sa personnalité. M. le duc de Broglie donna alors la mesure de sa valeur dans les luttes oratoires; et les conservateurs en eussent pu tirer grand parti comme orateur, si la scission survenue plus tard entre le Centre-Droit et l'Extrême-Droite, en amenant sa retraite et son éloignement de la tribune, n'avait désarmé la partie conservatrice de l'Assemblée et ne l'avait ainsi livrée sans défense aux coups répétés des chefs nombreux et habiles du mouvement révolutionnaire.

Beulé, ministre de l'Intérieur, était un homme fort distingué par ses connaissances littéraires et artistiques. Sensible et impressionnable, il manquait du sang-froid nécessaire pour surmonter les difficultés de l'administration, dont il ignorait d'ailleurs le côté pratique.

Ernoul, garde des sceaux, était un très bon avocat de Poitiers, à la parole très facile, mais un peu commune. Dans la lutte oratoire, il était abondant.

Batbie était à la hauteur de ses fonctions par son savoir en jurisprudence. Il avait été républicain en 1848, on ne l'ignorait pas; et le jour où, rapporteur de la commission nommée pour répondre au message de Thiers, il prit une position très accusée contre le Président de la République et prononça les mots fameux de *ministère de combat*, Casimir Perrier lui reprocha devant moi, avec un grand emportement, d'avoir entièrement abandonné les opinions qu'il professait, alors qu'étudiant en droit il habitait une chambre *au cinquième étage*, dans le quartier Latin. Son style, lourd comme sa personne, était cependant puissant en logique.

L'amiral Dompierre d'Hornoy était un homme excellent. Je ne suis pas à même de juger de ses qualités professionnelles comme marin; il avait beaucoup de difficulté à s'exprimer à la tribune.

1873.   Desselligny, ministre des Travaux publics, était un des quinze dissidents du Centre-Gauche qui nous avaient valu la victoire du 24 mai. Il était ingénieur, gendre de Schneider, du Creusot, administrateur des forges de Decazeville ; très intelligent, s'exprimant avec grâce et facilité.

Je termine par La Bouillerie, ministre de l'Agriculture et du Commerce, le moins important des ministères, au point de vue politique. Il représentait dans le Cabinet l'Extrême-Droite, groupe dont il faisait partie, quoiqu'il ne vînt que rarement à ses réunions. Il y fut plus assidu, à partir de la coalition qui renversa M. Thiers. J'ignore ses connaissances agricoles et commerciales ; ce n'était point un orateur.

Voilà les hommes qui devaient gouverner la France sous la direction du maréchal de Mac-Mahon.

Les affaires, dont la marche devait être arrêtée par la chute de Thiers, n'en suivirent pas moins leur cours. Le Cabinet, abrité sous un Chef du Pouvoir estimé de tous, et aimé de l'armée, délivré des luttes parlementaires incessantes jusque-là, appuyé sur une Assemblée honnête, dévoué à l'ordre moral et matériel, et bien résolu à les maintenir, allait enfin pratiquer une politique sérieusement conservatrice, pourvoir aux affaires courantes et préparer dans les emplois publics, laissés aux mains d'hommes indignes, la plupart issus du Gouvernement dit de la Défense Nationale, les changements que la faiblesse de Thiers ou sa connivence avec les révolutionnaires avait fait ajourner jusqu'alors.

Aucun événement notable ne signala au dehors les jours qui suivirent le 24 mai. L'ordre était assuré ; tout était maintenu à sa place : pas de mouvement, apparent du moins, parmi les révolutionnaires ; tous avaient le sentiment qu'il ne fallait pas se mettre à l'aise avec le Maréchal, comme avec son prédécesseur.

Il n'en était pas de même à l'Assemblée, où les vaincus

ne cherchaient qu'une occasion de jouer quelque mauvais
tour au nouveau Cabinet.

Un misérable préfet révoqué leur en fournit l'occasion,
en divulguant une circulaire confidentielle dans laquelle le
nouveau Ministre, faisant ce qu'ont fait tous les gouverne-
ments, promettait d'aider d'allocations pécuniaires la presse
qui s'associerait à la nouvelle politique. Ce fait fut dénoncé
à la tribune comme un cas pendable, par Lepère, qui était
alors un des coryphées de la Gauche et qui possédait
un talent de parole incisif et vigoureux. Après lui, Gambetta vint étaler, avec son emphase et sa violence habituelles, les nudités de la circulaire confidentielle de
M. Pascal. Le ministre Beulé, avec sa générosité d'artiste,
accepta la responsabilité de la circulaire, mais n'eut pas
l'habileté de l'expliquer et de la justifier. Dans la Droite
même, les esprits légers s'arrêtant à la forme, ne com-
prirent pas qu'il fallait quand même soutenir le Ministre :
il en résulta un ordre du jour faible qui le laissa amoindri.
Il en fut vivement impressionné et, me trouvant dans le
train, le lendemain de cette mauvaise séance, il m'en
exprima sa peine avec beaucoup de véhémence. Je fis tous
mes efforts pour le réconforter.

Il se releva de cet échec peu de jours après. Les enter-
rements civils se multipliant à Lyon, le préfet Ducros,
homme fort énergique, prescrivit par un arrêté que ces
exhibitions, offensantes pour la conscience des catholiques,
eussent lieu avant sept heures en hiver, et avant six heures
en été. Le Royer interpella le Gouvernement sur ce fait,
qu'il qualifia d'intolérance religieuse. Beulé lui répondit
avec une énergie et une éloquence qui lui valurent un
grand succès.

Au même temps mourut à Versailles le député Brousse,
libre penseur. Suivant les prescriptions du Règlement, une
délégation de l'Assemblée, ayant à sa tête M. de Goulard,
vice-président, se rendit au domicile mortuaire. Mais, lors-

1872.

qu'on vit que toute démonstration religieuse était supprimée, il déclara qu'il se retirait et il se retira en effet, avec plusieurs députés. A son exemple, un détachement de cuirassiers, venu pour faire cortège, rentra à son quartier, et la triste dépouille de Brousse fut portée en terre accompagnée de ses amis de l'Extrême-Gauche et de deux ou trois députés du Centre-Droit que je ne veux pas nommer. Ce sentiment de dignité morale fit grand honneur à M. de Goulard et à l'officier qui commandait les cuirassiers.

Le Cabinet eut d'abord à s'occuper du changement d'un grand nombre de préfets et sous-préfets. Il en fit autant pour plusieurs chefs de parquet. Les obsessions qu'il eut à subir de la part des députés furent grandes, chacun voulant, pour le bien public et surtout pour assurer sa réélection, avoir un préfet de son choix. Il est triste de dire que c'était des députés de la Droite que venaient ces instances déplacées.

L'Assemblée vota la loi de reconstruction de la colonne Vendôme, *en engageant* le Ministre de la Justice (il eût fallu le lui prescrire) à poursuivre en dommages-intérêts, au nom de l'Etat, le peintre Courbet, l'un des instigateurs les plus ardents de ce crime national.

Les malheurs de la France avaient ravivé la foi et donné un grand essor aux pèlerinages. L'Assemblée Nationale s'associa à ce mouvement religieux et tous les députés catholiques se rendirent en corps à Notre-Dame de Chartres et à Paray-le-Monial, et chaque fois s'approchèrent en très grand nombre de la sainte Table, dans ces sanctuaires vénérés.

Un comité d'organisation de ces pèlerinages s'était formé à Paris. On avait désiré que l'Assemblée Nationale y fût représentée, et j'avais eu l'honneur d'être désigné pour en faire partie avec mes collègues de La Bouillerie, Chesnelong, de Diesbach et Keller. Nous nous réunissions chez les Pères de la Compagnie de Jésus, rue de Sèvres; le P. Bazin, dont j'ai parlé plus haut, nous présidait. Le jeune duc de Chaulnes, le comte de Bonneuil, M. Cornudet et quelques autres catholiques dévoués faisaient aussi partie du Comité.

L'Assemblée autorisa des poursuites contre Ranc, nouveau député de Lyon, comme ayant fait partie du Gouvernement sous la Commune; mais on lui donna le temps de prendre le large; il s'enfuit en Belgique. A la suite d'une polémique injurieuse, M. Paul Granier de Cassagnac lui demanda une réparation par les armes. Les Bonapartistes disaient crûment : « Cassagnac a bien envie de le tuer. » Il se rendit, en effet, en Belgique. La rencontre eut lieu; Ranc fut blessé grièvement, il blessa légèrement son adversaire.

M. Dufaure, toujours inquiet de sa chère République, demande qu'on n'oublie pas plus longtemps les projets de loi présentés par le Gouvernement la veille du 24 mai :

L'un, relatif à l'organisation et à la transmission des Pouvoirs publics;

L'autre, concernant la loi électorale.

Il prie qu'on les mette à l'ordre du jour des bureaux. « Je m'attends, ajoute-t-il, à l'opposition de la Gauche, qui nie le droit constituant de l'Assemblée, et j'ai aussi entendu dire que, dans les journaux représentant une autre opinion (il désigne la Droite), on écrit que ces projets de loi sont lettre morte et que, depuis le 24 mai, tout est changé; cependant, après le 24 mai, M. le duc de Broglie a déclaré que l'Assemblée était saisie de ces projets et qu'elle les examinerait; que le Gouvernement les étudierait. Aussi je demande la nomination immédiate de la Commission. »

Voilà M. Dufaure rappelant à M. de Broglie une promesse imprudemment faite. M. de Broglie, d'un esprit élevé, mais d'un jugement incertain, était porté aux concessions, aux moyens termes, système trop longtemps pratiqué sous le règne de Louis-Philippe, et qui, dans des temps de luttes révolutionnaires comme le nôtre, ne pou-

1873. vait amener que des avortements. Il en fut malheureusement ainsi de la révolution parlementaire du 24 mai.

Leurent, pour tirer le ministère d'embarras, dit qu'il
fallait s'en aller en vacances, prendre langue auprès des
électeurs, et s'occuper de ces lois dans le mois qui suivrait
la rentrée. C'était assez adroit, mais il n'eût pas fallu fixer
de date.

Gambetta, l'ennemi déclaré de l'Assemblée contre laquelle, je dois lui rendre cette justice, il a toujours lutté
visière levée sans qu'elle ait paru le comprendre, ne manqua pas de répondre à l'invitation de Dufaure et vint chercher à prouver qu'elle n'avait pas le mandat constituant,
attendu l'infirmité de son origine.

A ce mot d'*infirmité*, je ne pus contenir mon indignation et m'écriai : « C'est une insulte à l'Assemblée. » La
Droite, réveillée par mon interruption, crie : « A l'ordre! à
l'ordre! » Alors, avec son sang-froid imperturbable, il
cherche à expliquer son expression en la qualifiant d'*un
peu inexacte,* au point de vue de la langue. Cela dit, il n'en
poursuit pas moins sa pensée et sa théorie, que la Droite,
avec sa légèreté, son indifférence ou sa mollesse habituelles,
lui laisse exposer et qu'elle écoute patiemment; et il conclut
en demandant la dissolution.

Le Gouvernement accepte la proposition Leurent et s'engage à demander la nomination de ces commissions dans
le mois après la rentrée.

L'opinion publique, encore plus mobile à Paris que
partout ailleurs en France, fut détournée quelque temps des
préoccupations politiques par la venue du Schah de Perse.

6 juillet. Nasser-Eddin, après avoir visité l'Europe centrale et sep-
tentrionale, vint à Paris. Il fit son entrée par l'Arc-de-
Triomphe de l'Etoile et les Champs-Elysées; il y fut reçu par
le préfet de la Seine et une partie du Corps municipal de
Paris. Le Maréchal de Mac-Mahon l'accompagnait. J'assistai
à cette réception avec ma femme, mes deux fils et ma

fille cadette; nous étions placés sur le côté gauche d'une immense estrade circulaire, élevée autour de l'Arc-de-Triomphe, où des places avaient été réservées pour les membres de l'Assemblée Nationale et leurs familles.

J'ai dit qu'une partie seulement du Conseil municipal était venue recevoir le Schah; c'est qu'à la première annonce de sa venue, ce Conseil, républicain en grande majorité et par suite antipathique à toute personnalité monarchique, avait, en comité secret, refusé tout crédit pour les frais de sa réception, et ce ne fut que pour échapper à l'odieux de ce procédé indigne, flétri par la presse honnête et patriote, qu'il revint sur sa détermination. Je ne pus m'empêcher d'en faire des reproches à M. Vautrain, député et maire de Paris, qui s'en défendit en me disant : « Mais nous avons au contraire voté un crédit illimité. » Ce n'était pas lui, en effet, qui avait pris l'initiative du premier refus, car c'était un galant homme fort doux et d'allures distinguées.

On donna au Schah de belles fêtes. Un banquet de cent cinquante couverts lui fut offert à Versailles. Il eut lieu dans la galerie des Glaces, théâtre de tant de réceptions féeriques sous Louis XIV. Le bureau de l'Assemblée tout entier et les présidents et secrétaires des vingt bureaux alors en exercice y représentèrent la Nation, avec le Maréchal, les Ministres, les chefs des grands Corps constitués et un grand nombre d'officiers généraux.

Je conduisis ma femme et ma fille Louise pour visiter ce magnifique couvert et voir de près le Schah et sa suite. Nous étions placés au premier rang, à l'entrée de la salle du banquet et le vîmes de très près : il portait une jaquette en drap vert foncé et pantalon de même; tout le plastron de sa jaquette était brodé de diamants en carrés et losanges; il était coiffé d'un bonnet d'astracan noir. Il était de taille moyenne, assez gros, marchant mal, les pieds en dedans; la figure, très basanée, était expressive; il avait des moustaches longues et pendantes à la Tartare.

Il y eut en son honneur une grande revue à Longchamps. Il passa plusieurs jours à Paris.

Audren de Kerdrel, à la séance du 11, à propos de la loi sur le jury aux colonies, l'orateur demandant qu'aux colonies la France appliquât la loi du jury comme l'Angleterre l'appliquait à Maurice, l'avait interrompu en criant : « Les Anglais ne font pas de révolutions. » Je siégeais à ce moment auprès de lui et je l'avais entendu. L'interruption passa inaperçue. Ce n'était pas le compte de Kerdrel. Ayant lu dans l'*Officiel* qu'on lui faisait dire : « Maurice n'a pas de révolution, » il tint à rétablir les termes de son interruption et ajouta qu'il entendait par cette phrase : *les Anglais ne font pas de révolutions*, qu'en Angleterre il n'y avait pas, dans la métropole, un parti qui excitât les classes les unes contre les autres. A ces mots, les députés des colonies, qui siégeaient tous à gauche, de Mahy, Schœlcher et autres, et le parti républicain tout entier lui répondit par la bouche de Laserve que son accusation était une calomnie. A ce mot, grand tumulte à droite; le président rappelle Laserve à l'ordre. On proteste à gauche avec une extrême violence. Kerdrel remonte à la tribune et demande s'il n'est pas vrai qu'en France il y a un parti qui a excité certaines couches sociales. Gambetta relève immédiatement le gant et, jouant toujours son rôle d'excitateur, vient étaler bruyamment à la tribune les preuves de l'existence de deux classes antagonistes, de deux couches sociales opposées, de deux Frances ennemies. L'interruption de M. de Kerdrel n'eut pas d'autre résultat que d'amener ce nouveau scandale, en en fournissant le prétexte à Gambetta.

Cet incident fit naître une grande animation dans la Droite et le Centre-Droit. « Si cela se renouvelle, me disait le vieux Gillon, l'un des plus excellents de nos collègues, nous ne pourrons pas nous en aller chez nous : ils veulent le combat. »

Je ne partageais pas entièrement ses craintes, mais nous nous disions, à l'issue de cette séance, avec Hamille (du Pas-de-Calais), ancien directeur des cultes au ministère de la Justice, homme expérimenté et honnête, que les *Credo* politiques de Gambetta ne nous apprenaient rien de nouveau sur l'état de la société moderne, mais que les retours agressifs de la minorité républicaine devaient convaincre le Gouvernement et l'Assemblée qu'il ne fallait pas s'endormir et qu'il n'y avait que la justice et la force qui pussent sauver le pays.

Un jour, en venant à Versailles, je me trouvai dans le même wagon avec de Partz, de la Rochethulon et le Ministre de l'Intérieur; on vint à parler de la loi municipale. M. Beulé dit que le Gouvernement n'entendait pas la discuter avant les vacances, attendu qu'il n'était pas d'accord avec la Commission; que, même pour la nomination immédiate des maires, il n'y tenait pas; que son projet de loi électorale était prêt depuis longtemps; qu'il était en neuf articles : Electorat à vingt-cinq ans, à condition de payer l'une des quatre contributions et trois ans de domicile, sauf pour les domestiques et ouvriers qui pourraient suppléer le domicile par un certificat des maîtres et patrons.

Nous nous récriâmes sur cette faveur accordée à l'ouvrier qui, dans les centres manufacturiers, écraserait infailliblement le propriétaire; qu'il fallait pour l'ouvrier comme pour tous le domicile de trois ans. Le Ministre se rendit à nos raisons avec une facilité qui accusait en même temps sa bonne foi et son inexpérience des conditions sociales actuelles; c'était un littérateur, un artiste; ce n'était pas un homme politique, et on en avait fait un Ministre de l'Intérieur à cause de son talent de parole. Ce n'est pas la moindre des infirmités du Gouvernement représentatif, que la nécessité de confier le Pouvoir aux parleurs et de laisser dans l'ombre les hommes de sens et d'action.

Le 21 juillet, M. de Chabrol déposa le projet de loi relatif

1872
21 juillet

à l'électorat municipal, qui laissait intact le suffrage universel. M. de Chabrol était libéral, de l'école américaine de
Tocqueville, école de gens d'esprit, mais prenant trop souvent les Français pour des Américains.

Ce même jour, J. Favre voulut se donner de l'importance en interpellant le Gouvernement sur la politique intérieure, avec son emphase et sa vacuité habituelles : il fit
l'apothéose de Thiers et s'écria que le parti bonapartiste
relevait audacieusement la tête. On ne comprend pas que
cet homme néfaste osât parler d'audace, alors qu'il avait
celle de se montrer à la tribune, malgré les huées — c'est
le mot — que chacune de ses apparitions lui attira pendant
longtemps.

Le duc de Broglie lui répondit assez faiblement. Toutefois, l'Assemblée témoigna son approbation de la politique
suivie par le Gouvernement, par un ordre du jour de confiance voté par 388 voix contre 263. C'est le plus beau
succès qu'il ait eu.

L'Assemblée termina sa session par un acte de foi religieuse qui devait attirer sur elle et sur la France les béné-
dictions divines : elle vota, le 24 juillet, la loi de déclaration
d'utilité publique d'une église à Montmartre (l'église du
Sacré-Cœur); mais on n'osa pas insérer le vocable dans le
projet de loi, si loin nous sommes de l'énergie et de la foi
religieuse de nos pères !

Le 29 juillet, l'Assemblée se prorogea jusqu'au 5 novembre.

CHAPITRE VIII

Tentative de Restauration monarchique. — Rentrée de l'Assemblée. —
Prorogation des pouvoirs du Maréchal, président de la République. —
Changement de Ministère. — Nomination de la Commission des lois
constitutionnelles.

1873.
7 août.
A peine les députés étaient-ils rentrés dans leurs départements, qu'une nouvelle inattendue leur fut apportée par
tous les échos de la presse :

Le 5 août, M. le comte de Paris était allé à Frosdhorf,
auprès du comte de Chambord, et lui avait rendu hommage
comme Chef de la Maison de France. La fusion entre les
Princes, si longtemps attendue, était un fait accompli. La
fusion entre les partis de ces Princes en serait-elle la conséquence? C'est ce que je désirais, sans trop l'espérer, je
l'avoue, sachant que, pour l'opérer, ces partis auraient à se
faire des concessions mutuelles sur les préjugés et les an-
tipathies de classe et sur les ambitions personnelles. Il ne
faut pas l'oublier : le parti légitimiste, c'est toujours la
noblesse; le parti orléaniste, c'est la bourgeoisie. Toutefois,
ce grand évènement était exploité avec éclat par la presse
et prenait dans le pays une importance croissante. Les journaux légitimistes montraient une grande réserve, mais aussi
une grande confiance; les journaux républicains se livraient
à leur dépit ou à leur colère; enfin tout annonçait un dé-
nouement pour la rentrée de l'Assemblée.

A l'approche de la rentrée, dans les premiers jours d'octobre, les journaux annoncèrent les démarches faites auprès

du comte de Chambord par les chefs des partis royalistes
de l'Assemblée Nationale. Je reconnus là des hommes plus
nuancés d'orléanisme que de légitimité. Je m'en affligeai
sans en être surpris, sachant ceux-là toujours plus agis-
sants, mais je redoutais la clairvoyance du comte de Chambord. L'opinion publique était très en éveil; tous ceux
que je rencontrais au Puy, comme en Auvergne, où je fis
un voyage de quelques jours, m'abordaient en me disant :
« Eh bien! vous allez faire la Monarchie. » Je leur répondais : « Dieu seul le sait. » Des paysans, des ouvriers me
demandaient des nouvelles : « Eh bien, Monsieur, me disaient-ils, ça s'arrangera? — Oh! oui, ça s'arrangera, ajou-
tais-je; tant que nous y serons, nous maintiendrons bien
l'ordre. » Puis, poussant plus loin leur question, ils ajou-
taient : « Mais on dit qu'on veut mettre un roi. — Oui,
répliquais-je, si on était raisonnable, on mettrait un roi,
parce qu'il faut un chef dans un Etat, comme un chef dans
une famille. — C'est vrai, Monsieur, répondaient-ils, mais
on dit que Henri V mettra la dîme; ça ne va pas mal cependant comme c'est maintenant. » Je me hasardais alors à
dire aux plus honnêtes : « Oui, ça va bien tant que nous
y sommes; mais on voudrait nous remplacer par d'autres,
par des Républicains, par des Rouges, qui ne veulent pas
de religion. — Oh! il faut de la religion, reprenaient-ils
vivement; sans la religion, que ferions-nous? »

Ils m'approuvaient, mais sans être bien convaincus
des avantages d'une monarchie, tant, dans les échoppes et
les cabarets des villes comme des moindres villages, les
mauvais esprits semaient de calomnies grossières et enve-
nimées contre la royauté, la noblesse et le clergé.

Cependant le premier avis précis de cette grande négociation fut donné par les journaux, qui annoncèrent pour
le 4 octobre une convocation des bureaux de l'Assemblée :
fausse appellation, car l'Assemblée étant en vacance, il n'y
avait pas de bureaux; on voulait dire les bureaux des réu-

nions monarchiques de l'Assemblée. J'en eus la preuve
en voyant à la gare de Saint-Georges-d'Aurac M. de
Larcy, président de la réunion du Centre-Droit : il était
dans un compartiment de première classe du train venant
d'Alais, dans lequel ma femme et moi nous entrâmes avec
nos enfants, notre petit-fils Joseph du Boys, alors à la
mamelle, et sa nourrice. Ce que voyant, M. de Larcy, effaré
de cette invasion de famille, se hâta de quitter la place,
mais avec une telle précipitation qu'il ne me reconnut pas.

Des réunions politiques se tenaient donc à Versailles; les
journaux les annonçaient et en publiaient même les résolutions, sans qu'il fût question de la réunion de l'Extrême-
Droite. J'attendais impatiemment ma lettre de convocation; elle m'arriva la veille de la rentrée, alors que tout
était fait !..... Il me semblait convenable cependant qu'une
affaire aussi grave et aussi délicate fut entreprise et conduite
de concert par tous les chefs de l'opinion monarchique. Je
m'étonnais donc que M. Chesnelong fût le chef, en quelque
sorte unique, de cette négociation; il faisait partie de la
Droite, c'est vrai, mais sa notoriété politique comme monarchiste aurait singulièrement gagné à être relevée par la présence à ses côtés du président de l'Extrême-Droite, M. de la
Rochette.

J'étais dans ces dispositions d'esprit et rien ne me pressait de hâter mon retour à Versailles, lorsque, le 18 octobre,
je vins de Volhac au Puy pour prendre part au pèlerinage
national de Notre-Dame de France. Je fus arrêté par plusieurs personnes, qui me dirent : « Eh bien! vous partez?
la Monarchie est faite; on a reçu des dépêches qui appellent
les députés. » Je répondais : « J'attends d'être appelé et je
ne l'ai pas encore été. » En même temps j'apprenais le changement de M. de Champagnac, préfet de la Haute-Loire.
Etant en visite chez le Directeur des Domaines, j'y trouvai
M. de Champagnac. Après nous être salués réciproquement,
surpris de mon silence, le Préfet me dit avec animation :

« Eh bien! voilà la Monarchie faite. — Ah! lui dis-je, sur un ton d'incrédulité. — Mais oui, mais oui, reprit-il; vous ne lisez donc pas les journaux? — Oh! non, repris-je, je ne les lis que trop à Versailles. — Eh bien, Henri V accepte le drapeau tricolore. — Oh! fis-je, cela m'étonne. — Mais, reprit le préfet, c'est M. Chesnelong qui l'a annoncé officiellement à la réunion de la Droite. — Chesnelong, je vous l'avoue, n'est pas trop le représentant des Légitimistes purs et, sans infirmer sa véracité, je voudrais l'assurance d'un homme plus *intimement* uni à nous en politique. — Eh bien! Lucien Brun est-il légitimiste? — Oui, répliquai-je. — Lucien Brun l'atteste aussi. — Alors je le crois, dis-je au préfet, mais c'est un *miracle*; et le programme des Neuf, est-il accepté par le comte de Chambord? — Oui, certainement, ajouta M. de Champagnac. — Tant mieux, tant mieux, m'écriai-je; mais, je le répète, c'est un miracle! » Je ne pouvais guère contredire des affirmations aussi précises. Après quelques paroles échangées, le préfet sortit.

Ce qui pour moi était miraculeux, c'était que le comte de Chambord se fût entendu avec la députation des Neuf sur la Constitution politique qu'ils lui avaient proposée. La question du drapeau n'avait à mes yeux qu'une importance secondaire, un emblème ne pouvant ni donner ni ôter la force à une direction gouvernementale; aussi, quand on m'en parlait, je répondais que si j'étais honoré de la confiance du comte de Chambord, je l'engagerais à faire la concession du drapeau à l'opinion, aux habitudes populaires, aux modernes traditions militaires, mais qu'il ne fallait pas qu'on lui liât les bras par la Constitution. Or, je redoutais que dans cette Constitution les idées libérales du parti orléaniste n'eussent mis des entraves au pouvoir souverain. La suite n'a que trop justifié mes prévisions.

La journée du 19 octobre fut marquée au Puy par une manifestation de foi magnifique et bien consolante. Le Concile provincial qui y siégeait depuis le 5 octobre, fut

clôturé : le matin, par une messe solennelle dans la basi-
lique de Notre-Dame et une homélie sur l'infaillibilité du
Pape, prononcée par Mgr de la Tour d'Auvergne, archevêque
métropolitain de Bourges, aussi remarquable par la noblesse
du langage que par la pureté du dogme; le soir par une
procession solennelle, où fut portée, à travers la cité, la
statue noire de la Sainte-Vierge. J'eus l'honneur, avec mes
collègues Vinay, Calemard de la Fayette et de Flaghac,
et MM. Thomas-Bresson, président de la Congrégation de
la Sainte-Vierge, et de Longevialle, président du Comité
catholique, de porter les cordons de cette image vénérée,
devant laquelle les fidèles s'agenouillaient comme devant
le Saint-Sacrement.

Je partis, le 20 octobre, pour Volhac, où mes affaires ne
me laissaient pas de répit. J'y passai les derniers jours du
mois. A mon retour au Puy, le 31 octobre, on annonçait
de toutes parts le renversement des projets de restauration
monarchique. En effet, une lettre du comte de Chambord
déclarait nettement qu'on trompait l'opinion publique en
affirmant qu'il acceptait le drapeau tricolore. Je lus cette
lettre dans le journal l'*Union*, du 31 octobre; elle était datée
de Salzbourg, le 27 octobre, et adressée à M. Chesnelong.
C'était un démenti donné aux assertions de la presse annonçant des concessions faites par le Prince que celui-ci déclarait incompatibles avec son honneur. Sans prononcer le
mot de drapeau, la lettre donnait à entendre qu'il n'acceptait pas les propositions à lui faites à ce sujet; il affirmait,
au contraire, qu'il ne rétractait rien, qu'il ne retranchait
rien de ses précédentes déclarations.

Qu'on juge du deuil des Royalistes désintéressés, et de
la colère des Royalistes ambitieux.

Je ne fus point surpris de ce résultat. Je n'avais jamais
pu croire que les Orléanistes fissent les concessions nécessaires pour assurer au Roi la liberté d'action, l'autorité et
le pouvoir suffisants pour gouverner une nation presque

ingouvernable. Je vis donc dans la lettre du comte de Chambord un prétexte pris de la couleur du drapeau pour repousser une charge qu'on lui imposait en l'emmaillotant. C'est dans ce sens que, le 2 novembre, j'écrivis du Puy à M. Laurentie, rédacteur du journal l'*Union* (organe officiel du comte de Chambord), une lettre dans laquelle, regrettant, tout en la respectant la détermination du Prince, j'engageais le journaliste à relever le moral des bons députés, à les encourager à faire de vigoureuses lois sur le suffrage universel, la presse, le droit de réunion, etc., etc., afin de préparer une voie sûre pour le retour du Roi, quand Dieu l'appelerait.

Dans le grand désarroi qu'amena le renversement des espérances monarchiques, les députés conservateurs jugèrent qu'il était indispensable de prolonger le plus possible la durée des pouvoirs du Maréchal, mais aucun ne pensa à maintenir auprès de lui l'Assemblée nationale jusqu'à l'expiration de ces pouvoirs prolongés; la plus simple prudence devait cependant faire prévoir qu'il serait incapable de lutter contre la Chambre révolutionnaire que tout annonçait devoir nous succéder; mais l'état de division funeste des Légitimistes, des Orléanistes et des Bonapartistes abaissait les esprits aux préoccupations mesquines des intérêts de parti et nul ne s'élevait à la considération supérieure et sacrée de l'intérêt social.

Je quittai le Puy le 4 novembre, à mon arrivée à Versailles, on me donna communication de la proposition suivante : « Le Pouvoir Exécutif est confié pour dix ans au « maréchal de Mac-Mahon, duc de Magenta, à partir de la « promulgation de la présente loi. Ce pouvoir continuera « d'être exercé dans les conditions actuelles jusqu'aux « modifications qui pourraient y être apportées par les lois « constitutionnelles. Une commission de trente membres « sera nommée sans délai, en séance publique et au scrutin « de liste, pour l'examen des lois constitutionnelles. »

Elle portait la signature du général Changarnier et de cent soixante-quinze députés, presque tous du Centre-Droit, et de neuf seulement de l'Extrême-Droite.

Je signal cette proposition, non sans quelque répugnance à consolider ainsi la forme républicaine, bien que provisoire; mais éviter une crise et de nouveaux bouleversements était la loi suprême du moment.

Mon premier soin, en arrivant à Versailles, fut de rechercher de la cause de l'insuccès des négociations monarchiques. Je m'adressai à Combier, député de l'Ardèche, représentant de l'Extrême-Droite à la Commission des neuf négociateurs, et à M. de La Rochette, notre président des Chevaux-Légers. L'un et l'autre qualifièrent de décevante, douloureuse, inexplicable, la lettre du comte de Chambord. Celui-ci me dit avec une émotion indicible : « Je suis atterré; que je voudrais être chez moi et ne m'être jamais occupé de rien. » Sur mon observation à Combier que le drapeau n'était peut-être qu'un prétexte pour se soustraire à une charge que les entraves constitutionnelles le rendraient impuissant à porter, Combier me répondit péremptoirement : « Non, le Roi avait parfaitement accepté notre programme. » Il m'en rappela les clauses principales et je n'y vis, en effet, rien de sérieusement restrictif du pouvoir royal; je n'en restai pas moins convaincu que, pour une cause ou pour l'autre, le comte de Chambord ne s'était pas senti la force de remplir la mission qu'on voulait lui confier. Aux regrets profonds des Légitimistes, les Orléanistes joignaient les leurs; mais quelques-uns y mêlaient des reproches de faiblesse et d'incapacité et concluaient que Henri V n'avait qu'à abdiquer.

Dès l'ouverture de la séance, le duc de Broglie, vice-président du Conseil, donna lecture du message du Président de la République demandant à l'Assemblée de donner à son pouvoir la durée et la force dont il avait besoin.

1873.
3 novembre.

Le président de l'Assemblée donna ensuite lecture de la proposition Changarnier.

Le baron Eschassériaux, au nom des Bonapartistes, déposa une proposition demandant que, le 4 janvier 1874, le peuple français, appelé dans ses comices, se prononçât sur la forme définitive du Gouvernement : Monarchie, République, Empire.

Immédiatement M. Dufaure demanda la parole.

M. de Goulard, qui avait pris l'avance auprès du président, demanda l'urgence pour la proposition Changarnier, qui, bien que combattue en divers sens, fut votée à une grande majorité. Mais M. Dufaure n'abandonna pas ses lois constitutionnelles; il était, du reste, dans son droit, puisque, comme nous l'avons vu plus haut, le duc de Broglie s'était engagé à demander, au retour de l'Assemblée et avant le 15 décembre, la nomination de la commission qui devait les étudier. Mais il fallait savoir si la proposition Changarnier serait renvoyée à la même commission que les lois constitutionnelles. Dufaure et J. Grévy soutinrent qu'il n'était pas possible de disjoindre la proposition de prorogation des pouvoirs du Maréchal de celle des lois constitutionnelles, dont elle formait une partie intégrante : ils le firent avec habileté et logique.

M. Dufaure dit : « Vous voulez fortifier le pouvoir contre les agitations intérieures; mais le pays était le plus calme du monde quand nous nous sommes séparés. Si le pays est agité, c'est depuis qu'est arrivée tout d'un coup la nouvelle d'une visite inattendue faite à Frohsdorff, et en même temps des projets politiques que l'on se hâtait d'y rattacher. Il n'y a pas eu d'autre cause d'agitation et, du haut de la tribune, je remercie M. le comte de Chambord d'avoir déjà donné un motif d'apaisement par la lettre qu'il a écrite le 27 octobre. »

J. Grévy dit : « Je le sais, vous demandez l'urgence pour la proposition Changarnier et qu'elle soit renvoyée à une commission spéciale pour conférer au Président de la République un pouvoir pour dix ans, bien au delà des limites de votre existence, et puis vous ajournerez indéfiniment la discussion des lois constitutionnelles. En faisant cela, Messieurs, vous constituez une dictature, un pouvoir extra-légal et par conséquent révolutionnaire. » Ce discours fut très fort. Dufaure et Grévy avaient raison, au point de vue légal; mais s'agissait-il alors de légalité? il s'agissait de sauver le pays, et, pour cela faire, tout était légal. C'était bien un acte révolutionnaire que les conservateurs de l'Assemblée avaient en vue, mais un acte révolutionnaire pour le bien du pays.

M. de Goulard combattit faiblement ces arguments vigoureux, avec sa voix faible, au milieu du bruit qui s'élevait de plus en plus de la Gauche, surexcitée par la présence de Thiers. Toutefois, 362 voix contre 348 décidèrent que la proposition Changarnier serait renvoyée à une commission spéciale; 14 voix de majorité dans un vote de 710 députés, l'un des plus considérables qu'ait émis l'Assemblée. Il n'y eut que 7 abstentions, y compris le Président, et 8 absences par congé.

La nomination de la Commission de prorogation des pouvoirs du Maréchal, qui eut lieu le 7 novembre dans les bureaux, prouva une fois de plus le peu de cohésion du parti conservateur. Voici ce qui se passa dans le neuvième bureau, dont je faisais partie : Il y avait le général Changarnier, auteur de la proposition; le duc d'Aumale, alors président du conseil de guerre qui jugeait le maréchal Bazaine; Gambetta, Greppo, Barodet, Peyrat et autres coryphées du parti radical. A mon arrivée au bureau, le 6, j'abordai Chaper (de l'Isère), qui me dit : « Je viens de compter; nous sommes, d'après la liste, 23 contre 23; nous portons pour président le général Changarnier, qui, à égalité de voix, aura le bénéfice de l'âge; dites-le à nos amis. » L'appel a lieu; quatre des nôtres ne répondent pas; ce sont : Sainc-

thorent, de Mornay, d'Harcourt et le duc d'Aumale. Le
vote a lieu, et pendant le dépouillement arrivent MM. de
Mornay et d'Harcourt. Ils ne demandent pas à voter. On se
regarde. Alors Gambetta, répondant spontanément, dit :
« Ils ne peuvent pas voter, le dépouillement est commencé. »
On l'avait bien laissé voter, lui, en pareille circonstance, et
j'aurais bien dû en faire l'observation ; mais soit indécision,
soit timidité, je l'avoue, je me tus, et le résultat du dépouillement accusa notre défaite. On s'affligea de cet échec, dû à
l'inexactitude habituelle de ceux de notre parti, et reportant
ma pensée à la lutte du lendemain, où devait avoir lieu la
discussion et le choix du commissaire, je dis à MM. de
Mornay et d'Harcourt : « Il faut absolument que le duc
d'Aumale vienne demain ; faites une démarche auprès de
lui. » M. de Mornay me le promit.

Pendant la séance de l'Assemblée, voyant le duc
d'Aumale entrer dans la salle, je fus auprès de M. de Mornay lui rappeler sa promesse. Il me répondit : « Il ne veut
pas entendre parler de cela ; il ne le peut pas, les lois militaires s'y opposent. » J'en fus affligé mais pas convaincu,
le premier devoir d'un député étant de prendre part aux
débats du Parlement, et surtout dans les questions d'une
telle gravité. Cette pensée ne me quitta pas, pendant la nuit
du jeudi 6 au vendredi 7. Je vins dès le matin à Versailles
et me mis en quête de nouvelles. Arrivé dans la salle des
Conférences, je fis part de mes préoccupations à Audren
de Kerdrel : « Il viendra, me dit-il ; hier, à la réunion des
bureaux, on s'en est beaucoup préoccupé, et Tailhand a
établi que rien, dans la justice criminelle militaire, ne s'op-
posait à ce qu'il vînt.

Confiant en cette affirmation, je me rendis au bureau à
une heure moins un quart, je n'y trouvai personne. Je
sortis, trouvant oiseux de garder seul le bureau et m'en-
quis au dehors du duc d'Aumale. J'appris qu'il ne venait
pas, j'en fus navré !... nous prîmes pour victime le comte

Jaubert, qui fut en effet battu *d'une voix*, et Cherpin (de la Loire) fut nommé commissaire. Je ne pus m'empêcher d'en exprimer ma peine au duc de Broglie que je rencontrai dans la galerie de bois, et de le prendre à témoin que c'était le duc d'Aumale qui nous ôtait le général Changarnier pour nous donner Cherpin pour commissaire. Bientôt on apprit que sur les quinze commissaires nommés, huit étaient opposés à la proposition, et sept seulement favorables. Toutefois, en supputant le nombre des voix données aux commissaires dans chaque bureau, on trouvait que la proposition avait encore dans l'Assemblée une majorité de trente voix. Tout cela était bien précaire.

Voici les noms des commissaires : de Rémusat, Léon Say, Casimir Perrier, anciens ministres de Thiers; Laboulaye, de Jouvenel, Bethmont, Delsol, Lefèvre-Pontalis (Antonin), Cherpin, Wolowski, Savary, Bocher, Depeyre, Le Royer, Lambert Sainte-Croix.

Cette Commission, composée de neuf députés du Centre-Gauche et de six du Centre-Droit, prouvait que l'élément libéral débordait dans l'Assemblée. Il n'y avait pas un seul représentant de la Droite Légitimiste pure. Ce résultat nous affligea profondément. Voilà la fin, disait-on, et on lisait sur les visages l'expression d'un profond abattement, tandis que la Gauche était radieuse. Le marquis de Lur-Saluces, revenant à sa place, dit à de Puiberneau mon voisin : « M. de Puiberneau, pensez-vous que nous soyons pour longtemps à Versailles? — Je ne crois pas, répondit celui-ci, si ça se passe partout comme dans mon bureau. — On s'y est battu? — Non, mais la discussion a été d'une violence que je n'avais jamais vu. »

On comprit qu'il fallait absolument transiger, et le Gouvernement, par l'entremise de M. Buffet qui avait une grande prépondérance dans le Conseil, fit, de concert avec les auteurs de la proposition Changarnier, naître deux nouvelles propositions : Ou les dix ans de prorogation, en

1873.
12 novembre.

remettant le mot de République, supprimé avec intention, et c'était la proposition du Centre-Gauche, ou cinq ans en laissant le mot de République supprimé, c'était la proposition des Bonapartistes.

Il se produisit un incident assez singulier. L'Opposition conduisait une double attaque : l'une contre le Maréchal, en refusant ou n'acceptant que très conditionnellement la proposition ; l'autre contre son ministère, en l'interpellant sur le retard mis à compléter la représentation nationale, et cette interpellation, portée par M. Léon Say, avait été fixée au lendemain jeudi. A la fin de la séance, le duc de Broglie monta à la tribune pour demander que, vu la gravité des circonstances, l'interpellation fût renvoyée au lendemain de la discussion de la loi de prorogation. M. Léon Say répondit qu'il acceptait. Alors Challemel-Lacour demanda la parole et s'opposa au renvoi, soutenant que l'interpellation était d'une opportunité urgente. Cette démarche mécontenta le Centre-Gauche parce qu'elle infirmait l'acceptation de M. Léon Say, l'un de ses chefs ; on le comprit de suite à l'indifférence de ce groupe à défendre Challemel-Lacour contre les très vives réclamations du Centre-Droit ; c'était une division heureuse qui se produisait parmi nos adversaires. Il n'y avait qu'à voter d'ensemble contre sa proposition, sans s'arrêter à la demande subsidiaire que, se ravisant, il avait faite de préciser le jour le plus prochain après la loi de prorogation, et on obtenait un succès qui préparait favorablement la grande discussion du lendemain. M. le duc de Broglie manqua ici, je crois, de cet à-propos qui constitue le tact politique ; on était disposé à écraser avec entrain Challemel-Lacour. Le duc de Broglie ne connaissait pas assez les dispositions de l'Assemblée, qu'il avait le tort de ne pas étudier ; inquiet, il se hâta de faire une concession inopportune, il fit passer au Président de l'Assemblée un billet dans lequel il acceptait le renvoi de l'interpellation au 17. Tout le monde à droite comprit cette maladresse et Baragnon, prenant la parole, s'opposa à toute désignation prématurée, et demanda que l'interpellation fût renvoyée au surlendemain du vote de la loi de prorogation; sa demande fut accueillie à une immense majorité et avec enthousiasme : ce fut une leçon donnée au duc de Broglie.

La Commission de prorogation avait eu sa première réunion le lundi 10 novembre; elle avait d'abord manifesté l'intention de traîner la question en longueur; on l'en blâmait et on s'en affligeait généralement dans la Droite. Je ne partageais pas ce sentiment, pensant que cette question ne perdrait des adhérents ni dans l'Assemblée ni dans le pays, pour être mûrement étudiée; dans la Commission même, la plupart des membres opposants, possesseurs de grandes situations personnelles et financières, regarderaient à deux fois à renverser le Maréchal.

C'est dans ces dispositions que se passèrent les journées du 9 au 12 novembre; c'est à cette dernière date que j'écris ces lignes.

Le 14 novembre, la séance fut marquée par une proposition intéressante.

Nous avions à l'Assemblée quelques Officiers supérieurs et Généraux nommés en 1871 dans l'émotion de la guerre, d'opinions très avancées et d'une ambition peu dissimulée. Or, pour la première fois depuis 1871, un général nommé Saussier se présentait alors aux électeurs de l'Aube; il n'était pas douteux qu'il ne fût le protégé de M. Thiers. On s'en était ému à l'Assemblée. Un jour que j'en parlais à la salle des Conférences, le général Loysel, d'Ille-et-Vilaine, me dit : « J'ai l'intention de faire avec le général Ducrot la proposition, que le mandat de député soit incompatible avec les fonctions d'Officier général. » — Je lui répondis : « Général, je serai heureux de la signer. » Le général Loysel était un homme excellent, mais très réservé; sa

1873.
14 novembre.

proposition aussi était délicate pour un militaire; bref, il ne la fit pas, et le jour des élections approchait.

Au moment où la séance se terminait, Philippoteaux (des Ardennes) monta à la tribune et déposa une proposition de loi tendant à ce que jusqu'à la nouvelle loi électorale, aucun militaire ou marin, en activité de service, ne pût être nommé membre de l'Assemblée Nationale : explosion de satisfaction à Droite, explosion de mécontentement à Gauche, et on vit une fois de plus les hommes de la liberté, les hommes de l'égalité, naguère hostiles à l'armée et soupçonneux de ses coups de force, appeler à eux les officiers généraux quand ils les savaient de leur parti.

Philippoteaux avait d'abord demandé l'urgence, mais lorsqu'il vit le mécontentement de son parti, car il était du Centre-Gauche, il retira sa proposition, se réservant de la présenter le lundi suivant, c'est-à-dire après l'élection consommée. A ce moment, j'aperçus Baragnon entrant dans la salle, je vais à lui et lui dis : « Philippoteaux retire sa proposition, reprenez-la. » Baragnon s'élance vers la tribune; mais le comte Jaubert l'y précède, reprend pour lui la proposition de Philippoteaux et demande l'urgence. L'urgence est votée à une très grande majorité; mais c'était trop tard pour empêcher l'élection du général Saussier.

Voilà donc une proposition très sage, qui était depuis longtemps dans tous les esprits droits, acceptée avec enthousiasme par l'Assemblée lorsqu'elle est produite, qui l'est par un député obscur, mais qui l'est trop tard.

On se demande, en voyant cela, à quoi servaient les réunions parlementaires puisqu'on n'y étudiait pas les propositions de loi, de manière à les produire à temps. C'est qu'il faut le dire en gémissant, dans ces réunions où le collectivisme aurait dû tout faire, c'est l'individualisme qui était seul agissant. Dans le parti conservateur surtout, pourquoi ne pas l'avouer, on est jaloux les uns des autres; chacun veut faire à lui seul sa proposition pour en avoir seul

l'honneur et le profit, et ce sont toujours celles des plus
actifs, des plus intrigants, des plus ambitieux qui ont la
préférence, non parce qu'elles sont les meilleures, mais
parce qu'elles sont plus habilement présentées, parce qu'on
leur donne l'appui des hautes personnalités politiques dont
on gagne le patronage par des relations très assidûment
suivies ou même par des obséquiosités indignes du caractère
du vrai législateur. Au contraire, les hommes sages mais
dignes et indépendants, qui n'ont ni la faconde oratoire, ni
l'esprit d'intrigue, mais ce qui vaut bien mieux, l'esprit droit
et pratique sont tenus à l'écart et alors, se renfermant de
plus en plus en eux-mêmes, ils tombent dans un état fâcheux
d'indifférence et de désintéressement de leur mandat.

Le rapport de la Commission de prorogation était à l'ordre du jour; la séance fut suspendue de trois heures à cinq
heures pour l'attendre. La Commission ne voulait pas que
la discussion pût venir avant le dimanche 16, de crainte
qu'elle n'influât sur les élections qui avaient lieu ce jour-là
dans plusieurs départements.

Voici le texte de la proposition de Prorogation des Pouvoirs du Maréchal de Mac-Mahon, singulièrement modifiée
par la Commission; Laboulaye, rapporteur, en donna lecture :

« Article premier. — Les Pouvoirs du Maréchal de Mac-
Mahon, Président de la République, lui sont continués
pour une période de cinq ans au delà du jour de la réunion
de la prochaine législature.

« Art. 2. — Ces Pouvoirs s'exerceront dans les conditions actuelles jusqu'au vote des lois constitutionnelles.

« Art. 3. — La disposition énoncée en l'art. 1er prendra
place dans les lois organiques et n'aura le caractère constitutionnel qu'après le vote de ces lois.

« Art. 4. — Dans les trois jours qui suivront la promulgation de la présente loi, une Commission de trente mem-

1873.
15 novembre.
bres sera nommée dans les bureaux pour l'examen des lois constitutionnelles présentées à l'Assemblée. »

Le rapport faisait ressortir l'opinion bien arrêtée de la majorité de la Commission, d'imposer comme condition de la prorogation des Pouvoirs du Maréchal, la proclamation et la constitution de la République comme forme définitive du Gouvernement de la France et le renouvellement de l'Assemblée Nationale dans le plus bref délai.

Ce rapport, modéré dans la forme, mais où le républicanisme le plus nerveux se faisait sentir à chaque phrase, fut écouté avec une grande attention et un grand calme par la Droite.

J'étais placé pendant cette lecture à côté du vicomte de Gontaut-Biron, ambassadeur à Berlin, venu pour voter sur cette importante question. Je ne pus m'empêcher de lui dire que si le duc d'Aumale avait voté dans son bureau, la Commission aurait été partagée et que le projet de loi aurait été plus conforme à nos désirs. M. de Gontaut-Biron me répondit qu'il ne l'avait pas pu, à cause du procès Bazaine. Je me tus, affligé de ne pas être compris.

La lecture du rapport achevée, la séance fut levée et la discussion renvoyée à lundi. (La discussion aura lieu aujourd'hui, dans quelques heures; que Dieu réunisse en un étroit faisceau tous les éléments conservateurs de l'Assemblée.)

17 novembre.
La séance allait s'ouvrir au milieu de préoccupations faciles à comprendre; les couloirs et la salle étaient animés comme aux jours des débats les plus importants. Tout à coup le bruit se répand que le Maréchal a adressé un Message à l'Assemblée.

En effet, au début de la séance, le duc de Broglie demande la parole et lit, au milieu des colères de la Gauche, impatientée de voir sa victoire ajournée, le Message du Maréchal par lequel il demandait à l'Assemblée une prorogation de sept ans, sans condition suspensive.

Le rapporteur monte à la tribune et demande que le Message soit renvoyé à la Commission pour qu'elle en délibère. Après une discussion sur le caractère du Message et le droit de la Commission d'en délibérer, il est reconnu par le bon sens que la Commission a ce droit. La séance est suspendue pendant deux heures, puis reprise. Le rapporteur vient déclarer que la Commission a jugé indispensable d'entendre les Ministres et demande le renvoi au lendemain, ce qui est accordé.

Le lendemain, la séance fut remplie par les grands discours, obligatoires dans toutes les grandes questions; le plus remarquable, non par l'éloquence mais par sa fausse dialectique, sa froide ironie au sujet de la tentative de rétablissement de la Monarchie, ses insinuations blessantes sur la personne du Maréchal, fut celui de Jules Simon.

M. Chesnelong, le principal négociateur de la tentative monarchique avortée, demanda la parole, et, par une déclaration écrite, dit qu'il avait rempli franchement et loyalement sa mission et qu'il protestait quand on semblait inférer de la lettre de M. le comte de Chambord, que les déclarations qu'il avait faites, lui Chesnelong, n'étaient pas celles qu'il était autorisé à rapporter.

M. Rouher ouvrit la séance par un discours puissant dans lequel il chercha à démontrer la nécessité de l'appel au peuple sous cette forme simple : Royauté, République, Empire. C'était logique au point de vue de la souveraineté populaire, mais hors de saison; sa proposition fut repoussée par 492 voix contre 88.

On vit là une nouvelle menterie des Républicains se disant partisans de la souveraineté nationale. Ils étaient plus de trois cents dans l'Assemblée; il n'y en eut pas cinquante qui reconnurent cette souveraineté. Au lieu de Républicains, il faut les nommer Révolutionnaires, c'est-à-dire démolisseurs de l'État présent en quête de situations meilleures.

1873.
19 novembre.

Vint ensuite l'organe de la minorité de la Commission qui présentait un contre-projet ainsi conçu :

« Article premier. — Le Pouvoir Exécutif est confié pour sept ans au Maréchal de Mac-Mahon, duc de Magenta, à partir de la promulgation de la présente loi ; ce Pouvoir continuera à être exercé avec le titre de Président de la République et dans les conditions actuelles, jusqu'aux modifications qui pourraient y être apportées par les lois constitutionnelles.

« Art. 2. — Dans les trois jours de la promulgation de la présente loi, une commission de trente membres sera nommée en séance publique et au scrutin de liste, pour étudier les lois constitutionnelles. »

Depeyre fut chargé du rapport ; Bocher l'eut fait aussi bien et peut-être mieux que lui, mais il était l'ami des princes d'Orléans et n'eut pas, je crois, ici, toute sa liberté d'action.

Depeyre donc, dans un discours assez timide, commit bien quelques maladresses ; ainsi, dans son zèle à défendre le Maréchal des offenses de Jules Simon, il dit, à propos du désastre de Sedan : *que ce revers avait semblé à la France entière aussi glorieux qu'une victoire.* C'était un peu trop officieux.

L'article premier fut voté par 383 voix contre 317 ; majorité 66.

Il y eut un vif débat sur l'art. 2 ; la majorité de la Commission voulait que la nomination de la Commission des lois constitutionnelles eut lieu dans les bureaux où elle avait eu l'avantage. Léon Say soutint cette proposition avec énergie et talent ; mais la Droite vit le danger, et l'art. 2 fut voté par 369 voix contre 324 ; majorité 45.

Enfin, l'ensemble du projet de loi fut voté par 378 voix contre 310 ; majorité 68. La victoire appelle la victoire, comme la défaite appelle la défaite ; c'est la loi de la faible humanité.

J'oubliais de dire que la séance, commencée à une heure

un quart, avait duré jusqu'à six heures vingt minutes, et que, reprise à neuf heures un quart, elle ne s'était terminée qu'à deux heures du matin; je rentrai chez moi à Paris à trois heures un quart.

Ainsi se termina, heureusement, cette crise doublement menaçante, par la prépondérance de la Gauche dans la Commission et par l'ardeur et l'habileté de Thiers à diriger l'attaque, en siégeant pendant les débats au milieu de ses fidèles et en lançant à la tribune ses plus vigoureux champions : Dufaure, Jules Grévy, Jules Simon, Léon Say. Ceux de la Droite qui leur furent opposés n'étaient certainement pas de la même force; mais l'instinct de la conservation ramena plusieurs hésitants du Centre-Gauche. Et la main protectrice de Dieu s'étendit encore sur l'Assemblée et sur le pays.

L'Assemblée se donna du repos jusqu'au lundi suivant 24 : elle en avait besoin.

Ce premier succès ne fit pas négliger les mesures utiles pour bien composer la Commission des lois constitutionnelles, chaque groupe entendait y être représenté.

Le duc de La Rochefoucauld-Bisaccia nous réunit à ce sujet dans son hôtel de la rue de Varennes, à Paris, le vendredi 21. Nous n'y fûmes pas nombreux; on calcula que nous avions droit à l'entrée de six des nôtres à la Commission, et on chargea notre bureau de s'entendre avec les bureaux des autres réunions pour que cette proportion nous fût accordée. On parla ensuite du Gouvernement et des bruits de modifications dans le Ministère; on se préoccupa de l'influence que le parti Orléaniste cherchait à prendre sur l'esprit du Maréchal, de la situation gênée que l'on faisait à M. de La Bouillerie, le seul représentant du parti Légitimiste dans le Cabinet, en le tenant à l'écart des entretiens intimes, situation qui lui rendrait bientôt la place intenable. On conclut toutefois qu'il fallait à tout prix que MM. de La Bouillerie et Ernoul ne quittassent pas le Ministère. Après

la séance levée, je dis franchement à MM. de La Rochefoucauld, de Carayon-Latour, La Rochejacquelin et de Partz,
qu'il fallait absolument qu'ils vissent le Maréchal et lui
fissent des observations en ce sens; que c'était de nous
qu'il était utile qu'il reçût l'impulsion. M. de La Rochefoucauld était disposé à aller de suite à Versailles, M. de
Carayon-Latour dit qu'il ne le pouvait pas : ils s'ajournèrent
au lendemain. Je sortis avec M. de La Rochejacquelin, que
j'accompagnai jusqu'à la rue Bellechasse; je lui redis qu'il
fallait entourer le Maréchal, que si j'avais l'honneur d'être
connu de lui, j'irais de suite à Versailles dans ce but. Il me
répondit : « Je connais la Maréchale, j'ai été élevé avec
elle, j'irai la voir. »

Le lundi 24, en me rendant à la séance, je fis le trajet
avec le comte de Melun, familier du Maréchal; j'appuyai
fortement sur le bien qu'il y aurait à ce que le Maréchal ne
modifiât pas son Ministère. M. de Melun partagea mon
opinion et me dit qu'il aurait l'honneur de l'entretenir à ce
sujet.

Ce jour là, vint l'interpellation de Léon Say sur la non-
convocation des collèges électoraux en temps utile. Cette
interpellation arrivait un peu tard. Léon Say, en accordant
la remise au duc de Broglie, avait servi notre cause; il
la soutint mollement et avec diffusion. Beulé, ministre
de l'Intérieur, y répondit avec vivacité et une fine et mor-
dante ironie contre le Ministère dont avait fait partie M. Léon
Say. M. de Broglie vint à la rescousse, et un ordre du jour
pur et simple de 59 voix de majorité affirma la confiance
de l'Assemblée dans le Ministère. On disait : Beulé s'est
bien relevé, et comme c'était le ministre le plus compromis
par les malheurs ou plutôt par les maladresses de ses
débuts, cette réhabilitation semblait ôter tout prétexte à un
changement de Ministère.

Conformément aux règles gouvernementales, les Ministres avaient dû toutefois donner leur démission au Maréchal

Président de la République à l'ouverture de la nouvelle phase dans laquelle la loi de prorogation faisait entrer son Pouvoir. Alors s'éveillèrent les ambitions; les bons esprits, rares malheureusement dans l'Assemblée, espéraient que le Maréchal, impassible devant ces compétitions, donnerait au pays le spectacle de la fixité après la victoire. Il n'en fut rien, et l'*Officiel* du 25 novembre annonça le changement qui s'était opéré sous l'influence de considérations dont on ignora les motifs, mais dont on déplora les effets.

Le nouveau Cabinet était ainsi composé :

Intérieur : M. le duc de Broglie, à la place de M. Beulé ;

Justice : M. Depeyre, à la place de M. Ernoul ;

Affaires étrangères : M. Decazes (alors ambassadeur à Londres), à la place de M. de Broglie ;

Finances : M. Magne ;

Marine : M. Dompierre d'Hornoy ;

Instruction publique : M. de Fourtou, à la place de M. Balbie ;

Travaux publics : M. de Larcy, à la place de M. Desselligny ;

Agriculture : M. Desselligny, à la place de M. La Bouillerie.

M. Baragnon était nommé sous-secrétaire d'État à l'Intérieur; Desjardins à l'Instruction publique.

Sans vouloir apprécier la supériorité ou l'infériorité politique des nouveaux Ministres, comparés à leurs prédécesseurs, je dois dire ce que je pensais et ce que je savais d'eux.

M. de Broglie, homme de théorie plus que de pratique, étranger à l'administration intérieure, était, je crois, mieux placé aux Affaires étrangères qu'à l'Intérieur.

M. Depeyre a plus d'ardeur, plus d'activité, plus d'énergie de tempérament que M. Ernoul ; je ne crois pas que ces qualités soient absolument essentielles à un Garde des sceaux, mais M. Ernoul a plus de talent oratoire, il est surtout plus sympathique, et c'est beaucoup pour le chef de la Magistrature; il est aussi moins remuant.

M. Decazes porte un nom significatif comme libéralisme; l'histoire garde le souvenir de la conduite politique de son père sous la Restauration.

On ne doit pas oublier et on s'étonne que l'entourage du Maréchal ait oublié que M. de Fourtou, au 24 mai, avait voté constamment pour M. Thiers, et le savoir et l'autorité de parole de M. Batbie dépassent ceux de M. de Fourtou, dont M. Thiers fit un Ministre à la suite d'un rapport bien fait sur une convention postale. J'ajoute que M. de Fourtou, en servant et défendant M. Thiers, a semblé méconnaître un peu ses opinions originelles, tandis que M. Batbie, après les écarts d'une jeunesse ambitieuse, s'est mis franchement au service de la bonne cause.

M. Desselligny était certainement mieux placé aux Travaux publics qu'à l'Agriculture; l'âge et l'incompétence technique de M. de Larcy le rendent moins apte que son prédécesseur à la direction d'un service actif et spécial comme celui des Travaux publics.

Quant à M. de La Bouillerie, qui par sa maturité d'esprit, son honorabilité et ses connaissances était bien je crois à la hauteur de ses fonctions, il n'a été sacrifié que parce qu'il gênait, comme représentant de la Légitimité, les tendances contraires que le Cabinet semble disposé à suivre en y entraînant le Maréchal.

Nous nous affligions donc à bon droit de ce changement dont rien n'indiquait la nécessité, et qui nous froissait comme Légitimistes.

Quant à Baragnon et Desjardins, ils étaient parfaitement à leur place.

La Commission des lois constitutionnelles fut nommée au scrutin de liste. Cette liste avait été faite, qu'on me pardonne le mot, dans l'officine gouvernementale, où n'opéraient pas seulement le Chef du Pouvoir Exécutif et les ministres, mais les flatteurs, les complaisants, les familiers de ceux-ci qui, transigeants par nature, par habitude et par calcul, non seulement conseillaient des concessions hasar-

dées ou imprudentes, mais surtout tâchaient de se bien
caser eux-mêmes. Ce choix, d'où dépendait l'avenir de la
France et dont le Gouvernement doit être responsable,
puisque c'est lui qui l'a fait, eut pour résultat de composer
cette Commission de deux éléments assez similaires : l'élément du Centre-Gauche, représenté par des hommes éminents par leur notoriété et leur savoir, Dufaure, Laboulaye,
Waddington, plus Cézanne, Vacherot et Tallon, et l'élément
du Centre-Droit, représenté par vingt membres. Quant à
l'élément de la Droite pure, il y comptait quatre représentants des moins accusés et des moins énergiques du groupe ;
c'est-à-dire que cette commission était composée de vingt-
six libéraux plus ou moins accentués, et de quatre autoritaires. Il n'y avait donc pas à espérer de voir rétablir sur
des bases solides le principe d'autorité dont l'affaiblissement est la cause première des malheurs de la France.

La nomination de cette Commission avait été du reste très
laborieuse ; elle avait occupé six séances, du 26 novembre
au 4 décembre.

CHAPITRE IX

Rupture du Gouvernement avec l'Extrême-Droite. — Le duc de La
Rochefoucauld, ambassadeur à Londres. — Condamnation à mort du
maréchal Bazaine. — Mon projet de proposition au sujet du mandat de
la commission du 4 Septembre. — Mon amendement au projet de
budget pour le Musée du Louvre. — Ma nomination de membre de la
commission des Beaux-Arts. — Projet de loi sur la nomination des
Maires. — Discussion des nouveaux impôts.

La retraite de MM. de La Bouillerie et Ernoul annonça
la rupture du Gouvernement avec l'Extrême-Droite, et la
déclaration du duc Decazes, qu'il entendait que le pays jouît
des avantages de la prorogation de sept ans, défendue contre
les attaques des partis de Droite ou de Gauche, fit comprendre que tout espoir de changement dans la forme du

Gouvernement était perdu, que le Cabinet allait laisser le pays dériver fatalement vers la République. On ne doit plus s'étonner après cela que le duc de Broglie ait voté la République, faute ou faiblesse dont il ne se lavera jamais, ainsi que je le dis alors au duc d'Audiffret-Pasquier.

Notre très honorable vice-président des Chevaux-Légers, le duc de La Rochefoucauld-Bisaccia, quoique admis dans la Commission des lois constitutionnelles, aurait désiré, disait-on, avoir un portefeuille ; il s'en plaignait même assez haut, le duc de Broglie lui offrit la succession de M. Decazes à l'ambassade de Londres. Le noble duc fit pendant quelque temps le difficile, et un jour où je me rendais de la gare à l'Assemblée, côte à côte avec lui, il me fit l'honneur de me dire : « On m'offre l'ambassade de Londres, qu'en pensez-vous ? — Monsieur le duc, lui répondis-je, il me semble que votre situation à la tête du parti Légitimiste de l'Assemblée est supérieure de beaucoup à celle d'Ambassadeur à Londres, subordonné de M. Decazes. — Les uns me disent d'accepter, les autres de refuser, » ajouta-t-il, et il s'en tint là. J'appris, quelques jours après, qu'il partait pour Londres où sa grande position aristocratique lui attira des honneurs auxquels il n'était pas insensible. C'était du reste un homme charmant, remarquablement distingué de physique et de manières, il représentait au naturel les grands seigneurs de la cour de Louis XIV.

La réunion des Chevaux-Légers fut privée, par le départ du duc de La Rochefoucauld, du local de ses réunions. On se promit de choisir un autre local après les vacances du 1er janvier qui était proche.

De Belcastel déposa un projet de loi électorale.

La discussion du budget de 1874 fut la grande affaire du mois de décembre, elle me fournit l'occasion de prendre la parole.

Pendant la discussion du budget du Ministère de l'instruction publique (direction des Beaux-Arts), chapitre *Musées Nationaux*, je fus surpris de voir que la Commission proposait une réduction de 20,000 francs sur le crédit de 40,000 francs demandé par le Gouvernement pour le

Musée du Louvre; cette réduction me sembla d'autant plus
déplacée que j'avais souvent en visitant le Louvre l'hiver,
par les jours sombres, reconnu la nécessité d'améliorer
l'éclairage de la grande galerie; aussi, au moment même où
l'Assemblée allait voter la réduction proposée avec cette
légèreté et cette précipitation que j'ai si souvent déplorées,
je me hâtai de rédiger et de remettre au Président un
amendement pour faire repousser cette réduction, usant
dans cette circonstance du bénéfice de la modification que
j'avais contribué à faire introduire dans l'article 69 du
Règlement, en mai 1871.

Je transcris le compte rendu du *Journal officiel* du
16 décembre 1873.

M. le Président. — Chapitre XLVII : *Musées nationaux,*
642,680 francs. Il y a sur ce chapitre un amendement de
M. le baron de Vinols.

M. le baron de Vinols paraît à la tribune. — (A demain!
à demain! — Parlez! parlez!)

M. le Président. — L'amendement de M. le baron de
Vinols, présenté dans le cours de la discussion, est soumis
à la prise en considération, après avoir été sommairement
développé. Par conséquent, l'Assemblée pourrait entendre
M. de Vinols... (Oui! oui!) et voter aujourd'hui sur cette
prise en considération.

M. le baron de Vinols. — Messieurs, j'ai vu avec un
extrême regret que la Commission du budget propose une
réduction de 20,000 francs sur le crédit de 40,000 francs
demandé par le Gouvernement pour le Musée du Louvre.

Je n'ai pas besoin de dire ici que le Musée du Louvre est
l'orgueil, non seulement de la capitale, mais de la France
entière et que rien ne doit être épargné pour mettre en
lumière les richesses qu'il renferme. D'accord avec la
Commission sur le nombre de quatorze nouveaux gardiens
nécessaires à la conservation et à la défense des œuvres
d'art contre les visiteurs indiscrets ou malintentionnés,
j'aurai de plus à faire une proposition sur une amélioration
considérable à apporter à la grande galerie du Louvre,

relativement à l'éclairage et particulièrement dans la partie qui renferme les collections flamande et hollandaise. Je demande à l'Assemblée de vouloir bien renvoyer à demain la discussion de cet amendement qui comporte certaines explications techniques.

M. le Président. — L'amendement ne peut être soumis qu'à la prise en considération et par conséquent il ne doit pas être discuté aujourd'hui.

M. le baron de Vinols. — Je demande à l'Assemblée, vu l'importance des modifications à apporter à cet éclairage, de prendre en considération mon amendement et d'en renvoyer la discussion à demain, et j'espère lui apporter des explications qui pourront la satisfaire.

M. le Président. — Je consulte l'Assemblée.

Plusieurs voix. — Quels sont les termes de l'amendement ?

M. le baron de Vinols. — Mon amendement consiste à maintenir le crédit demandé par le Gouvernement.

M. le Président. — L'amendement est ainsi conçu :

« Maintenir le crédit de 40,000 francs d'augmentation demandé par le Gouvernement et applicable au Musée du Louvre, et réduit à 20,000 francs par la Commission. »

Si la prise en considération est prononcée par l'Assemblée, l'amendement pourra donner lieu demain, après le rapport de la Commission, à une discussion. »

(L'Assemblée, consultée, prend l'amendement en considération.)

Le lendemain, à l'ouverture de la séance, je pris la parole en ces termes :

« Messieurs,

« L'Assemblée a bien voulu remettre à aujourd'hui la discussion de l'amendement que j'ai eu l'honneur de lui présenter hier, à l'issue de la séance. Pour ne pas abuser de sa bienveillante attention, je vais abréger autant qu'il me sera possible les observations que j'ai à présenter.

« Mon amendement consiste à rétablir au chapitre XLVII (*Musées nationaux*) une somme de 20,000 francs qui est distraite de celle de 40,000 francs demandée par le Gouvernement.

« D'accord avec la Commission sur la fixation à quatorze du nombre des gardiens supplémentaires nécessaires à la conservation des collections, je demande que l'allocation de 20,000 francs soit appliquée à une modification de l'éclairage d'une partie de la grande galerie du Louvre. Il est en effet superflu de posséder des richesses en peinture, si elles sont invisibles pendant près de six mois de l'année.

« Vous savez tous, Messieurs, que la splendide galerie du Louvre se compose de trois groupes d'Écoles principales : l'École française, que le patriotisme me permet de nommer la première, l'École italienne et espagnole, l'École flamande et hollandaise.

« Les Écoles française, italienne, espagnole et flamande, à part Téniers, sont généralement composées de toiles d'assez grandes dimensions dans lesquelles les sujets d'histoire et de genre sont traités à personnages suffisamment grands, pour qu'on puisse en saisir et l'ensemble et même les détails dans l'état actuel de l'éclairage du Louvre.

« Mais il n'en est pas de même de l'École hollandaise. Les maîtres hollandais, en effet, excepté Rembrandt, et pour ne citer que Breughel, Gérard Dow, Terburgh et Miéris, pour le genre, Berghem, Karel-Dujardin, Ruysdaël et Van der Velde pour le paysage, ont traité presque tous leurs sujets dans des dimensions si réduites, qu'il faut les regarder de très près pour jouir du fini des détails et de la vérité admirable avec laquelle ces pages sont écrites.

« Il est donc évident que pour les chefs-d'œuvre de l'École hollandaise, pendant six mois de l'année, ni les artistes ni les amateurs ne peuvent en aucune manière

1873.
16 décembre.
jouir de leurs beautés. En conséquence, il est indispensable
que dans la partie de la grande galerie, occupée par l'École
hollandaise, le vitrage existant actuellement soit modifié.

« Ces modifications, qui se réduiront à une dépense
relativement peu importante, consisteront à remplacer le
vitrage opaque fixe qui existe actuellement, par un vitrage
transparent fixe auquel on joindra un vitrage opaque
mobile; de telle sorte que la diffusion de la lumière puisse
être donnée aux galeries pendant la saison d'hiver, et que
pendant l'été un voile soit opposé aux rayons du soleil.

« Je n'ai pas à entrer dans les détails techniques d'exécution de cette amélioration, qui est réclamée instamment
par les amateurs et les artistes compétents. »

Sur divers bancs. — C'est vrai!

« Je me sens à l'aise, Messieurs, en venant vous la
demander; je parle non seulement au nom des députés de
Paris, mais au nom de ceux de la province. J'ai l'honneur
d'être conservateur du Musée du Puy dont je suis fier, ainsi
que mes concitoyens, car des villes d'une bien plus grande
importance que la nôtre nous envient notre Musée. J'ai pu
juger moi-même de la nécessité d'un bon éclairage. Cette
nécessité devient plus urgente chaque jour, car vous savez
que les toiles des vieux maîtres roussissent, noircissent et
passent au sombre de plus en plus; la main de l'homme est
impuissante à leur rendre leur premier éclat.

« Il faut donc remédier à cette perte de lucidité et de
transparence dans ces tableaux de genre, ces paysages
admirables, par une infusion, permettez-moi le mot, de
lumière plus vive.

« Je vois près du banc de la Commission, le directeur
des Beaux-Arts, M. Charles Blanc; je lui emprunte l'idée
que je viens d'énoncer devant vous. Nous avons vu, pendant la visite du Schah de Perse, à la galerie des antiques,
au Louvre, la statue de la Vénus de Milo, éclairée par la
lumière électrique qui en doublait la beauté et la majes-

tueuse grandeur. Eh bien! dans une mesure plus restreinte, je demande que la lumière du jour soit aussi versée sur les tableaux des maîtres qui sont invisibles sans cela. (Très bien! très bien!)

« Et maintenant, Messieurs, j'espère que la Commission voudra bien, en vue de l'intérêt très grand que je viens de vous exposer, qui s'étend non seulement au Musée du Louvre, mais à tous nos Musées de province, accorder le crédit que je lui demande; et si je ne réussis pas auprès d'elle, je supplierai M. le Ministre des Beaux-Arts de monter à cette tribune, il y gagnera certainement la cause que j'aurai mal défendue devant vous.....

Plusieurs membres. — Mais non : vous la défendez très bien, au contraire.

« Il vous amènera à consentir un sacrifice léger qui produira la diffusion de l'art dans notre pays, et ainsi vous proclamerez une fois de plus que la France, malgré ses malheurs et sa détresse, est restée et restera toujours la patrie du bon goût et des Beaux-Arts. » (Très bien! très bien! applaudissements.)

Mon discours fut applaudi et si, ainsi que je l'en avais prié, avant de monter à la tribune, le sous-secrétaire d'Etat Desjardins avait voulu appuyer ma proposition, malgré la résistance de Bardoux, rapporteur, qui rendit du reste justice au bien fondé de ma proposition, l'Assemblée aurait voté le maintien du crédit supprimé.

Je reçus le jour même, et aussi le lendemain, lorsque mon discours eut paru au *Journal officiel*, bien des compliments sur ma compétence en fait d'art et la manière précise et élégante de mon discours.

Je constatai une fois de plus qu'il faut peu de chose pour se faire un succès dans la vie publique, et qu'il faut oser et beaucoup oser quand on demande une chose raisonnable.

L'opposition du rapporteur Bardoux n'était du reste

fondée que sur une fausse attribution du crédit que je demandais et voici comment : la modification que je demandais à l'éclairage du Louvre entraînant une modification dans le vitrage du bâtiment, entrait dans les attributions de la direction des Palais nationaux, laquelle dépendait du Ministère des Travaux publics. Le président de l'Assemblée, après le discours du Rapporteur, m'en fit l'observation en ces termes avec une bienveillance marquée : « M. le Rapporteur a fait remarquer à M. le baron de Vinols que l'augmentation du crédit qu'il propose, avec la destination qu'il lui attribue, ne pouvait pas trouver place au budget des Beaux-Arts. » Je répondis que je remerciais M. le Rapporteur des paroles obligeantes qu'il venait de m'adresser, que je retirais mon amendement, me réservant de le présenter de nouveau, après en avoir conféré avec M. le Ministre des Travaux publics, lors de la discussion du budget de son Ministère. Ces dernières paroles furent accueillies par des très bien! très bien!

M. de Larcy, ministre des Travaux publics et M. Caillaux, rapporteur du budget de ce Ministère, m'engagèrent à présenter de nouveau ma proposition à la discussion du budget de 1875 qui serait présenté par le Gouvernement dans les premiers mois de 1874, et de préciser davantage les détails d'exécution du projet que je proposais. Je m'occupai avec intérêt de cette question, je me mis en relations avec M. Reiset, directeur des Musées nationaux, qui me remercia beaucoup d'avoir pris la défense du Louvre, et fait de si justes observations au sujet de l'insuffisance de la lumière. Nous visitâmes ensemble la grande galerie et nous constatâmes combien la galerie hollandaise surtout souffrait de l'obscurité; il me dit que le seul moyen d'y remédier était d'ouvrir des baies dans la toiture au midi, du côté de la Seine; il me renouvela en me quittant la prière de lui continuer mon appui pour obtenir des améliorations indispensables, je le lui promis.

Je vis aussi, à ce sujet, l'architecte des Palais nationaux, M. Lefuel, ainsi que les architectes du Louvre; mais
M. Lefuel m'ayant dit qu'il faudrait refaire toute la toiture
du Louvre qui, datant d'Henri IV, ne pourrait pas sans de
grands inconvénients recevoir les modifications nécessaires,
je jugeai la poursuite de cette grosse affaire au-dessus de
mes forces et je me contentai de la satisfaction d'avoir
fait le possible.

Je dus à ma proposition l'honneur d'être nommé, par
arrêté ministériel du 7 janvier 1874, membre de la Commission des Beaux-Arts, honneur qui était alors très recherché;
je le reçus sans le briguer, fidèle à ma règle de conduite de
ne rien demander pour moi, j'autorisai seulement M. Mer-
veilleux du Vignaux (de la Vienne), qui s'étonnait qu'on ne
m'eût pas déjà nommé, à faire part de son étonnement au
sous-secrétaire d'État et à lui assurer que je serais très
sensible à cette distinction.

Cette Commission, présidée par le directeur des Beaux-
Arts, était composée des hommes les plus éminents par
leurs connaissances ou leurs talents artistiques. On y discutait et résolvait toutes les questions d'administration supérieure et de haut patronage, exercés par l'État sur
toutes les branches des Beaux-Arts. Elle se réunissait au
Palais-Royal, où, depuis les incendies de la Commune,
étaient installés la direction des Beaux-Arts, la Cour de
Cassation et d'autres services publics. A une de ces
réunions, j'eus l'occasion de prendre la parole à propos des
grandes traditions classiques de l'art; je le fis avec chaleur
et conviction et j'y gagnai l'affection et l'estime de
M. Guilhaume, éminent statuaire, alors directeur de l'école
des Beaux-Arts, avec lequel je n'ai pas cessé d'avoir depuis
les plus gracieuses relations.

Le Gouvernement s'était enfin décidé à présenter une loi
qui lui rendît la nomination des maires, savoir : au Président de la République celle des maires de cantons, aux

1874.
7 janvier.

préfets celle des maires de communes, loi qui n'avait pas été présentée à la fin de juillet, par suite de l'indécision du Cabinet d'alors et par l'influence de l'Extrême-Droite sur Ernoul, alors Garde des sceaux. La présentation de cette loi et sa déclaration d'urgence firent l'effet d'un coup de trompette au milieu de la discussion pacifique du budget, et réveillèrent l'Opposition assoupie qui, par l'organe de Ricard, déposa une demande d'interpellation sur le régime de la presse dans les départements soumis à l'état de siège. Le vote du budget s'acheva, et avec lui l'année 1873, et l'Assemblée prit huit jours de congé à l'occasion du nouvel an.

8 janvier.

La séance du 8 janvier mit en échec le Ministère, aussi avait-il manqué de prudence. Il aurait dû prévoir que, suivant l'habitude, il y aurait du côté droit beaucoup de places vides à la première séance, et prendre lui-même l'initiative de l'ajournement de la discussion.

Il ne le fit pas, et dès que le Président eut annoncé que l'ordre du jour appelait la discussion du projet de loi sur la nomination des maires, le marquis de Franclieu, de son initiative personnelle, produisit une demande d'ajournement de la discussion jusqu'au vote de la loi organique municipale. Il fut soutenu par Ernest Picard et combattu vivement par le vice-président du Conseil qui réclama la discussion immédiate. Nous avions vu le danger, la plupart de nos bancs étaient vides; pour le conjurer, je me hâtai de faire signer une demande de scrutin public, et je la portai au Président qui la refusa, déclarant que les motions d'ajournement ne comportaient pas le scrutin public; il fallut donc voter par assis et levé; deux épreuves furent déclarées douteuses, et le Président annonça qu'il allait être procédé au scrutin public.

Le scrutin public commença au milieu d'une agitation extrême. La Gauche, voyant que la victoire allait lui échapper, puisque nous pouvions voter pour les absents, avait

12

porté au Président, pendant les épreuves par assis et levé
et sans qu'il s'en aperçût, une demande de scrutin secret
à la tribune, signée par Arago, J. Favre, etc. Cette demande,
bien que le scrutin public fût commencé, dès que le Président en eut connaissance, fut annoncée par lui, et après
des efforts désespérés mais vains de la Droite, pour faire
renvoyer au lendemain, reçut satisfaction et le vote eut lieu
à la tribune. Il constata l'absence de 207 députés appartenant pour le plus grand nombre à la Droite, et la discussion immédiate demandée par le Gouvernement fut
repoussée par 268 voix contre 226 : 42 voix de majorité.

Ce vote était évidemment une surprise et n'exprimait
pas la pensée vraie de l'Assemblée, puisque plus du
quart des membres n'y avaient pas pris part, nous étions
tous d'avis que le Cabinet ne le prît pas au sérieux et fît
revenir la Chambre sur cette détermination par la demande
de mise à l'ordre du jour du projet de loi ajourné.

Les Ministres ne le jugèrent pas ainsi, et à l'issue de
la séance déposèrent leur démission entre les mains du
Président de la République.

La séance du 9 s'ouvrit au milieu des plus vives préoccupations; nous avions toutefois l'espoir que les choses
s'arrangeraient, et Baragnon, alors sous-secrétaire d'État,
le disait tout haut et paraissait peu préoccupé. Toutefois la
situation était très embarrassée, et pour gagner du temps
l'amiral Saisset, poussé par une heureuse inspiration,
demanda que les séances fussent suspendues jusqu'au
lundi suivant: on était à vendredi. Cette proposition fut
acceptée et le Cabinet eut le temps de chercher un expédient.

Au début de la séance, au milieu de l'émotion et de l'attente
générales, Audren de Kerdrel demande à interpeller le
vice-président du Conseil sur la démission du Cabinet; il le
fit d'une manière si insignifiante qu'il produisit dans
tout l'auditoire une déception dont j'ai conservé longtemps

le souvenir. Quoi qu'il en fût, comme c'était de toute évidence une manœuvre politique convenue, la demande appela la réponse du duc de Broglie; elle fut digne et très applaudie, et amena un ordre du jour ainsi conçu : « L'Assemblée Nationale, considérant que le Ministère n'a pas perdu sa confiance, passe à l'ordre du jour. » Il fut voté par 366 voix contre 305 : 61 voix de majorité.

Delsol, membre de la Commission de la loi sur les maires, vint ensuite demander la remise du projet à l'ordre du jour, ce qui fut voté à une grande majorité; ainsi fut réparé l'échec du 8 janvier, mais on eût pu l'éviter.

La discussion de la loi sur les maires commença le mardi 13 janvier, et occupa six séances. L'ensemble du projet fut voté le 20 janvier par 359 voix contre 318.

Je saluai dans cette loi le retour aux vrais principes de Gouvernement. En effet, qui est-ce qui gouverne les communes, c'est-à-dire le peuple, la nation? ce sont les maires qui vivent au milieu des populations et sous leur action administrative accompagnent le citoyen du berceau à la tombe, à travers les grandes étapes de la vie. Si donc ce sont les maires qui, sous l'action des lois, gouvernent réellement la nation, qui doit gouverner les maires, sinon le Gouvernement et comment peut-il les gouverner, si ce n'est pas de lui qu'ils tiennent leur autorité?

Sacase déposa le rapport sur le projet de loi relatif à l'abrogation de la loi de 1807 qui fixe l'intérêt légal à 5 0/0 et concluant au rejet de la proposition. Je faisais partie de la Commission de ce projet de loi que j'appellerai le projet de l'usure; il n'y fut pas donné suite.

La Chambre discuta les nouveaux impôts à créer pour faire face aux nécessités du budget; elle continue aujourd'hui 7 février, où j'écris ces lignes.

L'Assemblée autorise le général Ladmirault, gouverneur de Paris, à poursuivre Melleville-Bloncourt, député de la Guadeloupe, accusé d'avoir été, comme aide de camp de

Cluseret, chargé de diriger les engagements dans les bataillons fédérés de la Commune de Paris et d'avoir pris part à d'autres actes de ce Gouvernement séditieux.

J'avais causé quelques fois avec Bloncourt, il était poli et affectait des allures aristocratiques, se faisant appeler de Melleville; c'était, je crois, un professeur sans emploi et sans ressources, chargé de famille et entré dans les rangs de la Commune par besoin autant au moins que par conviction.

Dezanneau déposa un projet de loi dont La Rochejaquelein et moi avions eu l'initiative, et fixant à vingt-cinq ans, trente ans et trente-cinq ans le minimum d'âge des sous-préfets, secrétaires généraux et préfets. Il nous avait semblé absolument inconvenant, à tous égards, de confier l'administration d'un arrondissement, de placer au-dessus d'une foule d'employés âgés et respectables, des hommes n'ayant pas la maturité nécessaire; ce projet, comme beaucoup d'autres, ne vint pas en discussion avant la dissolution de l'Assemblée Nationale.

La discussion des impôts nouveaux continue; ces questions de finance et d'intérêts purement matériels, m'ont toujours semblé bien secondaires auprès des questions politiques et sociales si importantes dont nous attendions toujours, mais en vain, la discussion et la solution. Chacun s'évertuait à combattre l'impôt qui l'atteignait, lui ou les siens, dans son industrie ou dans son négoce; c'était inconvenant, presque humiliant.

La Commission de trente membres chargée d'étudier les lois constitutionnelles poursuit son œuvre, elle en est à la loi électorale municipale; d'après les on dit, elle faiblirait insensiblement et deviendrait de plus en plus incolore, n'osant rien établir de ferme, de logique et de courageux contre les débordements inévitables du suffrage universel.

La Commission comprend beaucoup d'hommes de transaction, préoccupés de leur réélection et n'osant pas attacher leur nom à une loi coercitive contre le suffrage universel.

La politique continuait à n'offrir que provisoire et incertitude, les mécomptes de la tentative de Restauration monarchique développaient les espérances du parti Impérialiste, tout faisait croire que si la nation était appelée à se prononcer elle voterait pour l'Empire, la difficulté était d'obtenir de l'Assemblée l'appel au peuple.

Je reprends la plume; les impôts nouveaux sont encore en discussion. Après avoir chargé et surchargé toutes les matières imposables et repoussé toutefois l'impôt sur le sel que présentait le Gouvernement, on s'ingénie de toute façon pour trouver encore une vingtaine de millions pour équilibrer le budget. ·

CHAPITRE X.

Nouvelle attaque de la Gauche contre le Ministère. — Déclaration de
Cazenove de Pradines sur la réserve du droit constitutionnel de l'Assemblée. — Lettre du Maréchal à ce sujet. — Loi de prorogation des conseils municipaux. — Loi de construction des forts détachés autour de
Paris. — Prorogation. — Coalition de l'Extrême-Droite contre le ministère de Broglie. — Je quitte la réunion. — Chute du cabinet de Broglie.
— Projet de loi électorale municipale. — Ledru-Rollin reparaît à la
tribune. — Réflexions.

1874.
18 mars.

La séance fut marquée par une interpellation de l'Extrême-Gauche au Ministère, sous la rubrique : Application
de la loi sur les Maires et circulaires du Ministre de l'Intérieur aux Préfets; mais en réalité sur la définition et la
nature des Pouvoirs conférés pour sept ans au Maréchal.
Cette interpellation fut portée à la tribune par Challemel-
Lacour, qui, dans un long discours, fit l'apologie de la
République avec l'emphase d'un professeur transformé en
homme d'État, et une modération dans l'expression et le
débit qui ne voilaient qu'à demi la critique la plus acerbe et
la plus passionnée.

Cette interpellation se résumait en deux questions insi-
dieuses adressées au duc de Broglie, vice-président du
Conseil, Ministre de l'Intérieur :

1° M. le Ministre de l'Intérieur, en déclarant, dans sa circulaire du 22 janvier, que le Pouvoir du Maréchal de Mac-
Mahon était au-dessus de toute contestation, a-t-il entendu
déclarer que toute tentative de Restauration monarchique
était dès à présent interdite?

2° M. le Ministre n'entend-il pas punir de la rigueur des
lois les actes et manœuvres ayant pour objet de changer
la forme du Gouvernement?

M. de Broglie répondit que, dans sa circulaire, comme dans ses discours, il n'avait jamais dit du Pouvoir du Maréchal, ni plus ni moins que ce qu'en dit la loi de Prorogation faite par l'Assemblée ; que le point de la durée avait été résolu lorsque, contrairement à l'opinion de la majorité de la Commission, qui voulait que les Pouvoirs du Maréchal fussent remis en question aux lois constitutionnelles, celle de la minorité qui était que la durée de ces Pouvoirs ne fût point remise en question, prévalut dans l'Assemblée et fut écrite dans la loi.

M. de Broglie disait vrai, car quelque gravité qu'eut pour les Monarchistes de l'Assemblée la constitution d'un Pouvoir souverain de sept années de durée, en faveur de tout autre que le Roi, je me souviens que, dans l'esprit de tous ceux qui pensaient comme moi, et ils étaient nombreux, la nécessité impérieuse, suprême, de donner au pays quelques années de repos, les avait obligés à accorder ce Pouvoir au Maréchal, avec la conviction arrêtée chez les uns, en germe chez les autres, qu'il aurait le patriotisme d'y renoncer si Dieu faisait que la Monarchie devint possible et fût acclamée par l'Assemblée.

La réponse de M. le duc de Broglie était donc conforme à la légalité et à la vérité, il la formula du reste avec ménagement et mesure dans les expressions, parce qu'il connaissait les susceptibilités extrêmes d'un grand nombre de députés de la Droite qui portaient le Septennat comme une croix douloureuse.

Cazenove de Pradines prit la parole après le Ministre et, ainsi qu'il en avait pris l'engagement la veille, à la réunion de l'Extrême-Droite dite des Chevaux-Légers, où l'opportunité d'une déclaration restrictive de l'effet de la loi de prorogation avait été vivement discutée, il déclara parler en *son nom personnel*, et dit que l'Assemblée s'étant réservé le Pouvoir constituant aurait le droit, lors de la discussion des lois constitutionnelles de reconnaître, dans son indépendance souveraine, la Monarchie héréditaire et traditionnelle telle qu'elle est représentée par l'auguste chef de la maison de Bourbon. « Ce n'est pas le maréchal de Mac-Mahon, ajouta-t-il, qui, saisi d'une passion subite pour le Pouvoir, viendra s'opposer à l'exécution de vos volontés; je ne crains pas qu'il fasse attendre le Roi de France à la porte du Septennat en lui disant comme à Malakoff : « *J'y suis, j'y reste.* » Si, au contraire, l'Assemblée prononçait sa dissolution avant d'avoir rendu le pays à ses traditions nationales, nous laisserions le Pouvoir appuyé sur le patriotisme d'un grand citoyen et l'épée d'un vaillant soldat.

« La Prorogation ne saurait donc, à mon sens, empêcher la France d'espérer de cette Assemblée le retour du Roi qui demeure l'unique moyen de salut d'un peuple qui ne veut pas périr. »

C'était ce que nous espérions tous, mais n'y avait-il pas quelque danger à le dire tout haut ? Quand on n'est pas fort, il faut être prudent.

Le vice-président du Conseil prit la parole et fit cette déclaration : « L'opinion de l'honorable préopinant lui est personnelle et n'engage pas le Gouvernement, je m'en tiens à ce que j'ai dit. »

Lepère gagna la tribune que lui disputaient plusieurs empressés, et fit un discours de redites que l'impatience d'en finir rendit encore plus ennuyeux.

Un ordre du jour motivé du Centre-Gauche fut repoussé, et l'ordre du jour pur et simple adopté par 370 voix contre 310.

Pendant que les urnes circulaient, j'étais resté à ma place; on faisait beaucoup de bruit.

M. de La Rochette, président de la réunion de l'Extrême-Droite, monta à la tribune, le président lui refusa la parole.

Je supposai que, comme Cazenove de Pradines, il aurait voulu faire une déclaration de principes personnelle.

M. de Carayon-Latour, qui avait demandé la parole au

1874.
13 mars.

début du discours de Challemel-Lacour, ne parut pas à la tribune; aussi je fus assez étonné le lendemain de lire à l'*Officiel* les paroles prononcées par MM. de La Rochette et de Carayon-Latour données officiellement comme adressées à l'Assemblée Nationale et entendues par elle, tandis que ni moi ni, je crois, la plus grande partie de l'Assemblée n'en avaient entendu un seul mot et qu'on avait seulement vu M. de La Rochette, au milieu du tumulte, renvoyé de la tribune sans avoir parlé; et cependant le *Journal officiel* lui faisait dire : « Je voulais aussi déclarer, au nom de mes collègues et du mien !....... »

Et quant à M. de Carayon, on le faisait parler du pied de la tribune et dire : « Sous la réserve de la déclaration de M. Cazenove de Pradines, *nous* voterons l'ordre du jour pur et simple. »

La démarche de ces deux honorables collègues était certainement inspirée par leur zèle brûlant pour la Monarchie légitime; mais elle engageait un peu trop l'opinion des collègues appartenant à leur groupe, car dans la discussion qui avait eu lieu l'avant-veille aux Chevaux-Légers, la très grande majorité de notre réunion s'était prononcée négativement sur la question de savoir si MM. Cazenove de Pradines et Carayon-Latour porteraient, au nom de la réunion, une déclaration collective à la tribune, et elle eut ce résultat regrettable, à mon sens, de donner au Gouvernement et à la presse hostile le droit d'accuser toute l'Extrême-Droite d'hostilité en fournissant la preuve qu'elle conspirait en secret contre le Septennat et était disposée à jeter au premier jour le pays dans les hasards d'une nouvelle entreprise monarchiste.

Tout ceci produisit, dans l'esprit du vice-président du Conseil et dans celui du Maréchal, un sentiment de méfiance très vive contre l'Extrême-Droite, ce sentiment alla s'accusant de plus en plus jusqu'au renversement de M. le duc de Broglie, qui acheva de diviser le parti Monarchiste,

consomma son impuissance et hâta la dissolution de l'Assemblée.

Les effets de cette mésintelligence ne se firent pas attendre longtemps; dès le lendemain le bruit courut dans les
couloirs de l'Assemblée que le Maréchal allait adresser un
Manifeste.

Nous allions subir de la part du Maréchal piqué au vif
l'affirmation officielle du Septennat qui n'était pour ainsi
dire que sous-entendu. Nous craignions que cette affirmation n'allât jusqu'à la consécration de la forme républicaine.
Nous en étions très émus.

Avant l'ouverture de la séance, M. le duc de Broglie
vint dans la salle des pas perdus et causait avec quelques
députés. Je m'approchai et lui dis : « Monsieur le Ministre,
je crois de mon devoir de vous dire que si le Manifeste du
Maréchal est trop accentué, je ne sais ce qui se passera
dans la Droite. » M. de Broglie me répondit : « Il ne fera
que répéter ce que j'ai dit hier, on trouvez-vous trop ? —
Oh ! non, lui dis-je, s'il n'en dit pas davantage. »

Le lendemain parut à l'*Officiel* la lettre suivante :

« Versailles, 19 mars 1874.

« Monsieur le duc,

« Je viens de lire les paroles que vous avez prononcées hier à la tribune de l'Assemblée Nationale, elles sont
conformes au langage que j'ai tenu moi-même à MM. les
Présidents du tribunal et de la chambre de commerce de
Paris; je leur donne donc mon entière approbation et je
vous remercie d'avoir si bien compris les droits que m'a
conférés et les devoirs que m'impose, pendant sept années,
la confiance de l'Assemblée.

« *Le Président de la République,*

« Maréchal de MAC-MAHON. »

1874.
19 mars.

Cette lettre était suivie de la citation ci-après :

Voici les paroles prononcées par M. le Président de la République au tribunal de commerce de Paris :

« Le 19 novembre 1873, l'Assemblée Nationale m'a
« remis le Pouvoir pour sept ans. Mon premier devoir est
« de veiller à l'exécution de cette décision souveraine.
« Soyez donc sans inquiétude, pendant sept ans je saurai
« faire respecter de *tous* l'ordre de choses légalement
« établi. »

Ayant trouvé L. Brun dans le train, je lui exprimai mon regret de la déclaration de Cazenove de Pradines; il me répondit comme un homme à parti pris ou qui a reçu des ordres : « Nous ne pouvions pas ne pas dire quelque chose, mais ça n'a pas été dit comme il le fallait. »

Je n'insistai pas, mais je lui fis part de mes inquiétudes au sujet de la loi de prorogation des conseils municipaux, sur laquelle on craignait une lutte des plus vives et l'ébranlement du Cabinet; je lui exprimai aussi ma surprise de le voir partant à la veille de cette grosse affaire et mon regret qu'il n'eût pas fait une absence inofficielle qui eût permis de voter pour lui. Il me répondit : « C'est vrai, j'ai fait une boulette; j'aurais dû ne pas demander de congé. »

Je vis tout à la fois, dans sa réponse, parti pris et découragement, et l'indice d'une grande incertitude de direction, et je pensai que le comte de Chambord avait peut-être donné à ses amis intimes l'ordre de faire une déclaration.

Le projet de loi de prorogation des conseils municipaux jusqu'au 1er janvier 1875, était tout à fait opportun; le projet de loi électorale municipale était à peine distribué, l'Assemblée allait se proroger pour les vacances de Pâques et les pouvoirs des conseils municipaux expiraient le 15 avril : c'était une grosse affaire.

La Commission était défavorable au projet du Gouvernement, des absences blâmables ayant donné dans quelques bureaux bien composés la majorité à l'opposition.

La discussion s'ouvrit, le rapporteur de Marcère combattit le projet; il fut défendu faiblement par Anisson du Perron, au nom de la minorité de la Commission. Le pasteur protestant de Pressensé et Duvergier de Hauranne l'attaquèrent avec leur violence ordinaire et développèrent le contre-projet de la Commission, qui fut repoussé à 98 voix de majorité. Mais quand le président mit aux voix le projet du Gouvernement reproduit par la minorité de la Commission, la Gauche déposa une demande de scrutin secret, dans le double but d'empêcher qu'on ne votât pour les absents, ce qu'on était malheureusement obligé de faire plus souvent à la Droite qu'à la Gauche, et de donner aux mécontents de la Droite le moyen de voter secrètement contre le Gouvernement.

On put voir, en cette circonstance, la Gauche se livrer à une manœuvre inqualifiable; elle s'abstint en masse et sur les 40 signataires de la demande de scrutin secret, 3 seulement votèrent : Girerd, Pascal Duprat et Laurent Pichat. Cette manœuvre avait pour but de rendre le scrutin nul en abaissant au-dessous de 370 le nombre des votes exprimés.

Le président Buffet déclara hautement qu'en présence de ce procédé *inqualifiable*, le sentiment de convenance qui le faisait habituellement s'abstenir lui imposait le devoir de voter en cette circonstance, et, descendant du fauteuil, il déposa son bulletin dans l'urne et affirma dignement par cet acte le blâme qu'il venait d'infliger à la Gauche.

Malgré toutes ces ruses, la loi fut votée par 331 voix contre 45. Il n'y eut que 379 votants, et nous eûmes le regret de voir certains de nos amis présents s'abstenir par hostilité contre le Ministère et le Gouvernement, d'autres s'absenter le jour d'un débat si important.

Une lettre du Garde des sceaux faisait connaître à l'Assemblée que Ranc avait été condamné à mort par contumace.

Le général de Chabaud-Latour, rapporteur, ouvrit la dis-

1874.
27 mars.

cussion du projet de loi relatif à la construction de nouveaux forts autour de Paris. Plusieurs militaires prirent la parole dans cette question spéciale. M. Thiers fit un long discours pour prouver que, si quelques points restés faibles devaient être fortifiés pour compléter les fortifications de Paris, comme Châtillon, Sèvres et Garches, en deçà de la Bièvre, c'était se lancer dans des dépenses excessives que de vouloir enceindre la vallée de la Bièvre par des forts à Palaiseau et à Saint-Cyr; que du côté de Saint-Denis il fallait aussi en construire un moins grand nombre.

Le Rapporteur et les militaires pensaient qu'on n'en saurait trop construire : chacun aime son métier. Je partageai l'idée moyenne de M. Thiers; toutefois la pensée de le soutenir contre le Gouvernement me détermina (pour la première fois, dans un vote important) à m'abstenir.

Le projet du Gouvernement fut voté par 386 voix contre 184; 135 députés s'abstinrent, tant cette question était grave et controversée.

Mes cinq collègues de la Haute-Loire ayant voté pour le projet, je crus devoir expliquer mon abstention à mes électeurs par une lettre insérée dans l'*Echo du Velay* du 31 mars.

28 mars.

La séance fut consacrée à la discussion et au vote du projet de loi relatif à l'achèvement du nouvel Opéra, et de celui tendant à admettre avec leur grade, à titre définitif, dans l'armée et la marine, les princes d'Orléans pourvus à titre provisoire.

L'Assemblée vota la levée du séquestre mis par le Gouvernement dit de la Défense Nationale, sur les biens du domaine privé de l'ex-empereur Napoléon III.

Elle se sépara le 29 mars, dimanche des Rameaux, et se prorogea au 12 mai.

Les chefs de l'Extrême-Droite étaient décidés à s'opposer à la confirmation pour sept ans des Pouvoirs du Maréchal, ce dessein était connu; d'un autre côté, la faiblesse de la

1874.
28 avr. majorité sur laquelle s'appuyait le Gouvernement rendait sa situation précaire et éveillait sa sollicitude à chaque annonce de défection, on craignait donc des complications à la rentrée de l'Assemblée.

J'avais passé ce temps à Paris avec ma femme, nos deux fils et Louise; Thérèse était venue nous y voir avec Félix du Boys son mari, alors procureur de la République à Tournon, et leur fils Joseph. J'avais fait seul dans l'intervalle un voyage d'affaires au Puy.

12 mai. Le 12 mai, jour de la rentrée de l'Assemblée, je partis pour Versailles par le train d'une heure; le marquis de Partz, député du Pas-de-Calais, m'annonça que, dans une réunion tenue la veille, les Chevaux-Légers avaient décidé de repousser la priorité demandée par le Gouvernement, pour la discussion de la loi électorale politique, afin de résister aux menées du duc de Broglie, de plus en plus hostile, disait-il, à l'Extrême-Droite et à la Légitimité.

La séance fut sans intérêt.

13 mai. Mercredi, 13 mai, eut lieu la nomination du bureau de l'Assemblée.

M. Buffet fut nommé président par 360 voix sur 387 votants, dont 20 bulletins blancs ou nuls et 7 à divers.

Martel...........,	vice-président,	par 389 voix	
Benoist d'Azy...,	—	par 320 —	sur 530
Chabaud-Latour.,	—	par 319 —	votants.
De Goulard.....,	—	par 308 —	

Les 80 voix de majorité de Martel sur de Goulard prouvaient combien l'élément libéral dominait dans l'Assemblée.

Les Chevaux-Légers se réunirent à l'issue de cette séance, rue Colbert, 15. C'est là que se tenait la réunion depuis que nous avions quitté les salons du duc de La Rochefoucauld. Les chefs étaient fort animés; ils avaient, disaient-ils, entretenu les membres du Cabinet et leur avaient fait connaître que s'ils persistaient à demander la priorité pour la loi électorale politique, nous voterions contre et demanderions la priorité pour la loi électorale municipale.

C'est le mercredi, 13 mai, veille de l'Ascension, à une heure, qu'eut lieu la dernière réunion de l'Extrême-Droite. On attendit pour délibérer l'arrivée de MM. de La Bouillerie, L. Brun, Carayon-Latour, Cazenove de Pradines et La Rochejaquelein qui parlementaient, disait-on, avec le Gouvernement. Le président de La Rochette prit la parole et dit : « Messieurs, l'objet de la réunion est de savoir laquelle des deux lois relatives : l'une, à la loi électorale municipale, l'autre, à l'électorat politique, doit être discutée la première. — *La meilleure*, répondis-je, pour témoigner de ma préoccupation unique de faire une bonne loi électorale. » Enfin arriva La Rochejaquelein; il venait de la réunion du Centre-Droit, où la question se débattait. Il dit que la loi électorale municipale était un bien meilleur terrain pour faire un électorat sérieusement conservateur, qu'il serait possible d'y introduire la représentation des intérêts; que l'électorat politique était une loi constitutionnelle que la Droite devait s'interdire de faire, pour ne pas engager l'avenir; que d'ailleurs, la loi électorale faite, c'était la Dissolution demandée à bref délai par la presse, par la Gauche de l'Assemblée et même provoquée par le Gouvernement, pour se débarrasser de l'Extrême-Droite et de l'Extrême-Gauche et gouverner avec les Centres. On se sépara sans prendre de résolution.

Confiant aux explications de La Rochejaquelein et voulant avant tout faire un électorat sérieusement conservateur, je donnai la préférence à la loi électorale municipale. Nous nous rendîmes à la séance, et là je me prononçai hautement pour la loi électorale municipale, faisant assez de bruit et luttant avec beaucoup de feu contre les Opposants. Les amis du Gouvernement étaient en quête, je fus abordé par de Lacombe (du Puy-de-Dôme), familier du duc de Broglie, qui chercha vainement à me dissuader, en me remontrant que

1874.
13 mai

le Gouvernement ne pouvait manquer à sa parole engagée
à présenter la loi électorale politique que le pays demandait, il ajouta encore bien des raisons qui ne me touchè-
rent pas ; je l'écoutais en silence, lorsque le duc Decazes
s'approcha de nous.

« Monsieur le Ministre, lui dis-je, nous sommes désolés
de nous séparer de vous, mais nous ne pouvons faire autrement, voyant que vous ne voulez rien faire contre le
suffrage universel. » Il s'éloigna sans répondre. Je revins
à Paris très préoccupé et dormis peu la nuit du mercredi au
jeudi.

Le lendemain jeudi, 14 mai, était la fête de l'Ascension.
Je me rendis à Versailles pour assister à la messe, aux
prières et au *Veni Creator* dits aux intentions de l'Assemblée Nationale et prier Dieu de nous éclairer. Je pensais
aussi qu'à la veille d'une lutte si sérieuse, on aurait une
nouvelle réunion à l'Extrême-Droite. Je questionnai Combier et La Bassetière, ils me dirent qu'il n'y aurait pas d'autre réunion que celle annoncée la veille pour le vendredi
à une heure, c'est-à-dire immédiatement avant la séance où
devait se livrer le combat décisif ; je fus surpris et peiné de
cette résolution et je retournai à Paris. J'étudiai avec soin
les deux projets de loi pour me rendre compte des avantages de l'un sur l'autre, au point de vue d'un électorat
sérieusement conservateur ; je fus fort étonné de voir que
les deux projets étaient aussi insuffisants l'un que l'autre à
cet égard. Pour moi, le but que je cherchais était manqué
d'un côté comme de l'autre, et je vis que c'était faire échec
au Ministère sans profit, que de repousser sa demande de
priorité pour la loi électorale politique ; je changeai immédiatement de résolution, et en venant le lendemain vendredi à la réunion des Chevaux-Légers, j'apportai la détermination inébranlable de dégager ma responsabilité et de
reprendre vis-à-vis de mes amis toute ma liberté d'action.
Je préparai une petite note à ce sujet.

Arrivé à la réunion, je m'assis silencieux, bien différent d'attitude et de conviction de ce que j'étais l'avant-veille. M. de La Bouillerie entra et annonça qu'après de longs pourparlers avec le duc de Broglie, celui-ci proposait une sorte d'accommodement; il acceptait que la loi municipale fût mise à l'ordre du jour en même temps que la loi électorale politique; on pourrait alors combiner les deux discussions, tout en maintenant la priorité de discussion à cette dernière, le tout sous réserve de l'acceptation du conseil des Ministres.

M. de La Bouillerie dit qu'il avait répondu au duc de Broglie qu'il ne pouvait rien lui promettre sans avoir consulté la réunion, il ajouta : « Voilà les propositions du Gouvernement, Messieurs. Je vous en donne connaissance, ainsi que je m'y suis engagé, vous les apprécierez; quant à moi, je pense que si nous restons fermes et unis, le Gouvernement cédera. »

M. L. Brun prit la parole et, en termes véhéments, dit « qu'il fallait se montrer fermes et rester unis. On a cru que nous n'étions qu'un nombre insignifiant; mais si tous ceux qui sont présents ici savent résister, le Gouvernement cédera, et j'espère bien que pas un de nos amis ici réunis ne se séparera de nous dans la lutte. »

Je demandai la parole, jugeant qu'après une telle injonction, se taire c'était s'engager. « Messieurs, dis-je, je n'aurais pas demandé la parole si notre honorable collègue n'avait posé et résolu la question en termes tels, que le silence me semblerait engager ici mon honneur et ma conscience. Vous êtes les représentants d'un parti qui doit donner l'exemple de la sagesse, de l'union, du dévouement et du patriotisme; le premier de vos devoirs, c'est de conjurer le danger du suffrage universel qui, livré à ses débordements, entraînera fatalement dans l'abîme tous les régimes politiques, qu'ils soient République, Empire ou Monarchie. Pour moi, c'est la question qui prime tout. Aussi, lorsqu'à la

13

réunion d'avant-hier notre honorable président nous a dit qu'il s'agissait de savoir laquelle des deux lois aurait la priorité, j'ai répondu spontanément : *La meilleure*, témoignant ainsi que la question d'un électorat sérieusement conservateur dominait tout, et c'est pour cela que, lorsque M. de La Rochejaquelein nous a dit que la loi municipale rendait cette tâche plus facile que la loi électorale politique, je me suis prononcé de la manière la plus énergique pour celle-là, même à l'encontre du Gouvernement. — C'est vrai, dit M. de Limayrac. — Mais, quand j'ai pu me convaincre, en étudiant les deux projets, qu'ils étaient d'une insuffisance identique, mon opinion a bien changé, car j'attache peu d'importance à l'introduction des plus imposés dans les conseils municipaux. Il peut être de quelque importance dans les villes au-dessus de 100,000 âmes, dis-je, en me retournant un peu à gauche et faisant ainsi allusion à l'amendement de L. Brun, d'admettre les plus imposés dans les conseils municipaux, mais cet avantage est insignifiant au point de vue politique. Rien ne justifie une guerre au Cabinet, sans un motif très sérieux. Et voyez, je vous prie, la gravité de cette attaque partie de l'Extrême-Droite; vous savez combien la presse nous poursuit de ses calomnies et cherche à nous rendre suspects et odieux au pays; le parti Légitimiste, il ne faut pas se le dissimuler, est déjà assez impopulaire en France, vous allez achever de le rendre impopulaire. Ce n'est pas la guerre au Cabinet que vous avez à faire, ce sont de bonnes lois. Vous espérez pouvoir faire un meilleur électorat politique avec la loi municipale, et où est le projet que vous présentez? Vous n'êtes d'accord sur aucun; plusieurs de nos amis : Franclieu, Belcastel, Pradié, ont présenté des projets, vous n'en avez étudié aucun malgré tout ce que j'ai pu dire, et notre collègue du Bodan en est le témoin. (*Assentiment de du Bodan, qui était placé en face de moi, comme secrétaire du bureau.*) Je le répète, Messieurs, ce que vous avez à faire ce n'est pas de l'opposition au Cabinet pour un projet de loi très insuffisant, c'est d'en présenter un sérieux et de faire tout pour qu'il soit voté, car c'est là la question de vie ou de mort pour notre pays. »

Je voyais plusieurs de mes collègues approuver ce que je disais, je citerai entre autres de Grasset (de l'Hérault), de Bouillé (de la Nièvre), et d'autres.

MM. de Pioger et de Richemont firent des déclarations semblables et réservèrent leur liberté.

M. de Carayon répondit qu'il y avait dans les projets du Gouvernement une conjuration contre le retour à la Légitimité; il répéta ce qu'avait dit l'avant-veille La Rochejaquelein, et ajouta ceci : « Je vous dirai que le Maréchal est fatigué, obsédé du duc de Broglie, et qu'il regardera comme un service d'en être débarrassé. » Cette assertion trouva, je crois, bien des incrédules dans l'assistance.

La séance fut levée. Je me retirai seul, comme un dissident, et je n'ai plus assisté aux réunions des Chevaux-Légers jusqu'au 13 décembre 1875, jour mémorable où ils durent protester contre la coalition compromettante de quelques-uns d'entre eux avec la Gauche, pour les élections sénatoriales.

Le duc de Broglie déposa le projet de loi sur une deuxième Chambre. On en demanda la lecture. Il était remarquable par l'idée nouvelle et hardie de constituer une Assemblée de notables, appelée Grand-Conseil, dont les fonctions seraient gratuites et qui pourrait faire un contrepoids puissant à la force du nombre dont l'autre Chambre serait nécessairement la résultante. Après cette lecture, la séance fut levée et la bataille ajournée.

Le lendemain, 16, il y eut réunion des bureaux. A la sortie, mes collègues, de Bouillé et de La Roche-Aymon, me prirent à part dans une embrasure de croisée de la salle d'écriture, pour me demander si j'allais à la réunion des Chevaux-Légers qui se tenait à ce moment au troisième

1874.
16 mai.

bureau. Je répondis que je n'avais qu'y faire, n'approuvant pas la tactique parlementaire qu'on semblait vouloir suivre.

A l'ouverture de la séance, Balbie, rapporteur de la loi électorale politique, demanda d'en fixer la délibération au 20. Après lui Théry, porte parole de la réunion de l'Extrême-Droite, demanda la priorité pour la loi sur l'électorat municipal, attendu que cette loi comportait un électorat très important. Le duc de Broglie réclama, au nom du Gouvernement, la priorité pour la loi électorale politique comme plus importante que la loi électorale municipale.

On vota par assis et levé, car il s'agissait d'une question de priorité. Je me levai franchement, mais presque seul de mon groupe avec de Bouillé, placé devant moi. A la contre-épreuve, presque toute l'Extrême-Droite, toute l'Extrême-Gauche, une partie du Centre-Gauche et tous les Bonapartistes se levèrent. Cette première épreuve reconnue douteuse, on dut recommencer. J'entendis alors un de mes voisins dire : « Ça y est, » ou une phrase semblable. Cette seconde épreuve ayant été déclarée douteuse, on procéda au scrutin, et la proposition du Gouvernement fut repoussée par 381 voix, contre 317; majorité 64, dont 45 de l'Extrême-Droite, sur 698 votants. Il était quatre heures, la séance fut levée à quatre heures vingt minutes.

Les Ministres remirent leur démission au Maréchal à l'issue de la séance.

Je restai quelque temps dans les couloirs de la Chambre pour consulter les physionomies et recueillir les opinions; apercevant dans un groupe M. de Goulard, je m'approchai et lui demandai son avis : « C'est très grave, me dit-il, cependant j'espère que le Maréchal trouvera un Ministère qui ralliera une majorité pour pouvoir gouverner, et on doit espérer aussi que quelques députés de l'Extrême-Droite reviendront à des sentiments plus conciliants et que dans le Centre-Gauche on pourra en ramener quelques-uns; ce sera difficile, mais, je l'espère, les lois constitu-

1874.
16 mai. tionnelles se feront, mais se feront moins bonnes : c'est très grave. »

Je revins à Versailles le lendemain dimanche, et appris que M. de Goulard était chargé de composer un Ministère; je fus frappé de la sérénité des figures de ceux qui avaient soutenu le Gouvernement et de l'air préoccupé de la plupart de ceux qui l'avaient renversé. Je proposai à trois de mes collègues, Charreyron, Ricot et Soury-Lavergne, lequel par parenthèse s'était abstenu, d'aller voir le président de l'Assemblée. Il nous parla à peu près dans le même sens que M. de Goulard et ajouta : « Toutefois, quelque grave et ennuyeux que soit ce résultat pour le Maréchal, ça n'ébranle nullement sa résolution de rester invariablement à son poste. »

Nous vîmes dans l'antichambre, en sortant, le duc d'Audiffret-Pasquier, Vinay et Tallon.

19 mai. Le dimanche et le lundi se sont passés en pourparlers, et aujourd'hui mardi, 19 mai, à dix heures et demie, où j'écris ces lignes, il n'y a pas encore de Ministère.

20 mai. Ce jour-là fut votée la loi d'organisation de l'aumônerie militaire dans l'armée de terre, par 376 voix contre 228. (Je demandai un scrutin public.)

22 mai. Nomination du nouveau Ministère :

Guerre : M. le général de Cissey (vice-président du Conseil), à la place de M. du Barrail;

Intérieur : M. de Fourtou, à la place de M. le duc de Broglie;

Justice : M. Tailhand, à la place de M. Depeyre;

Finances : M. Magne;

Affaires étrangères : M. Decazes;

Instruction publique : M. de Cumont, à la place de M. de Fourtou;

Marine : M. de Montagnac, à la place de M. Dompierre d'Hornoy;

Travaux publics : M. Caillaux, à la place de M. de Larcy ;
Agriculture : M. Grivart, à la place de M. Desselligny.

Ce Ministère, composé d'hommes nouveaux, à part
MM. Magne, Decazes et de Fourtou, offrait cette particularité
que la vice-présidence du Conseil était confiée au Ministre
de la Guerre.

C'était de la part du Maréchal une réponse significative aux compétitions rivales des partis conservateurs;
plût à Dieu qu'il ne se fût jamais départi de cette attitude
militante.

Le nouveau Ministère ne s'étant pas engagé sur la question de priorité qui avait amené la chute du Ministère de
Broglie, la loi sur l'électorat municipal eut la priorité et
fut mise à l'ordre du jour du lundi 1er juin.

La discussion générale dure encore aujourd'hui, 4 juin.
Elle n'a donné lieu à aucun discours remarquable; toutefois
celui de d'Haussonville, neveu du duc de Broglie, parut
comme l'écho fidèle des rancunes du parti Orléaniste, il fut
ouvertement hostile au droit supérieur que la Monarchie
légitime tire de son institution divine, et, en la repoussant,
le jeune orateur la qualifia de Monarchie *de droit divin*,
avec une expression d'ironie amère que nous remarquâmes
tous et que lui-même, sentant imprudente et maladroite,
fit disparaître à l'*Officiel* en y substituant ces mots : Monarchie *comprise comme un dogme religieux*. Je ne pus m'empêcher de dire à mi-voix à Depeyre, ex-Garde des sceaux :
« Mais alors la fusion est une comédie; » le duc d'Audiffret
venant à passer devant moi, je lui dis : « M. d'Haussonville
vient de prononcer des paroles bien impolitiques. » Il me
répondit avec humeur : « Il faut bien en finir. » Cela voulait
dire, il faut bien rompre définitivement avec les Légitimistes.

Ledru-Rollin prit occasion de remonter à la tribune, où
il n'avait pas paru depuis 1848; il nous exhiba un fantôme

1874.
4 juin. d'orateur vieilli et dont le discours incohérent dut rassurer les susceptibilités jalouses que l'apparition de ce grand chef de la République de 1848 avaient pu éveiller dans l'esprit de Gambetta et de Challemel-Lacour.

L. Blanc prononça un discours remarquable par la correction du style et la grâce du débit, c'est le meilleur que j'aie entendu de lui quant à la forme; pour le fond, il était un tissu de sophismes tirés des principes socialistes. Après lui, parla Batbie, rapporteur, qui défendit le projet absolument insuffisant de la Commission : « *Tous* les citoyens français électeurs à 25 ans, après trois ans de domicile, etc. » Il le fit mollement par des arguments faibles, même maladroits, sans assiette solide, indignes en un mot de ce grand sujet. Batbie avait été républicain, il ne pouvait devenir autoritaire tout d'un coup. Et cependant une loi électorale, sage et tutélaire des principes sociaux, ne pouvait être faite que par le législateur usant de la pleine autorité dont l'avait investi la nation et n'accordant ce droit électoral si redoutable, dans la situation troublée de la France, qu'à celui qu'il en reconnaissait digne et incapable d'en abuser.

Gambetta lui répondit. Son discours fut remarquable, comme toujours, par la vacuité des arguments et la sonorité du débit; mais, exalté par les applaudissements stridents de toute la Gauche, il fit voir une fois de plus le jeune dictateur, plein de sève et d'ardeur, marchant à la tête d'un parti discipliné et triomphant. La Droite resta silencieuse.

On put juger alors que la Droite, en renversant M. de Broglie, s'était privée du seul organe oratoire puissant qu'elle eût pour se défendre; car, M. de Broglie excepté, il n'y avait pas dans la Droite de personnalité saillante ni d'orateur éloquent et vigoureux : la Gauche en comptait un grand nombre.

Cette différence de ressources parlementaires entre les deux grands partis rivaux tenait à plusieurs causes : la première, c'est qu'un grand nombre de députés de la Gauche devaient leur siège à leur notoriété de savoir ou de talent, à leur audace, à leur ardeur, à leur ambition, qualités indispensables dans les luttes politiques ; tandis que la plupart des députés de la Droite, dans les circonstances critiques où était née l'Assemblée Nationale, avaient été élus à cause de leur position sociale, de leur fortune ou de leur honorabilité, toutes qualités assez inertes dans les discussions parlementaires.

La seconde, c'est que la cause du bien que soutiennent les Conservateurs est une matière ingrate, au lieu que les Révolutionnaires éveillent d'un mot toutes les passions assoupies et en promettent la satisfaction.

La troisième, enfin, c'est que dans le parti Conservateur on se jalouse, et qu'à moins d'avoir un talent hors ligne, on n'est ni soutenu ni applaudi par les siens, heureux quand on est écouté ; alors, les hommes de bonne volonté qui voudraient agir sont découragés et s'affaissent, tandis qu'à la Gauche on écoute, on soutient, on applaudit jusqu'au moindre débutant.

Ce mal est incurable, il tient à la nature de l'homme. D'abord celui qui a une bonne position en ce monde ne mettra jamais à la défendre l'ardeur que mettra à la conquérir celui qui en a une mauvaise. J'ajouterai qu'il tient aussi à la nature des situations ; dans la classe où se recrute la Droite, on est à peu près tous égaux par la position sociale ; c'est une troupe où il n'y a que des officiers et pas de soldats : chacun se croit fait pour commander et non pour obéir. Les Gauchiers, au contraire, sortis pour la plupart de conditions inférieures, sont plus faits à la sujétion et se laissent volontiers guider par celui d'entre eux qui a plus d'intelligence, de talent ou d'audace. En résumé, je ne sais ce que fera la Gauche quand elle sera au Pouvoir, mais j'affirme que depuis quatre ans que je la vois coalisée pour s'en emparer, j'ai reconnu que ses membres sont

1874.
4 juin.
infiniment plus unis, plus disciplinés et plus dévoués les uns aux autres que mes très honorables collègues de la Droite.

6 juin.
Malgré les efforts de la Gauche pour repousser le projet de loi, on décida de passer à une deuxième délibération par 378 voix contre 301.

CHAPITRE XI

Projet de loi sur le repos du dimanche. — Agissements prétendus du parti Bonapartiste. — Troubles à la gare Saint-Lazare. — Interpellation de la Gauche à ce sujet. — Casimir Perrier reporte à la tribune sa demande d'affirmer la République. — Projet de loi électorale municipale.

1874.
6 juin.

Le rapport de la Commission d'initiative parlementaire sur le projet de loi relatif au repos du dimanche vint en discussion le 6 juin. Plusieurs orateurs parlèrent pour et contre; l'importance du sujet, au point de vue religieux, devait rendre cette proposition au moins respectable à la grande majorité de l'Assemblée, il n'en fut rien; à notre grande surprise, mêlée d'affliction, 292 voix contre 251 repoussèrent la proposition. Il n'y eut que 543 votants; 167 députés ne jugèrent pas à propos de se prononcer sur cette question, et, parmi eux, le prince de Joinville.

Ainsi la loi de Dieu fut repoussée, les catholiques de l'Assemblée en gémirent et redoutèrent les effets de la colère divine.

7 juin.

Dimanche, eut lieu à Versailles la procession de la Fête-Dieu; je m'y rendis, et cent députés au moins, ayant à leur tête le président Buffet et le Garde des sceaux Tailhand, firent cortège au Saint-Sacrement dans les rues de Versailles, à la grande édification des spectateurs.

9 juin.

Girerd (de la Nièvre) vint étaler avec éclat à la tribune une preuve évidente, dit-il, des agissements secrets du parti Bonapartiste. On avait trouvé dans un compartiment de chemin de fer une lettre faisant appel, à propos de la candidature de M. de Bourgoing, ancien écuyer de Napoléon III, aux officiers retraités et autres dévoués de l'Empire; le *Journal de la Nièvre* avait publié ce document dont la signature était *illisible,* Girerd sommait le Gouvernement d'aviser et de rechercher le Comité d'appel au peuple dont l'existence lui paraissait démontrée.

Les Ministres répondirent que les coupables seraient recherchés et punis, cela devait suffire; mais Gambetta, exalté par son dernier succès, saisit l'occasion pour fulminer une improvisation contre l'Empire et ses partisans, qu'il finit par traiter de *misérables.*

Le président le somma de retirer son expression. Il remonta à la tribune et dit : « Messieurs, il est certain que l'expression que j'ai employée contient plus qu'un outrage : c'est une flétrissure, je la maintiens. »

L'Assemblée tout entière eût dû se lever pour flétrir elle-même une telle grossièreté, personne ne bougea; j'avais beau dire autour de moi, il faut demander la censure, personne ne me répondit, sauf de Colombet qui me dit : « Et demandez-la, vous. — Oui, lui dis-je, pour être désavoué et accusé de violence par ceux qui m'entourent, comme il m'est arrivé souvent; j'en ai assez comme cela. »

Et le président, non moins faible que la Droite, n'appliqua pas la censure à un homme en révolte contre tout sentiment de respect de ses collègues, il fut simplement rappelé à l'ordre et s'en moqua.

La discussion des articles de la loi relative à l'électorat municipal fut poursuivie. Au vote de l'article 5, relatif à l'âge requis pour être électeur, la disposition qui le fixait à vingt-cinq ans, la seule qui offrait quelque garantie, fut écartée par un amendement d'Oscar de Lafayette, qui demanda le maintien de l'âge de vingt et un ans et l'obtint par 348 voix contre 337 : 11 voix de majorité.

Pas un député de la Gauche ne fit défaut; le prince de Joinville vota avec eux ainsi que Rouher et plusieurs Bonapartistes. M. de Barante s'abstint, ainsi que MM. d'Andelarre et de Castellane.

Ce résultat fut la preuve évidente que l'Assemblée refusait d'introduire dans la loi aucune disposition sage et conservatrice.

Un sieur Cazanova, Corse, ancien capitaine de la garde impériale, avait injurié et menacé de voies de fait Gambetta à la gare Saint-Lazare; il s'en était suivi une collision entre les députés de la Gauche qui lui faisaient cortège, et les agents de la force publique intervenus pour maintenir l'ordre; les députés Bonapartistes avaient soutenu ceux-ci et ce conflit avait amené l'arrestation de Lefèvre, député des Alpes-Maritimes, relâché au bout d'une heure.

Le questeur Baze, gardien officiel de la sécurité des représentants, crut de son devoir de demander au Gouvernement de faire une enquête sur ces faits regrettables. Le Ministre de Fourtou répondit, en termes très vifs, qu'il ne souffrirait pas plus l'abus de la force publique que la rébellion contre les agents chargés de réprimer le désordre; la Gauche prit prétexte de cette réponse énergique pour déposer une interpellation; la Droite eut l'à-propos d'en fixer la discussion à l'instant même pour mettre de suite fin à l'agitation qui allait grandissant à Paris, aux abords de la gare Saint-Lazare, où un déploiement de forces considérable avait été jugé nécessaire. C'est le Centre-Gauche qui s'en faisait le promoteur, et elle devait être soutenue par Bethmont et de Goulard qui avait eu la faiblesse de se liguer avec la Gauche et l'Extrême-Gauche contre le Ministère.

Cette conduite de M. de Goulard nous avait émus et affligés, car on voyait là, de la part d'un homme estimable, une faiblesse et peut-être l'impulsion d'un sentiment d'hostilité né du regret de n'être pas entré dans le Cabinet; il finit par le sentir, et, après une lutte violente avec ses nouveaux alliés, se ravisant, il déclara qu'il ne voulait plus soutenir l'interpellation.

1874.
12 juin. Bethmont fut chargé de l'entreprise; il s'en acquitta avec
son air inspiré et son ton doucereux, mais au fond très
passionné, donnant à entendre que le Cabinet connivait avec
le parti Bonapartiste, et il demanda qu'il ne gardât pas un
instant de plus le Pouvoir.

M. de Fourtou répondit simplement, mais avec énergie;
on le soutint avec l'entrain que la vaillance communique
toujours à des cœurs français, et un ordre du jour de
confiance fut voté avec 52 voix de majorité.

Ce résultat rendit le calme aux Parisiens comme par
enchantement, et le lendemain il n'y avait plus à la gare
Saint-Lazare que quelques curieux inoffensifs, tant il est
facile, par des moyens prompts et énergiques, d'arrêter au
début les mouvements populaires.

Cette compromission passagère de M. de Goulard avec la
Gauche lui fut bien funeste. Après la séance, il fut en butte
à des invectives furieuses de la part des alliés comprromet-
tants avec lesquels il venait de rompre. Je le vis au milieu
d'un groupe très animé, sommé violemment par Ricard de
dire à quelle influence il avait cédé en s'abstenant de remplir la mission de confiance qu'il avait reçue des présidents
de tous les groupes de la Gauche et du Centre-Gauche. Il
gardait le silence, mais l'abattement de son visage accusait
une émotion très pénible. On disait que c'était le prince de
Joinville qui lui avait remontré combien sa conduite affligeait la Droite. Il expia cruellement cette faiblesse, la maladie de cœur dont il était atteint se développa si brusque-
ment, que vingt-quatre heures après il était très gravement
malade; il mourut le 3 juillet suivant.

15 juin. Lundi, 15 juin, l'affirmation de la République réapparut
à la tribune par l'organe de Casimir Perrier, qui déposa le
projet de loi suivant :

« L'Assemblée, voulant mettre un terme aux inquiétudes
du pays, adopte la résolution suivante :

« La Commission des lois constitutionnelles prendra

pour base de ses travaux sur l'organisation et la transmission des Pouvoirs Publics :

« 1° L'article 1er du projet de loi déposé le 19 mai 1873,
ainsi conçu : « Le Gouvernement de la *République fran-*
« *çaise* se compose de deux Chambres et d'un Président
« chef du Pouvoir Exécutif. »

« 2° La loi du 20 novembre 1873, par laquelle la présidence de la République est confiée à M. le Maréchal de
Mac-Mahon jusqu'au 20 novembre 1880.

« 3° La conservation du droit de revision partielle ou
totale de la Constitution, dans les formes et aux époques
que déterminera la loi constitutionnelle. »

Celui-ci aussi voulait redevenir Ministre, il avait goûté
sous Thiers les douceurs du Pouvoir sans en négliger les
avantages pécuniaires qui lui permettaient, entre autres
jouissances, celle de déguster chaque matin à Versailles,
avant son déjeuner, cinq pêches de Montreuil, alors qu'elles
coûtaient 75 centimes la pièce; je tiens ce détail d'un de
mes collègues, son ami et son ancien collègue comme
attaché d'ambassade à Saint-Pétersbourg.

Je donne ce détail pour montrer que la gloire n'est pas
le seul aliment des hommes d'Etat.

Casimir Perrier appuya son projet sur la nécessité de
ramener la confiance dans le pays et de mettre un terme
à la stagnation des affaires; c'était toujours la rengaine de
ces farceurs politiques, qu'on me pardonne cette expression, et il demanda l'*urgence* qui fut votée par 345 voix
contre 341, soit 4 voix de majorité.

Le lendemain, quand parut l'*Officiel*, on reconnut que
cinq députés de la Gauche, absents par des congés régu-
liers, avaient voté par la main de leurs amis; l'Assemblée
avait donc repoussé réellement l'urgence, le fait n'en resta
pas moins acquis au mépris de la vérité et du droit. Ainsi
se font les lois en France.

Ce même jour, M. de la Rochefoucauld-Bisaccia déposa

une proposition tendant au rétablissement de la Monarchie, signée de cinquante-deux membres de la Droite. L'Assemblée ne jugea pas à propos de la renvoyer à la Commission des lois constitutionnelles, elle dut suivre la filière et passer par la Commission d'initiative parlementaire, qui refusa de la prendre en considération.

Cette proposition avait surpris de la part d'un ambassadeur de la République, car on ignorait qu'il eût donné sa démission ; il l'avait cependant donnée pour revenir à l'Assemblée reprendre à la tête de l'Extrème-Droite une place qu'il aurait dû, je crois, ne jamais quitter.

La discussion de l'électorat municipal fut continuée. Le projet de loi de la Commission avait subi un grave échec par la substitution de l'âge de vingt-un ans à celui de vingt-cinq ans, il en reçut encore un par l'adoption, par 361 voix contre 316, de l'amendement Bardoux disposant que, pour l'adjonction des plus imposés, on en revînt purement et simplement à la loi de 1837 et repoussant les articles 1, 2, 3 et 4 du projet de la Commission qui donnaient aux plus imposés le droit de s'adjoindre au Conseil municipal et de délibérer dans toutes les questions de dépenses extraordinaires, et aussi le droit de s'y faire représenter par mandataires.

La Commission, découragée, déclara, par l'organe de M. de Chabrol, son rapporteur, qu'elle retirait le projet de loi.

Mais comme par le retrait du projet de loi, la loi transitoire de la nomination par le Gouvernement des maires et adjoints, même pris en dehors du Conseil, restait en vigueur, l'Opposition ne le pouvant souffrir, la minorité de la Commission reprit le projet de loi pour son compte et la discussion continua.

On en vint à l'article relatif à la nomination des Maires.

C'était une question brûlante. Le Cabinet, si circonspect depuis le renversement du 16 Mai, avait cependant cru devoir s'engager sur cette question; toutefois, n'espérant pas obtenir de l'Assemblée le droit définitif de nommer les maires et adjoints avec faculté de les prendre même en dehors du Conseil municipal, il fit, par l'organe de Clappier, proposer un amendement demandant que la loi du 20 janvier 1874 continuât d'être en vigueur pendant deux ans. Clappier soutint sa proposition avec honnêteté et vigueur, le Ministre de l'Intérieur, de Fourtou, l'appuya avec énergie et véhémence et elle fut votée par 358 voix contre 328, 30 voix de majorité, grâce au secours des Bonapartistes, au nombre de quinze environ; M. de Fourtou était assez goûté par les Bonapartistes. Nous nous réjouîmes beaucoup de ce modeste succès, car un échec aurait eu pour conséquence la chute du Ministère et la dislocation des municipalités nouvellement reconstituées par le Gouvernement, le Maréchal n'aurait pu former un Cabinet qu'en prenant un Ministère dans la Gauche, sa démission pouvait s'en suivre et nous retombions entre les mains de Thiers et des Républicains. Nous eûmes encore le regret de voir cinq de nos amis de l'Extrême-Droite s'abstenir à ce vote.

Si précaire était alors la situation de l'Assemblée que nous nous réjouissions d'avoir confirmé une disposition administrative pour deux ans, et cependant le suffrage universel restait intact et même raffermi.

Reprise de la discussion de la loi électorale municipale en troisième délibération. Le général Loysel tenta de faire revenir l'Assemblée à l'âge de vingt-cinq ans pour l'électorat. Son principal motif était de ne pas consacrer une injustice en accordant aux jeunes gens dispensés du service militaire le droit de voter dont étaient privés leurs aînés sous les drapeaux. On demanda à Droite le scrutin secret pour que les peureux pussent cacher leur vote à leurs électeurs. Je m'écrie : « L'appel nominal, je demande que le vote ait lieu par appel nominal. » L'Assemblée, consultée, décida qu'on fera l'appel nominal. J'avoue que je fus dans cette

1874.
1ᵉʳ juillet. circonstance plus loyal que rusé, car l'article eût peut-être été voté au scrutin secret, par le triste motif que j'indique plus haut.

Cet amendement fut repoussé par 305 voix contre 294, 11 voix de majorité. Un déplacement de 6 voix le faisait passer. Il y avait 24 absents par congé, au moment de la discussion d'une loi si importante, et ce qui est inouï, 101 députés n'ont pas pris part au vote : s'ils étaient absents réellement, comment excuser leur absence; s'ils étaient présents, à quel sentiment avouable attribuer leur abstention sur un article de loi si important.

CHAPITRE XII

Suspension du journal l'*Union*, organe officiel du comte de Chambord. — Interpellation de l'Extrême-Droite à ce sujet. — Ma visite au comte de Blacas. — Considération sur le résultat de cette interpellation. — Projet d'organisation des Pouvoirs du Maréchal. — Modification dans la composition du Cabinet. — Discussion de la proposition Casimir-Perrier. — Proposition de dissolution. — Ma demande de crédit pour conserver les façades des Tuileries. — Prorogation.

1874.
3 juillet.

On apprit à la séance une nouvelle fort grave. Le Ministre de l'Intérieur avait suspendu l'*Union*, organe officiel du comte de Chambord, parce que ce journal avait publié un nouveau Manifeste du Prince appelant la France, par ses représentants, à revenir à la Monarchie Légitime. Plusieurs articles très vifs, quoique à mots couverts, contre le Gouvernement du Maréchal, avaient paru dans l'*Union* depuis quelques jours, et M. le duc de la Rochefoucauld avait accentué encore tout récemment ces sentiments d'opposition devant la Commission d'initiative parlementaire chargée d'examiner sa proposition de Monarchie; là, plus à l'aise qu'à la tribune, il avait dit nettement qu'en prorogeant les Pouvoirs du Maréchal pour sept ans, il avait cru, d'après des explications officieuses de personnalités influentes, qu'on pourrait proclamer la Monarchie quand on le voudrait et que, s'il avait pu penser que par son vote il lui fermait la porte pour sept ans, il ne l'aurait jamais donné, et qu'enfin si on ne pouvait plus proposer la Monarchie, *ses amis* et lui avaient été indignement trompés.

Dans de telles conjonctures on comprend l'irritation du Gouvernement et on s'explique la suspension du journal. J'en parlai à M. de Fourtou qui me dit : « Mon cher collè-

1874.
3 juillet.

gue, c'était pour moi un devoir pénible, mais un devoir. »
Je ne sus trop que lui répondre.

4 juillet.

Je déposai une proposition portant modification de l'article 56 du réglement et disposant qu'en cas de scrutin secret, l'appel nominal ne fût plus facultatif, mais *de droit*. Ma proposition fut renvoyée à la Commission d'initiative parlementaire, où elle est restée dans le stock des projets de loi que la dissolution a mis à néant.

L. Brun demanda à adresser une question au Ministre de l'Intérieur, sur les motifs de la suspension du journal l'*Union*. M. de Fourtou répondit que ce journal avait été suspendu à cause de sa polémique violente, mais que le document récemment publié était aussi pour quelque chose dans la résolution. « Voilà! voilà! criait-on à l'Extrême-Droite, cela nous suffit, nous ne voulons plus de ce Cabinet. »

L. Brun répondit par une demande d'interpellation qui fut fixée au mardi suivant.

7 juillet.

La discussion de la loi électorale municipale s'acheva ce jour-là, elle dura jusqu'à cinq heures; l'interpellation devait venir à la suite mais elle fut remise au lendemain, malgré l'opposition désespérée des Légitimistes auxquels l'Extrême-Gauche prêta son concours, concours qui ne fut pas de durée, comme on va le voir.

Cette séance m'a toujours paru déplorable.

8 juillet.

La thèse était fausse, elle devait créer une situation fausse, affaiblir le talent oratoire, tout juste suffisant, des orateurs engagés et amener dans le vote un isolement lamentable pour le parti Légitimiste.

M. L. Brun, après quelques précautions oratoires dont sa nature courtoise le rendait parfois trop prodigue, commença la lecture du Manifeste de M. le comte de Chambord, laissant voir qu'il attachait une grande importance à cette promulgation, en quelque sorte officielle, de la parole royale du haut de la tribune. Mais, après les premières phrases,

un frémissement de colère se produisit comme électrique-
ment dans toute la Gauche et se serait développé au point
d'écraser l'orateur, s'il n'avait été immédiatement étouffé
avec un empressement affecté par ses chefs et à leur tête
Gambetta. Ce frémissement se produisit trois fois et fut trois
fois comprimé. L. Brun put achever la lecture *in extenso*
du Manifeste. L'orateur ajouta que rien dans ce document
n'était inconstitutionnel, puisque la loi du 20 novembre,
en confiant pour sept ans le Pouvoir au Maréchal de Mac-
Mahon, réservait implicitement à l'Assemblée le droit de
déterminer une autre forme de Gouvernement; que cette
réserve avait été faite par les termes mêmes de la discussion et il cita à l'appui un passage du discours du duc
de Broglie qui, à mon sens, prouvait tout le contraire.
(On discutait sur les mots.) Il en concluait que le Ministère,
en s'opposant à la politique Monarchique de l'*Union* et à la
publication du Manifeste, attentait au droit souverain de
l'Assemblée de modifier cette forme, quand bon lui semblerait.

L'orateur n'envisageait pas la situation dans sa réalité;
en effet, la clarté du texte de la loi du 20 novembre ne
laissait aucune incertitude sur la situation faite au Maréchal,
l'Assemblée s'était liée vis-à-vis de lui et la forme du Gouvernement ne pouvait être modifiée, avant l'expiration des
sept années, que d'un commun accord entre l'Assemblée et
lui; or pour se donner toutes les chances possibles d'arriver
à cet accord, il fallait que toute la Droite et à sa tête
l'Extrême-Droite, au lieu de faire la guerre au Maréchal,
vécût à tout prix en bonne intelligence avec lui jusqu'à
la fin du Septennat, repoussât par conséquent à outrance la
dissolution anticipée de l'Assemblée et la fixât à l'expiration
du Septennat, ajournant jusqu'à ce terme les résolutions
suprêmes, et c'est alors seulement que si, par impossible,
tous les efforts avaient été vains pour obtenir du comte de
Chambord les concessions, compatibles avec la dignité et

1874.
8 juillet. l'autorité royales, que le progrès du temps a rendues nécessaires, l'Assemblée, avant de se séparer, pour remplir le devoir suprême que lui a imposé la nation, aurait remis en d'autres mains le pouvoir monarchique.

Nous n'avions pas d'autre programme à suivre et nous ne devions reculer devant aucune mesure énergique et devant aucun danger pour l'accomplir.

Le Ministre de Fourtou répondit brièvement, mais vigoureusement; il dit qu'il avait fait son devoir en défendant les pouvoirs du Maréchal directement attaqués par le journal l'*Union*, exprima sa douleur d'avoir été contraint d'atteindre la personnalité auguste du comte de Chambord et glissa adroitement sur le Manifeste, disant que, *par déférence*, il ne le discuterait pas davantage.

M. Ernoul répondit au Ministre. Il avait été lui aussi Ministre du Maréchal, il en résultait un certain embarras dans l'attitude opposante qu'il prenait; son talent s'en trouva mis à la gêne, il fut faible d'arguments et assez commun dans la forme.

L'amendement de L. Brun, ainsi conçu : « L'Assemblée Nationale *écartant* du débat la loi du 20 novembre, *regrette* la mesure prise par le Ministère et passe à l'ordre du jour, » quelque incolore et atténué que l'eut rédigé son auteur, fut repoussé par 372 voix contre 79; ainsi purent être comptés les partisans de la Monarchie Légitime. On s'était fait à l'Extrême-Droite l'illusion de croire que leur hostilité au Gouvernement du Maréchal rallierait les Républicains au vote de l'amendement; ils avaient, en effet, prêté leur concours la veille dans la question du renvoi de la discussion, mais on reconnut, une fois de plus, qu'ils restent toujours les ennemis irréconciliables de la Monarchie.

Je craignais ce résultat et, pour tenter de le conjurer, (c'était bien une illusion), je m'étais rendu, le jour de l'interpellation, dès sept heures du matin, chez M. le comte de Blacas, représentant du comte de Chambord à Paris.

Je n'avais pas l'honneur d'être connu de lui, je n'avais pas
eu l'occasion de me faire présenter. Peu courtisan, je ne
me produisais guère et n'avais pas été encouragé du reste à
le faire par nos chefs politiques, fort polis sans doute,
mais fort réservés à notre égard, vivant à peu près exclusivement entre eux, gardant dans la vie politique leurs
relations privées et leurs habitudes d'un monde un peu
exclusif. Qu'il me soit permis de dire que je n'ai jamais
compris pourquoi celui qui trouvait honorable de diriger
le groupe des députés Légitimistes, ne nous avait jamais
ouvert ses salons à Paris pour nous y recevoir familièrement, ce que faisait à Versailles très gracieusement et très
utilement pour la cause l'excellent marquis de Franclieu,
ce que faisaient aussi les chefs du parti Bonapartiste.

Je reviens à M. de Blacas. Il me reçut, malgré l'heure
matinale, avec beaucoup de courtoisie. Je passai trois quarts
d'heure à l'entretenir; je lui exposai combien la situation
était grave, combien il était imprudent de compromettre
ainsi le comte de Chambord et de l'exposer à une rupture
avec le Maréchal; que ce conflit séparerait désormais définitivement les Légitimistes des Orléanistes qui devaient
rester unis à tout prix pour tenter ensemble le rétablissement de la Monarchie. Je finis en lui disant : « Ah! quel
bonheur, Monsieur le comte, si par une inspiration du ciel le
comte de Chambord envoyait de Frosdhorf un télégramme
ordonnant de retirer l'interpellation.» Il convint bien de
la gravité de la situation, mais prétendit qu'elle était amenée
par les rigueurs inconsidérées et illégales du Cabinet et
qu'il n'y avait pas de remède. Je me retirai.

L'ordre du jour de L. Brun repoussé, on proposa l'ordre
du jour pur et simple. Tout faisait craindre que toute la
Gauche donnant, il ne fut repoussé; on le retira et on y
substitua l'amendement Paris ainsi conçu : « L'Assemblée
Nationale, résolue à soutenir énergiquement les Pouvoirs
confiés pour sept ans par la loi du 20 novembre 1873, au

Maréchal de Mac-Mahon, Président de la République, et
réservant l'examen des questions soumises à la Commission
des lois constitutionnelles, passe à l'ordre du jour. » Le
Gouvernement l'accepta par l'organe du général de Cissey,
vice-président du Conseil; il fut repoussé par 368 voix
contre 330.

Le Ministère était battu; on reprit alors l'ordre du jour
pur et simple, et cette fois, le repentir ayant touché quelques âmes, par crainte de renverser le Cabinet, l'ordre du
jour pur et simple fut voté par 339 contre 315. Majorité, 24.
Il y eut 44 abstentions.

C'était un retour d'opinion favorable au Ministère; mais,
suivant les formes parlementaires, les Ministres, à l'issue
de la séance, remirent leur démission au Maréchal qui ne
voulut point l'accepter.

J'avais fait mon possible, suivant mes faibles moyens
pour contribuer à amener ce résultat. J'avais prié
MM. Tailhand, de Cumont et Maigne de ne point insister
auprès du Maréchal pour lui faire accepter leur démission.
Je m'étais même, prévoyant l'échec, rendu, le 7 juillet à
huit heures du matin, à Versailles, à l'hôtel de la Présidence; j'avais vu le vicomte d'Harcourt, secrétaire du
Maréchal, et je l'avais prié de supplier le Maréchal, quoi
qu'il advînt, de conserver ses Ministres, lui remontrant que
dans l'état de l'opinion, si on lui faisait pour la troisième
fois, sous prétexte frivole, renouveler encore le Cabinet,
son caractère en souffrirait une grave atteinte dans l'opinion
publique.

Il en fut heureusement autrement. Le Maréchal fit connaître à l'*Officiel*, le lendemain 9 juillet, qu'il avait refusé
la démission des Ministres, et il adressa le même jour à
l'Assemblée un Manifeste affirmant le droit qu'elle lui
avait donné, par la loi du 20 novembre 1873, de conserver
pendant sept ans le dépôt du Pouvoir Exécutif, ajoutant
qu'elle avait *enchaîné* par là sa souveraineté et qu'il défen-

drait ce Pouvoir par les moyens que lui donnaient les lois;
en même temps, il réclamait d'elle d'une manière pressante
l'exécution de sa promesse d'organiser ce Pouvoir à bref
délai. Ce Message satisfit les esprits modérés et amena une
hausse sensible à la Bourse.

Je n'avais pas cru pouvoir m'abstenir dans cette circonstance délicate, et j'avais voté pour le Gouvernement contre
l'amendement L. Brun, non toutefois sans un sentiment
d'amertume de me séparer de mes amis politiques, mais ma
raison et ma conscience m'en faisaient un devoir. Plusieurs
Monarchistes s'abstinrent pour ne mécontenter personne;
mais cette allure équivoque pesait à plusieurs. Pendant la
séance du 8, et le lendemain, à celle du 9, ils avaient l'air
fort embarrassé.

Quelques-uns de mes amis me firent des reproches de
m'être séparé d'eux, et c'est après avoir bien pesé les raisons qui m'avaient déterminé à agir ainsi que, pour expliquer ma conduite, j'écrivis, dans les lignes suivantes, les
éléments vrais d'appréciation de ce *conflit*.

La crise qui vient d'être conjurée par la résolution du
Maréchal de poursuivre, sans se laisser arrêter par les com-
pétions parlementaires, l'accomplissement du devoir que lui
a imposé la loi du 20 novembre, de donner sept ans de repos et de sécurité au pays, a été motivée par la suspension
du journal l'*Union*, l'Extrême-Droite a pris fait et cause et
une interpellation a été adressée au Gouvernement.

Dans cette interpellation, portée à la tribune par M. L.
Brun et soutenue par M. Ernoul, les orateurs ont accusé
le Ministre de l'Intérieur d'avoir fait une fausse application
de la loi du 20 novembre, en s'opposant à l'exercice du
droit qu'avait l'Assemblée de proposer un Gouvernement
définitif et en empêchant les organes de l'opinion légitimiste et M. le comte de Chambord de s'adresser au pays
à ce sujet.

On doit s'étonner, tout d'abord, que, sur un chef d'ac-

cusation aussi grave, l'orateur ait résumé son opinion en
un ordre du jour n'exprimant que des regrets. Si l'accusation était fondée, le Ministère était blâmable au premier
chef. Mais ce qui explique cette inconséquence, c'est le sentiment dont il ne pouvait se défendre de la faiblesse de
son argumentation.

Il y a, en effet, dans cette discussion une équivoque, un
malentendu évidents. Personne n'a été trompé ni ne s'est
trompé en votant la loi du 20 novembre 1873. Chacun en
a fort bien compris alors et l'urgence et la portée, et si
depuis on ne s'entend plus sur cette portée, c'est que le
temps a modifié les situations; c'est que, alors qu'au moment du vote toutes les fractions du parti Royaliste réunies
pensaient pouvoir, à l'ombre du Septennat, travailler en
commun au rétablissement plus ou moins prochain de la
Monarchie, aujourd'hui séparés et désunis ces partis voudraient, chacun pour leur compte, s'approprier exclusivement l'autorité et le concours de cette institution, et que
celui qui a perdu sa faveur lui devient hostile; tout est là.

Reportons-nous au 5 novembre 1873, à la rentrée de
l'Assemblée. Après l'insuccès de la tentative monarchique,
quelle douloureuse impression rapportâmes-nous de la province? Quel est celui de nous qui, avant son retour à
Versailles, n'avait pas entendu murmurer le mot de prorogation, et le jour même de notre arrivée avec quelle spontanéité avait-on vu 250 députés signer d'urgence un projet
de loi ayant pour objet de conférer le Pouvoir Exécutif
pour dix ans au Maréchal de Mac-Mahon, et, à leur tête,
l'élite du parti Conservateur Monarchiste.

Le Chef du Pouvoir Exécutif vous disait aussi alors,
dans son Message, qu'il fallait donner au régime actuel et
l'autorité et la stabilité qui lui manquaient. Notre regretté
collègue, M. de Goulard, demandait l'urgence, parce que
partout se faisait sentir le besoin d'apaisement et de stabilité, que la France n'avait pas le temps d'attendre et qu'elle

1874.
9 juillet.

voulait être immédiatement rassurée, et l'urgence était votée à une très grande majorité.

A la séance du 19 novembre, cette grave question était discutée avec la modification de sept ans de durée substituée à celle de dix ans; une voix s'élevait à Gauche, celle de M. Berthaud, et s'adressant aux Légitimistes leur demandait s'ils étaient résolus à ne pas songer au rétablissement de la Monarchie pendant sept ans; un seul protestait contre cet engagement, c'était M. Dahirel. A cette séance du 19, la loi fut votée avec 68 voix de majorité sur 688 votants; un seul Légitimiste vota contre : c'était M. Dahirel, sept s'abstinrent, tous les autres votèrent la loi dont voici le texte : « Le Pouvoir Exécutif est confié pour sept ans au Maréchal de Mac-Mahon duc de Magenta, à partir de la promulgation de la présente loi. Ce pouvoir continuera à être exercé avec le titre de Président de la République et dans les conditions actuelles, jusqu'aux modifications qui pourraient y être apportées par les lois constitutionnelles. »

La Gauche attaqua immédiatement cette loi dans sa disposition caractérisque essentielle, celle de la durée, et M. Waddington proposa un amendement destiné à donner, jusqu'à la discussion des lois constitutionnelles, un caractère suspensif à l'article premier. L'Assemblée repoussa l'amendement par 65 voix de majorité sur 707 votants. M. Dahirel lui-même vota contre, et le nombre des abstentions du côté de la Droite ne fut plus que de cinq.

Comment soutenir après cela que l'Assemblée a conservé toute sa liberté et qu'elle peut, à son gré, réduire cette durée ou l'anéantir. Il faudrait pour cela dire que l'Assemblée peut reprendre ce qu'elle a donné, prétention que M. L. Brun réprouve et flétrit. On doit donc reconnaître que l'Assemblée Nationale s'est liée par la loi du 20 novembre, et que le Maréchal a été investi du droit plénier de garder le Pouvoir Exécutif pendant sept ans, et qu'on ne peut le lui ôter sans son consentement.

Cette nécessité du consentement du Maréchal est la conséquence naturelle du sentiment de confiance que lui a
témoigné l'Assemblée; c'est dans ce sentiment de confiance
que doivent se rallier toutes les bonnes volontés, tous les
dévouements aux intérêts bien compris du pays.

Oui, il est vrai que la majorité du 19 novembre a confié
le Pouvoir Exécutif au Maréchal de Mac-Mahon pendant
sept ans, pour abriter les destinées de la France sous la
main d'un vaillant et loyal soldat; mais elle ne s'est pas
interdit de préparer dans son sein, par une action toute de
persuasion et d'apaisement, l'avènement d'un régime définitif désiré, et tout devait lui faire espérer que le jour où
elle serait d'accord sur tous les points avec le Roi, elle le
serait aussi avec le Maréchal disposé à remettre en de
royales mains le dépôt qu'elle lui avait confié, et ces patriotiques espérances n'étaient-elles pas dans tous les cœurs
affligés au lendemain de la rupture des négociations monarchiques? Mais pour atteindre à ce but, il fallait que dans
le sein du Parlement, les Légitimistes et les Orléanistes
fusionnassent leurs espérances et leurs efforts.

Malheureusement, cette œuvre commune a été négligée,
l'intérêt général a été oublié pour ne laisser place qu'à des
questions personnelles, et dès lors a commencé cet antagonisme, ces rivalités, cette opposition au Gouvernement
dans lesquels on a vu, hélas! l'Extrême-Droite marcher
côte à côte avec l'Extrême-Gauche.

L'hiver de 1873-1874 ne s'était pas encore écoulé que
déjà le Cabinet se modifiait, MM. de La Bouillerie et Ernoul
quittaient le Ministère.

Je ne puis faire la part des responsabilités, ignorant les
vrais motifs de cette retraite regrettable; mais on peut les
trouver dans la prépondérance de M. le duc de Broglie dans
le Conseil. Cette prépondérance était naturelle, fut-elle
excessive réellement, ou le parut-elle à des susceptibilités
un peu trop irritables? C'est difficile à apprécier, toujours

est-il qu'elle amena un sentiment de méfiance très accusé entre les Légitimistes et les Orléanistes, et on disait que M. de Broglie conspirait contre le comte de Chambord en faveur des princes d'Orléans, toutefois je n'ai jamais entendu formuler d'accusation précise.

Au mois de mars 1874, M. le Président du Conseil adressa une circulaire destinée à fortifier en province l'autorité du Maréchal. M. Challemel-Lacour monta à la tribune et vint adjurer le duc de Broglie de faire disparaître l'équivoque qui agitait le pays et infirmait le Pouvoir du Président de la République aux yeux de la France républicaine, le sommant d'affirmer la forme républicaine et de dire ce qu'il ferait si le principe monarchique était proposé à la France, s'il lui céderait ou le mettrait en quarantaine pour sept ans.

A cette question, M. de Broglie répondit que c'était un piège qu'on lui tendait, mais qu'il était trop à fleur de terre pour être dangereux, et que l'Assemblée défendrait le Pouvoir qu'elle avait créé par l'alliance *de toutes les forces con-servatrices.*

Et c'était tout ce qu'il y avait à répondre, et la plus vul-gaire prudence et l'intérêt du pays commandaient à tous les Conservateurs de rester unis. Que penser alors de la géné-reuse mais dangereuse impatience de M. de Cazenove de Pradines qui, dans cette séance du 19 mars 1874, prenant la parole après M. Challemel-Lacour, venait déclarer que le retour du comte de Chambord par l'Assemblée n'était pas devenu impossible, et que M. le Maréchal n'opposerait pas des délais même légaux à l'exécution de ses volontés ? C'était vrai, je le crois, mais souverainement intempestif; c'était raviver le brasier allumé par Challemel-Lacour. Et M. Le-père put justement s'écrier : « M. de Cazenove vient de dresser à la tribune l'acte de décès du Septennat. »

Je dois ajouter, pour faire la part des responsabilités, que l'Extrême-Droite avait refusé de s'associer à la déclaration de M. de Cazenove dans une réunion particulière, à une majorité de trente à quarante voix contre cinq ou six, et que celui-ci avait pris pour lui seul la responsabilité de sa démarche, responsabilité dont il se chargea loyalement à la tribune. Mais la presse hostile ne manqua pas de rendre l'Extrême-Droite tout entière solidaire et responsable de la pression que l'orateur avait cherché à exercer sur le Gouvernement; l'impopularité du parti en fut plus accusée dans le pays, et dans l'Assemblée les dissentiments s'accentuèrent avec plus d'acuité.

Quant au Maréchal, provoqué par les deux partis extrêmes de l'Assemblée, piqué au vif dans sa dignité personnelle, il affirma sa loyauté en affirmant que le pays pouvait compter sur sa parole engagée à lui donner sept années de tranquillité.

Ainsi, par des impatiences regrettables le parti Légitimiste poussait le Maréchal à s'engager de plus en plus sur la question du Septennat et à enchaîner sa liberté d'action que les Monarchistes étaient le plus intéressés à le voir conserver, pour la mettre au service de leur cause quand l'heure serait venue. Enfin, la scission entre les Légitimistes et les Orléanistes éclatant ouvertement le 16 mai amena la chute du Cabinet de Broglie, renversé par toutes les Gauches auxquelles s'adjoignirent cinquante-deux Légitimistes.

Le Maréchal fut alors placé dans une situation bien difficile, ne pouvant prendre ses Ministres dans l'Extrême-Gauche ni dans l'Extrême-Droite, il conserva les deux plus marquants, MM. Decazes et de Fourtou, et prit les autres dans le Centre-Droit et dans le Centre-Gauche et composa un cabinet exclusivement d'affaires, sans programme politique et décidé à rester absolument dans le *statu quo*.

La polémique ardente du journal l'*Union*, organe officiel du comte de Chambord, où perçait l'hostilité contre le Maréchal, avait appelé l'attention du Ministre de l'Intérieur; la proposition de Casimir Perrier demandant l'affirmation de la République à la Commission des lois constitutionnelles, celle du duc de la Rochefoucauld-Bisaccia proposant le rétablissement de la Monarchie Légitime, plaçaient le Gouvernement entre deux feux. Tout annonçait une crise; alors parut le Manifeste du comte de Chambord dans le journal l'*Union*, et le lendemain le journal était suspendu; cette suspension amena l'interpellation L. Brun qui eut pour résultat fâcheux de faire croire au pays que, dans une Assemblée de plus de sept cents membres, la Monarchie Légitime ne comptait que soixante-dix-neuf partisans.

Il m'avait paru impossible de suivre mes amis dans cette voie dangereuse.

Je reprends la suite des évènements laissés au 9 juillet.

Le Maréchal ayant demandé, par son Message, que la Chambre ne retardât pas l'organisation de son Pouvoir septennal, M. de Fourtou se rendit au sein de la Commission des lois constitutionnelles pour préciser les points à résoudre, savoir : l'établissement d'une deuxième Chambre; le droit de dissoudre la première et la transmission du Pouvoir en cas de vacance. M. de Ventavon fut chargé du rapport sur la proposition Casimir Perrier relative aux bases à prendre pour les lois d'organisation et de transmission des Pouvoirs publics, déclarées urgentes dans la séance du 15 juin.

Il déposa le 15 juillet ce rapport concluant au rejet de la proposition Casimir Perrier et proposa à l'Assemblée un projet en cinq articles, portant : Confirmation du Septennat en faveur du Maréchal de Mac-Mahon, conformément à la loi du 20 novembre 1873; Son irresponsabilité, hors le cas de haute trahison; La responsabilité des Ministres; Une Chambre des députés et un Sénat; Le droit personnel de dissolution ; En cas de vacance du Pouvoir, un congrès des deux Assemblées pour statuer sur les résolutions à prendre; Les lois constitutionnelles, pendant le Septennat, sujettes à révision sur la proposition du Maréchal seul.

Pendant le temps qui s'était écoulé depuis le 8 juillet, la discussion des lois d'impôts nécessaires pour équilibrer le budget de 1874 avait accusé la scission entre le Cabinet et la majorité, alors composée de la Gauche et de l'Extrême-Droite coalisées; toutes les propositions du Ministre des Finances étant repoussées, M. Magne remit sa démission au Maréchal; celui-ci le pria d'attendre qu'il eût pourvu à son remplacement.

Le bruit se répandit que M. de Fourtou se retirait aussi, ce qui était vrai.

Le général de Cissey annonça à la tribune que le Maréchal avait choisi pour Ministre de l'Intérieur, le général de Chabaud-Latour, et pour Ministre des Finances, M. Mathieu Bodet. M. Mathieu Bodet était un homme d'affaires, sans importance politique, le général de Chabaud-Latour était l'ami intime des princes d'Orléans. Ceci faisait penser à quelques-uns qu'un coup d'État Orléaniste pourrait bien se faire pendant la Prorogation.

Vint en discussion la proposition Casimir Perrier, dont le but était, comme nous l'avons dit plus haut, l'affirmation de la forme républicaine pour le Gouvernement définitif de la France.

Elle fut développée par son auteur au moyen de nombreuses citations de son père et autres autorités de la même école, le tout mêlé de personnalités; en somme, faiblement.

Elle fut vigoureusement combattue par le duc de Broglie qui prétendit que ce n'était rien gagner que de proclamer vaguement la forme républicaine pour arriver à l'apaisement des partis qui subsistent dans le pays depuis quatre-vingts ans, et qu'après l'avoir proclamée, avec le concours des Républicains Conservateurs, on se trouverait beaucoup moins d'accord pour l'organiser avec les Républicains Radicaux, et entre autres avec M. L. Blanc, chef du socialisme.

M. Dufaure répliqua faiblement. On vota et la proposition Casimir Perrier fut repoussée par 41 voix de majorité sur 707 votants.

La Gauche, furieuse, envoya immédiatement Léon de Malleville porter à la tribune une demande de dissolution signée par trois cents députés ; il demanda l'urgence qui fut repoussée par 29 voix de majorité seulement, sur 709 votants : cette différence entre les deux votes tint à ce que les Bonapartistes qui avaient voté contre l'affirmation de la République, votèrent pour la Dissolution. Je ne pus me défendre d'exprimer à M. de Valon le sentiment d'amertume que m'inspirait le vote des Bonapartistes pour la dissolution que je regardais comme un malheur irréparable pour la France.

On voit combien était précaire l'existence de l'Assemblée ; elle dépendait d'un déplacement de 15 voix.

L'ordre du jour appela la discussion du projet de la Commission des Trente, rapporté par M. de Ventavon et relatif à l'organisation des Pouvoirs du Maréchal, organisation qu'il avait réclamée par son Message du 9 juillet.

Dans la crainte d'un échec qui était très menaçant, l'Extrême-Droite étant restée très hostile à la confirmation du Septennat, on employa ce qu'on peut vraiment appeler une ficelle parlementaire. M. de Castellane, et après lui le général Changarnier proposèrent de renvoyer la discussion après les vacances.

On était assuré que cette proposition serait agréable à un grand nombre de députés, heureux de remettre à plus tard les affaires sérieuses et de retourner chez eux, les chaleurs de l'été rendant les séances extrêmement fatigantes.

En vain Ernest Picard combattit-il cet ajournement avec les meilleures raisons, allant jusqu'à dire, à mots couverts, que l'Assemblée se *déshonorerait*, si, au moment de constituer, elle allait à ses loisirs, laissant le pays dans la souffrance, et que le Maréchal trouverait assez singulier qu'elle

1874.
24 juillet

répondit par un renvoi à plusieurs mois à la demande qu'il lui avait faite de hâter le plus possible la solution.

Le Ministre de l'Intérieur, sommé de s'expliquer à ce sujet, dit que, le Maréchal avait hâte de voir organiser ses Pouvoirs, mais qu'il comprenait et respectait le désir de l'Assemblée de prendre du repos et demandait seulement qu'elle reprît la discussion le lendemain de sa rentrée.

C'était véritablement une scène de comédie.

L'ajournement, mis aux voix, fut voté par assis et levé.

29 juillet

La proposition de dissolution fut discutée et repoussée par 43 voix de majorité, succès sur lequel nous ne comptions pas et qui avait une grande importance à la veille de la Prorogation.

L'Assemblée décida qu'elle achèverait la discussion du budget de 1875, et se prorogerait du 6 août au 30 novembre.

3 août

A la discussion du chapitre XXIII du budget du Ministère des Travaux Publics (entretien des Palais nationaux), je demandai un crédit de 20,000 francs pour abriter les façades des Tuileries.

Chaque fois que je traversais le jardin des Tuileries, j'admirais l'architecture de ce Palais, si riche aussi en souvenirs; j'avais souvent gémi de voir les deux façades restées presque intactes, après l'incendie qui avait dévoré tout l'intérieur, vouées à une ruine certaine par l'injure du temps. Depuis trois ans, chaque hiver, la pluie, la neige et les vents fouettaient ces belles colonnes, ces riches corniches, et en préparaient insensiblement la destruction. Je ne pus me résoudre à être complice de ce vandalisme. Ce Palais étant une propriété de l'Etat, c'était notre devoir de veiller à la conservation de ces beaux restes en attendant qu'on pût les restaurer.

Voici le compte rendu de l'*Officiel* du 4 août :

« *M. le Président.* — Il y a sur le chapitre XXIII (entre-

15

tien des Palais Nationaux), 1,141,500 fr., un amendement de M. le baron de Vinols qui propose une augmentation de 20,000 francs.

« *M. Rousseau, rapporteur.* — La Commission a examiné cet amendement et elle le repousse.

« *M. le Président.* — La parole est à M. de Vinols.

« *M. le baron de Vinols.* — Je regrette de retenir l'Assemblée à une heure aussi avancée. Je me fais illusion peut-être, mais je crois que la question dont je vais l'entretenir est, au point de vue artistique et historique, d'un intérêt majeur. Je vous prie donc, Messieurs, de m'accorder quelques instants d'attention, je serai aussi bref que possible. (Parlez! parlez!)

« Messieurs, la loi vous a confié la haute surveillance du domaine national, vous en avez en quelque sorte la disposition, il ne peut y avoir d'aliénation sans votre exprès consentement. Je ne m'explique donc pas comment, lorsqu'il s'agit, non d'une aliénation, mais de la destruction complète d'un monument du plus haut intérêt, d'un monument qui est l'une des dépendances les plus précieuses du domaine national, la ruine complète en soit décidée sans que vous ayez été appelés à donner votre avis.

« Vous comprenez que je veux parler du Palais des Tuileries. Permettez-moi de vous rappeler qu'il est l'œuvre de Philibert Delorme!...

« *M. Tolain.* — Ce Palais n'existe plus.

« Pardon! tout ce qu'il y avait de plus beau dans le monument existe encore. Je ne me permets pas, d'ailleurs, de juger moi-même cette œuvre d'architecture. Blondel, architecte du siècle dernier, si éminent et d'un goût si sûr, vous dit, dans son *Traité d'architecture*, que les Tuileries offrent des parties architecturales d'une perfection achevée et qui ont servi de modèle à tout ce que nous avons de plus parfait dans ce genre; et il cite le magnifique château de Maisons et le portail des Feuillants, œuvres immortelles de

l'immortel Mansard. Voilà comment Blondel juge l'architecture de la Renaissance dans le Palais des Tuileries.

« Et puis, à côté de l'intérêt artistique, il y a l'intérêt
historique, cher à tous les cœurs français; les Tuileries ont
été, pendant trois siècles, la résidence des Souverains de
ce pays que le peuple appelait alors du nom de pères. Ce
Palais a vu les splendeurs du règne de Louis XIV et les
fastes glorieux du premier Empire, dont tous ici nous
sommes fiers, car tous ici rendent à qui de droit l'honneur
qui lui revient. Les Tuileries ont été le rendez-vous de
toutes les célébrités, de toutes les illustrations, de toutes
les grandeurs, pendant plus de trois siècles, et quels siècles, Messieurs, les siècles qu'a vécu l'humanité depuis sa
renaissance aux Sciences, aux Lettres et aux Arts.

« Eh bien! Messieurs, ce sont ces belles façades encore
bien conservées, si on veut les regarder avec soin, témoins
de si grands événements qui en ont conservé comme l'em-
preinte, qu'on voue à une destruction complète en les laissant, comme les ruines les plus vulgaires, privées de tout
abri contre les injures du temps. Et cependant, Messieurs,
cette œuvre de dévastation, achèvement de la dévastation
commencée par la Commune, cette œuvre de dévastation
s'achève par nous. Elle s'accomplit dans notre siècle dont
le caractère distinctif, le seul caractère original peut-être,
est cette ardeur fiévreuse, cette curiosité insatiable avec
lesquelles on recherche, ce soin religieux avec lequel on
conserve tout ce qui nous vient du passé. Elle s'accomplit
à notre époque où, plus que jamais, fleurit le culte
des souvenirs historiques, et cette Assemblée, composée
d'hommes savants, d'hommes de goût, cette Assemblée,
par indifférence, par une négligence coupable, laisserait
détruire ce qui nous reste d'un monument qui a été le
théâtre et le témoin des faits les plus mémorables de notre
histoire nationale?

« Cela ne peut pas être, cela ne sera pas!... Cela ne

sera pas du moins sans qu'une voix proteste devant vous et vienne chercher ici, sûre de les y trouver, des échos à sa juste réclamation.

« Ma voix s'élève donc au milieu de vous après un silence trop longtemps gardé, et je viens vous supplier de décider que M. le Ministre ordonnera qu'un abri soit donné à ces deux belles façades échappées à l'incendie de la Commune et livrées pendant trois hivers aux injures du temps, agents moins actifs mais non moins sûrs que le feu d'une complète destruction.

« Je vous prie aussi, Messieurs, d'insister pour que M. le Ministre fasse achever les travaux de déblai et d'assainissement de l'intérieur des Tuileries ; et le jour venu, et il n'est pas éloigné, je l'espère, où, ayant fait face aux embarras financiers les plus pressants, nous pourrons consacrer un crédit à restaurer les Tuileries et ainsi rendre au pays ce monument qui, je ne crains pas de le dire, est le plus populaire et le plus vraiment national que renferme la ville de Paris. C'est, Messieurs, avec une pleine confiance d'être entendu de vous que j'ai déposé mon amendement.

« Il s'agit d'un crédit de 20,000 francs pour établir des abris provisoires sur les murs des Tuileries, jusqu'à ce que l'Assemblée ait décidé du sort de ce Palais. » (Très bien! très bien! sur divers bancs à Droite et au Centre.)

Mon amendement ne fut pas adopté; la Gauche n'y vit qu'une pensée politique de Restauration monarchique, et vota tout entière contre; quant à la Droite, inattentive ou insouciante, elle n'en comprit pas l'importance et ne me soutint pas.

Je témoignai hautement au Ministre des Travaux Publics le regret que j'avais de voir la Chambre repousser ma proposition. Alors M. le général de Chabaud-Latour, Ministre de l'Intérieur, me dit avec animation : « Soyez tranquille, je m'opposerai à ce qu'on détruise les Tuileries. »

L'Assemblée se sépara, s'ajournant au 30 novembre.

CHAPITRE XIII

Dernière réception à la Présidence. — Ma visite des Tuileries avec
M. Lefuel. — Rentrée de l'Assemblée. — Projet de loi sur la liberté de
l'enseignement supérieur. — Première représentation au nouvel Opéra.
— Message du Maréchal demandant la discussion des Lois constitu-
tionnelles. — Crise ministérielle. — Commission des Beaux-Arts. —
Deuxième délibération du projet de loi sur l'armée. — Discussion des
Lois constitutionnelles. — Amendement Wallon. — Constitution de la
République.

1874.
5 août.

L'*Officiel* avait annoncé que le Maréchal recevrait ce
jour-là pour la dernière fois. Je me rendis à la Présidence,
la politesse m'en faisait un devoir, ayant eu l'honneur d'y
dîner le jeudi précédent; je voulais aussi savoir ce qu'on
pensait de ma proposition. Je fus chaudement félicité par
plusieurs de mes collègues; par Le Lasseux, entre autres,
député de la Mayenne, homme de sens et d'expérience :
« Ce que vous avez dit à la tribune a été très bien reçu,
vous avez empêché la prescription et attiré l'attention de
l'Assemblée sur une question aussi grave que délicate.
C'est très bien, très bien. »

L'amiral de Montagnac, Ministre de la Marine, me félicita
aussi et ajouta qu'il partageait entièrement les idées du
Ministre de l'Intérieur, et qu'au Conseil il s'opposerait de
toutes ses forces à la destruction des Tuileries, car on parlait
quelques fois à la Gauche de se débarrasser de ces ruines,
témoins muets mais éloquents des crimes de la Commune.

Je prolongeai mon séjour à Paris jusqu'à la fin d'août à
cause de nos deux fils dont les cours ne se terminaient
qu'à cette époque.

Je vis le Ministre de l'Intérieur, je fus reçu par lui le

mercredi, 12 août, au Ministère, place Beauveau. Il me dit :
« Vous avez eu là une excellente inspiration, votre proposition a donné de la force au Gouvernement pour résister
à certaines tendances hostiles au Palais des Tuileries. J'en
ai parlé au Ministre des Travaux Publics, il est très disposé
à conserver ce qui reste des Tuileries, et je connais un
architecte, M. Lesoufaché, qui dit qu'on peut très bien
refaire les Tuileries en conservant ce qui a échappé à l'incendie. »

En même temps il me donna l'adresse de cet architecte,
en m'engageant à visiter avec lui les Tuileries; c'est ce
que je fis, et cet éminent praticien me donna sur les lieux
l'assurance que rien n'était plus facile que de conserver
les deux façades qui donnent sur le jardin et de les relier
à une maçonnerie intérieure neuve.

Je visitai aussi les Tuileries avec M. Lefuel, de l'Institut,
architecte des Palais nationaux. Pendant cette inspection
longue et minutieuse, il reconnut aussi que ce qui restait
des Tuileries pouvait être conservé; c'était, du reste, l'avis
et le projet de M. Thiers.

M. Lefuel, pendant cette visite, me donna beaucoup de
détails intéressants sur les habitudes domestiques de l'Empereur qui le faisait souvent appeler dans son cabinet; il me
dit entre autres choses que la tradition disait que Louis XVI
avait caché un trésor dans les Tuileries. Napoléon III, pour
le découvrir, avait fait venir aux Tuileries une prétendue
somnambule qui avait le don de deviner.

M. Lefuel l'avait accompagnée dans tout le Palais; sur
ses indications il avait fait faire des fouilles, mais elles
n'avaient donné aucun résultat.

M. Lefuel me montra aussi sur la façade, du côté du
Carrousel, les éclats de pierres faits par les boulets à l'attaque des Tuileries, le 10 août 1792.

La session s'ouvrit sous l'impression des élections muni-
cipales faites le dimanche précédent et qui, dans toutes les

1874.
30 novembre.

villes, excepté Nîmes et Avignon, avaient été républicaines
ou radicales. Celles de Paris, remises au 29 novembre, afin
que leur résultat n'influât pas sur celles de la province,
étaient détestables.

Ce résultat aurait dû convaincre les Conservateurs de
l'Assemblée de la nécessité absolue de s'unir contre l'ennemi commun de plus en plus redoutable. Il n'en fut rien,
et, à l'heure où j'écris ces lignes, le 2 décembre, les divisions s'accusent plus profondément que jamais.

A mon entrée dans la salle des séances, le marquis de
Partz m'annonça qu'une lettre du comte de Chambord à
M. de la Rochette, apportée de Froshdorf par M. de Cazenove de Pradines, recommandait de ne rien faire pour
affermir le Septennat du Maréchal; de le soutenir comme
Gouvernement personnel essentiellement temporaire, et de
ne pas voter la deuxième Chambre. C'était un programme
logique pour conserver le *statu quo* et réserver l'avenir;
mais pour l'exécuter, il eût fallu faire tête à la Révolution
et la refouler, pour cela rester unis et garder le poste de
confiance où la Nation avait placé l'Assemblée Nationale
le 11 février 1871, décidés à y mourir s'il le fallait, jusqu'au jour favorable pour lui rendre la Monarchie traditionnelle; au lieu de cela le parti Conservateur allait chaque
jour se divisant davantage. Que dis-je, il méconnaissait les
mesures sages qu'on lui proposait. Courcelles (de la Haute-
Saône), esprit très droit, avait rédigé un projet de loi
disposant qu'on ne procéderait à de nouvelles élections que
lorsque la députation d'un département serait réduite aux
deux tiers, j'avais signé avec empressement cette proposition; mais, de Meaux, à l'instigation des chefs du Centre-
Droit, l'avait fait consentir à ne la pas présenter, c'était
cependant le seul modérateur à opposer à l'entraînement
révolutionnaire du suffrage universel.

1er décembre.

Le 1er décembre eut lieu la nomination du bureau; M. Buffet fut nommé président par 348 voix. Quant aux vice-

présidents Martel, Benoist d'Azy et Audren de Kerdrel, ils
passèrent au premier tour de scrutin; le duc d'Audiffret-
Pasquier n'eut pas le nombre de voix nécessaire pour être
élu, l'Extrême-Droite l'ayant rayé de sa liste : ce fut un
grand émoi dans le Centre-Droit et le sujet de grande
colère des ardents de ce parti contre les Chevaux-Légers.

On se calma cependant, et le duc d'Audiffret sortit au
ballottage.

Délibération sur le projet de loi relatif à la liberté de
l'enseignement supérieur et vote du projet.

L'Assemblée se prorogea, pour les fêtes de Noël et du
jour de l'an, jusqu'au 5 janvier 1875.

Pendant ces onze jours de vacance je m'occupai de mes
affaires personnelles, ce fut pour moi un repos d'esprit et
de corps dont j'avais grand besoin.

Le 2 janvier, le Ministre des Beaux-Arts fit savoir que
des places seraient réservées aux députés pour assister à la
première représentation qui se donnait au nouvel Opéra.
Je refusai cette galanterie du Ministre comme j'avais refusé
d'aller en corps visiter le monument lorsqu'il avait été
achevé, ayant l'âme trop pleine de sollicitudes politiques
pour aller me divertir au théâtre. Je ne connais point le
nouvel Opéra et n'ai nulle envie de le connaître.

J'appris que des réunions, sinon intimes, du moins très
restreintes, avaient lieu à l'Elysée entre les chefs du Centre-
Droit et du Centre-Gauche, qu'on voulait réunir pour former une majorité : on appelait cela la conjonction des
Centres, afin de faire voter les lois constitutionnelles et le
Septennat. Le duc Decazes passait pour être l'initiateur de
cette nouvelle tactique, le duc d'Audiffret lui servait de second. Les opinions libérales de M. Decazes, ses tendances
marquées vers le Centre-Gauche, son antipathie connue
pour l'Extrême-Droite nous faisaient craindre que le Maréchal ne se laissât fourvoyer dans le Centre-Gauche, et, en
s'appuyant sur ce groupe dont on connaissait l'inconsis-

1875.
2 janvier.
tance et les fluctuations permanentes, ne perdit la confiance des députés sérieusement conservateurs.

Nous étions vivement préoccupés de ce danger, et le jour même de la rentrée, le 5 janvier, je me rendis à Versailles à neuf heures du matin, pour faire part de mes inquiétudes à M. d'Harcourt, secrétaire du Maréchal. On me dit que le Maréchal et sa maison militaire étaient encore à Paris à l'Elysée; je n'avais plus l'ardeur et les illusions des années passées, je n'eus pas le courage de revenir à Paris, avertir en vain probablement et peut-être importuner.

5 janvier.   L'Assemblée se réunit. Ayant rencontré le duc d'Audiffret-Pasquier à la buvette, je lui dis sans détour : « Si le Maréchal fait un pas de plus vers la Gauche, il est perdu; le parti Conservateur lui retire sa *confiance* et cette confiance fait toute sa *force.* — Donnez-lui donc ce qu'il vous demande, me répondit le duc d'Audiffret-Pasquier, donnez-lui un Sénat. — Je ne dis pas que je le lui refuserai, répondis-je, mais quant à lui il ne faut pas qu'il fasse un mouvement de un millimètre à Gauche. » Ce furent mes propres expressions.

6 janvier.   On donna lecture du Message du Président. Il était pressant et demandait qu'on discutât les lois constitutionnelles; il indiquait comme indispensable pour le bien du pays la création d'une deuxième Chambre, le droit de dissolution et la réserve *pour les Assemblées en exercice, à l'échéance du 20 novembre 1880,* du droit plénier de déterminer la forme du Gouvernement de la France. C'était donner congé à l'Assemblée et réserver pour ses successeurs le droit constitutionnel.

Le Message fut accueilli avec une froideur qui, par moments, devenait de l'aigreur; il n'y eut pas un seul applaudissement, et, à la suite, le Gouvernement ayant demandé la priorité pour la discussion de la loi du Sénat, cette demande fut repoussée.

Ce résultat était prévu de tous, excepté de l'aveugle De-

cazes; il comptait sur le Centre-Gauche et sur M. Dufaure.
M. Dufaure et le Centre-Gauche votèrent contre le Gouvernement sur l'ordre de M. Thiers, j'ajouterai qu'il y avait
une soixantaine de députés de la Droite absents.

Les Ministres remirent leur démission au Maréchal le
jeudi 7 janvier, le Maréchal l'accepta mais en les priant de
conserver leurs portefeuilles jusqu'à ce qu'il leur aurait
trouvé des successeurs.

Il ne parut pas pressé de les trouver et il fit bien, ces dé-
missions répétées de Ministres devenant presque ridicules.

A l'Assemblée, on n'était pas aussi calme qu'à la Présidence sur la question du changement de Ministère; d'un
côté l'Opposition cherchait tous les moyens d'aggraver les
embarras du Maréchal, de l'autre les compétitions de certains députés de la Droite, vrais faméliques d'honneur et de
crédit, s'agitaient en tous sens. C'était une pitié, pour ne pas
dire une honte, de voir ces pourparlers et ces agissements.

Les désintéressés pour eux-mêmes ne l'étaient pas pour
la chose publique et se préoccupaient grandement de la
composition du Cabinet futur.

J'ouvre ici une parenthèse pour parler d'art.

Je faisais partie de la Commission supérieure des Beaux-
Arts depuis le 7 janvier 1874. Elle était présidée par le
marquis de Chenevières, successeur à la direction des
Beaux-Arts de M. Charles Blanc; elle se réunissait d'abord
à la Direction des Beaux-Arts, installée dans l'étage supérieur du Palais-Royal (aile Montpensier) après l'incendie
du Ministère de l'Intérieur, puis au Ministère de l'Instruction publique. Elle était peu nombreuse.

M. le marquis de Chenevières, moins par conviction que
par faiblesse, je crois, cédait au penchant qui entraînait la
masse des artistes à se soustraire à toute règle et à toute
direction, il proposa à ce sujet de les affranchir pour
l'exposition annuelle prochaine de toute ingérance de l'Etat.
Les artistes devaient s'arranger entre eux, s'entendre pour

organiser leur exposition et l'Etat ne s'en point mêler. Cette opinion avait été vainement combattue par MM. Guilhaume, Reiset et Delaborde, auxquels j'avais prêté mon modeste concours, ce dont ils m'avaient témoigné leur gratitude avec une grâce toute particulière; mais M. de Chenevières, soutenu par quelques-uns des membres de la Commission qui avaient avec lui des rapports très familiers, par Buisson, député (de l'Aude), entre autres, persista à tenter l'expérience et convia les artistes à faire eux-mêmes leur exposition : ceci se passait au commencement de décembre 1874. Le 15 janvier, les artistes étaient plus loin de s'entendre que le premier jour et ils vinrent d'eux-mêmes prier l'administration de se charger d'organiser l'exposition comme par le passé; la faiblesse du Directeur des Beaux-Arts n'en fut pas moins un encouragement à l'esprit d'indépendance et au désordre artistique.

La deuxième délibération sur la loi de l'armée active et territoriale, rapporteur général Charreton, occupa l'Assemblée du 11 au 20 janvier. On vit dans cette discussion, par l'incertitude et l'inconséquence des votes, combien il est illogique de faire faire des lois spéciales par des hommes peu versés dans la matière.

Aussitôt après le vote sur l'ensemble de cette loi, l'Assemblée et surtout les Extrêmes, soit de la Droite, soit de la Gauche, saisis d'une sorte de frénésie, ne voulurent pas renvoyer la discussion des lois constitutionnelles au delà du 21 janvier, et cette discussion si périlleuse fut mise à cette date néfaste.

La discussion des lois constitutionnelles commença le 21 janvier. M. de Ventavon, rapporteur de la Commission des Trente, exposa que l'Assemblée ayant conféré, le 20 novembre 1873, au Maréchal de Mac-Mahon des pouvoirs indiscutables pour sept ans, avait aussi pris l'engagement d'organiser ces Pouvoirs et qu'il venait lui proposer de voter dans ce but un projet de loi ainsi conçu :

« Article 1er. — Le Maréchal de Mac-Mahon, Président de la République française, continue à exercer avec ce titre le Pouvoir Exécutif dont il a été investi par la loi du 20 novembre 1873.

« Art. 2. — Il n'est responsable que dans le cas de haute trahison.

« Les Ministres sont solidairement responsables, devant les Chambres, de la politique générale du Gouvernement et individuellement de leurs actes personnels.

« Art. 3. — Le Pouvoir législatif s'exerce par deux Assemblées : la Chambre des députés et le Sénat.

« La Chambre des députés est nommée par le suffrage universel dans les conditions déterminées par la loi électorale.

« Le Sénat se compose de membres élus ou nommés dans les proportions et aux conditions qui seront réglées par une loi spéciale.

« Art. 4. — Le Maréchal, Président de la République, est investi du droit de dissoudre la Chambre des députés. Il sera procédé, dans ce cas, à l'élection d'une nouvelle Chambre dans le délai de six mois.

« Art. 5. — A l'expiration du terme fixé par la loi du 20 novembre 1873, comme au cas de vacance du Pouvoir Présidentiel, le Conseil des Ministres convoque immédiatement les deux Chambres qui, réunies en Congrès, statuent sur les résolutions à prendre. Pendant la durée des Pouvoirs confiés au Maréchal de Mac-Mahon, la revision des lois constitutionnelles ne peut être faite que sur sa proposition. »

Les mauvais plaisants de l'Assemblée appelèrent ce projet le Ventavonat; il fut combattu par Lenoël, orateur fade et monotone, qui se faisait le porte-parole du parti Thiers. Son argumentation se bornait à dire sous toutes les formes qu'en organisant les Pouvoirs du Maréchal on prolongeait le

1875.
11 janvier. provisoire. Ce provisoire pesait surtout à Thiers qui grillait de supplanter le Maréchal.

M. de Carayon-Latour porta à la tribune, non des arguments contre le projet de loi, mais une déclaration de principes monarchiques, l'exposé des intentions du comte de Chambord et une adjuration à l'Assemblée, au nom des intérêts du pays, de rappeler le Roi. Ce discours annonçait que l'Extrême-Droite voterait contre le projet.

22 janvier. J. Favre fit l'apologie de la République, son discours fut plein des invectives les plus violentes contre la Monarchie.

On vota pour passer à une deuxième lecture par 533 voix contre 145; sur les 145 opposants il y avait 47 membres de l'Extrême-Droite.

25 janvier. Fut discuté le projet de loi sur la création et les attributions d'un Sénat. Je n'assistai pas à la séance, étant indisposé depuis quelques jours, j'en adressai mes excuses à l'Assemblée par un télégramme au Président.

On vota pour passer à une deuxième délibération par 498 voix contre 173; il y eut douze votants de moins qu'au 22 janvier et vingt-huit opposants de plus, ce qui montrait que le Gouvernement avait perdu quarante voix; cela prouvait aussi que l'institution d'un Sénat avait plus d'adversaires que l'organisation des Pouvoirs du Maréchal.

C'était logique de la part de ceux qui voulaient maintenir l'Assemblée Nationale jusqu'au 20 novembre 1880.

La loi sur le monopole, par l'Etat, du commerce des allumettes chimiques, occupa l'Assemblée pendant les jours réglementaires qui séparèrent les deux lectures de la loi d'organisation des Pouvoirs publics.

28 janvier. Cette deuxième délibération commença le jeudi 28 janvier.

Le Président donna lecture de l'article premier du projet de la Commission, qui était l'article 3 du projet présenté en première lecture le 21 janvier. Il était ainsi conçu :

« Article 1er. — Le Pouvoir législatif s'exerce par deux Assemblées : la Chambre des députés et le Sénat.

« La Chambre des députés est nommée par le suffrage universel, dans les conditions déterminées par la loi électorale.

« Le Sénat se compose de membres élus ou nommés dans les proportions et aux conditions qui seront réglées par une loi spéciale. »

A ce premier article, Corne, *l'alter ego* de M. Thiers, Bardoux, Laboulaye et autres, présentèrent un amendement ainsi conçu :

« Le Gouvernement de *la République* se compose de deux Chambres et d'un Président. »

Leur but était de faire consacrer par l'Assemblée la forme républicaine en introduisant dans la loi une disposition précisant la forme définitive du Gouvernement; ils ne s'en cachaient pas et l'Assemblée le comprenait très bien. Aussi, quand l'amendement eut été repoussé par 359 voix contre 336, majorité 23, nous regardâmes ce résultat comme un grand succès : l'avenir restait libre. Plusieurs de nos collègues trouvaient le chiffre de la majorité de vingt-trois bien faible. Je souriais de leur exigence. Gambetta, en rusé politique, jugeait bien la chose comme moi, et je fus frappé de son abattement en descendant du train, à la gare Montparnasse, où je fus surpris de le voir, car il passait toujours par la gare Saint-Lazare.

L'amendement Laboulaye étant repoussé, l'article premier fut voté avec la substitution au deuxième paragraphe d'un amendement de Marcel Barthe ainsi conçu :

« *La composition, le mode de nomination et les attributions du Sénat seront réglés par une loi spéciale.* »

Il y avait à l'Assemblée un homme distingué par son savoir, membre de l'Institut, aussi modeste que réservé, mais peu éloquent, perdu jusque-là dans la masse de l'Assemblée, M. Wallon, député du Nord, qui, dans l'intention louable de procurer au pays l'apaisement et la sécurité, mais se méprenant sur le moyen, eut l'idée néfaste de proposer à l'article premier un article additionnel ainsi conçu :

« Le Président de la République est élu à la majorité absolue des suffrages par le Sénat et la Chambre des députés réunis en Assemblée Nationale. Il est nommé pour sept ans. Il est rééligible. »

Cet amendement avait le même sens et la même portée que celui de MM. Corne et Laboulaye, il précisait même mieux la forme républicaine en déterminant le mode d'élection des Présidents de la République à venir.

Le vote sur cet amendement eut lieu au scrutin public. Au moment où les secrétaires achevaient le comptage des bulletins dans les corbeilles, un député vint y déposer son bulletin. Enhardis par son exemple, d'autres vinrent à la suite ; de vives réclamations s'élevèrent dans la Droite, mais le président dit que l'usage avait toléré jusqu'alors cette licence. Il y eut plus. Une licence en appelant une autre, le général Billot, ayant vu que le général de Chabron s'abstenait, vint près de lui et fit si bien qu'il le décida à voter pour l'amendement Wallon ; il reçut de lui un bulletin blanc et le déposa dans une des corbeilles.

Le comptage achevé, on annonça que le pointage était nécessaire. Cette opération nous tint pendant près d'une heure dans les transes. Enfin, les secrétaires rentrèrent dans la salle et le président annonça 353 pour et 352 contre, une voix de majorité pour l'amendement Wallon. La République était proclamée.

Les Républicains ne firent pas les dégoûtés pour une voix, comme les Monarchistes l'avaient fait la veille pour vingt-trois voix, et laissèrent leur satisfaction s'exprimer en bruyants éclats.

Je revis encore Gambetta à la gare Montparnasse ; il était hors de lui de joie et ne ressemblait guère au Gambetta de la veille.

Ainsi la France voyait l'Assemblée repousser à vingt-trois

voix de majorité la forme républicaine le vendredi, et le lendemain accepter cette forme à une voix de majorité.

Ce résultat fut produit par la volte-face de dix députés qui, ayant voté *contre* l'amendement Corne et Laboulaye, votèrent *pour* l'amendement Wallon. Ce sont :

Léon Adrien (Gironde); Beau (Orne); de Chabron (Haute-Loire); Delacour (Calvados); Drouin de Lhuys (Seine); Gouin (Indre-et-Loire); d'Haussonville (Seine-et-Marne); Houssard (Indre-et-Loire); de Ségur (Seine-et-Marne); Voisin (Seine-et-Marne).

Tous du Centre-Droit ou du Centre-Gauche.

Et l'abstention de six autres qui, ayant voté contre l'amendement Corne et Laboulaye le vendredi, s'abstinrent de voter le samedi sur l'amendement Wallon. Ce sont :

Bompard (Meuse); Desselligny (Aveyron); la Sicotière (Orne); Leurent (Nord); Malvergne (Haute-Vienne); Mathieu Bodet (Charente), alors Ministre des Finances.

Quant à MM. Buffet, Princeteau, de Saisy et Laurier, ils s'abstinrent aux deux votes.

C'était la proclamation officielle de la République par l'Assemblée à *une* voix de majorité, et cette majorité n'était qu'apparente, car le lendemain l'*Officiel* produisit les réclamations de Leurent et de Malvergne, qui déclarèrent qu'ils s'étaient abstenus involontairement et auraient voté contre l'amendement, preuve que l'amendement Wallon n'avait été voté que par une surprise et qu'il était réellement repoussé. Le fait accompli n'en fut pas moins loi, et un véritable tour d'escamotage imposa la République à la France.

Où trouver une preuve plus saisissante de l'état de désordre et d'infirmité des choses d'ici-bas ?

Le vote de l'article additionnel Wallon, devenu l'article 2 du projet de loi, fut un échec pour la Commission qui l'avait repoussé; mais comme elle était composée en majorité d'éléments monarchiques, elle tint bon, toutefois elle avait perdu la majorité dans l'Assemblée.

Cet amendement devenait l'article 2 du projet de loi.

La discussion fut reprise avec l'émotion encore bien vive de l'avant-veille, et on mit en discussion l'article 2 du projet de la Commission qui devenait l'article 3. Il était ainsi conçu :

« Le Maréchal Président de la République est investi du droit de dissoudre la Chambre des députés. Il sera procédé, en ce cas, à l'élection d'une nouvelle Chambre dans le délai de six mois. »

· M. Wallon, que son succès inattendu avait encouragé, présenta un amendement ainsi conçu :

« Le Président de la République peut, en outre, sur l'avis conforme du Sénat, dissoudre la Chambre des députés avant l'expiration de son mandat. En ce cas, les collèges électoraux sont convoqués pour de nouvelles élections dans le délai de trois mois. »

Cet amendement fut renvoyé à la Commission qui en avait eu communication, mais qui n'avait pas eu le temps de l'examiner.

M. Dufaure vint dire pourquoi à la tribune; il le dit avec simplicité, mais fort habilement, et dans le but de féconder l'amendement Wallon au profit de l'institution définitive de la République.

Voici les phrases les plus saillantes de son discours :

« Messieurs, je demande que l'amendement soit ren-
« voyé à la Commission, parce que la Commission, dans sa
« dernière séance, a été exclusivement occupée à débattre
« la question de savoir si, dans la suite des articles soumis
« par elle à vos délibérations, elle devait persister dans
« l'esprit dans lequel elle avait préparé son projet, c'est-
« à-dire comme une loi personnelle, purement person-
« nelle, ou si elle devait se conformer à l'esprit général
« (Républicain sous-entendu) qui a été imprimé aux deux
« premiers articles votés par l'Assemblée qui s'est con-

« formée à la mission qu'elle s'était donnée elle-même par
« la loi du 13 mars 1873, et a entendu faire une loi géné-
« rale d'organisation des Pouvoirs publics. »

Et ceci était incontestable, puisque l'Assemblée, en votant
l'amendement Wallon, avait déclaré qu'il y aurait désormais une succession de Présidents de la République. Et
cependant l'Assemblée n'était pas Républicaine en majorité,
mais elle subissait la conséquence d'un vote inconsidéré.

Voilà donc la Commission prise au piège et mise officiellement, en quelque sorte, en demeure de suivre l'impulsion républicaine, ou de se mettre en conflit avec
l'Assemblée; c'est ce qui eut lieu.

M. de Ventavon, rapporteur de la Commission, fit connaître qu'elle persistait dans les termes de son article 3, et
entendait donner au Maréchal de Mac-Mahon seul, Président actuel de la République, le droit de Dissolution; qu'elle
n'admettait pas l'intervention du Sénat, et qu'elle maintenait le délai de six mois pour la nomination de la nouvelle
Chambre.

On ne pouvait se poser plus carrément et la lutte ne
pouvait pas être plus franchement ouverte entre le Pouvoir personnel du Maréchal défendu par la Commission, et
le Pouvoir impersonnel de tous les Présidents à venir de
la République définitivement établie, énoncé par M. Dufaure
comme conséquence de l'article 2 voté.

On parla beaucoup sur l'article 3; M. Dufaure se montra
surtout. L'Assemblée passa au vote et l'amendement Wallon, repoussé par la Commission, fut voté par 425 voix
contre 243 sur 668 votants; il y eut 49 abstentions.

Ce vote était la condamnation du Septennat personnel et
de la réserve aux Assemblées à venir de se prononcer sur
la forme définitive du Gouvernement. C'était la confirmation de la République, résultat prévu, mais à jamais
regrettable de la scission des Monarchistes en deux fractions

jalouses et rivales. Il aurait fallu, au contraire, que tous les partisans de la Monarchie fissent taire leurs préférences pour rester unis en un seul faisceau contre les partisans de la République, faire de bonnes lois, repousser l'Institution du Sénat, se perpétuer comme Assemblée Nationale jusqu'à l'expiration des Pouvoirs du Maréchal, le 20 novembre 1880, et, ce terme approchant, donner à tout prix un Gouvernement définitif Monarchique à la France.

Il est intéressant d'examiner la composition des groupes de votants *pour* et *contre* et des abstentions au vote de l'article 3.

Les 425 voix *pour* se composent de tous les amis de la République qui savent bien oublier leurs querelles et s'unir quand il faut lutter contre la Monarchie, à savoir : le Centre-Gauche; la Gauche; l'Extrême-Gauche, renforcés d'une quarantaine d'Orléanistes qui ont déserté le Centre-Droit pour passer au Centre-Gauche et à la tête desquels on ne saurait assez s'étonner de trouver : le prince de Joinville; le duc de Broglie; le duc d'Audiffret-Pasquier; le duc Decazes; le comte de Bondy; le baron de Barante; de Mérode, etc.

On ne peut expliquer ce vote que par un mot d'ordre donné pour constituer la République dans l'espoir de faire du duc d'Aumale le successeur du Maréchal de Mac-Mahon.

Les 243 voix *contre* se composent de :

1° L'Extrême-Droite;

2° La Droite et plusieurs membres du Centre-Droit qui, quoique connus pour leurs attaches étroites à l'Orléanisme, se sont honorés, en se séparant de leur parti, pour voter contre la République. Ce sont : MM. le marquis de Mornay; le marquis de Mortemart; le marquis de la Guiche; le marquis de Valfons; le comte de Rességuier; Hamille; Peltereau de Villeneuve; d'Auxais;

3° Les Bonapartistes.

Quant aux abstenants, au nombre de 49, ce furent : MM. de

Meaux; Lacombe; de Vogué; de Bonald; de Talhouet; de Chabaud-Latour (père et fils); de Maillé; de Chabrol; Vinay, etc.

On s'étonna doublement de compter parmi eux de Meaux et Lacombe qui avaient défendu chaleureusement à la tribune le projet de la Commission, mais qui l'abandonnèrent quand ils jugèrent qu'il n'aurait pas la majorité.

Des six députés de la Haute-Loire, un seul vota pour, ce fut de Chabron, Vinay s'abstint, Calemard de La Fayette, de Flaghac, Malartre et moi nous votâmes contre.

L'article 3 du projet de la Commission, devenu l'article 4, vint en discussion le 3 février. Il était ainsi conçu :

« Les Ministres sont solidairement responsables devant la Chambre de la politique générale du Gouvernement et individuellement de leurs actes personnels.

« Le Maréchal de Mac-Mahon, Président de la République, n'est responsable que dans le cas de haute trahison. »

M. Dufaure cria de sa place : « Il faudrait dire simplement : le Président de la République. » M. Dufaure avait raison, et c'était logique après le vote de l'article 2.

Paris, du Pas-de-Calais, au nom du Rapporteur de Ventavon indisposé ou plutôt découragé, vint déclarer à la tribune que la Commission, voulant mettre de l'unité dans la rédaction de la loi, c'est-à-dire qu'elle pût s'appliquer à tous les Présidents futurs, qui probablement ne seraient pas tous Maréchaux de France, proposait de supprimer de l'article 4 les mots : « le Maréchal de Mac-Mahon » (la Commission battait en retraite devant l'injonction de M. Dufaure, ou plutôt devant l'inexorable nécessité de quitter une position intenable après le vote de l'article 2, dont M. Dufaure tirait les conséquences avec une logique impitoyable).

Cette suppression souleva d'indignation la Droite qui y vit une insulte au Maréchal. Pour moi, j'y vis surtout l'affaissement consommé de la Commission par la force des choses et la personnalité du Maréchal disparaissant pour faire place à la République.

L'Assemblée adopta l'article 4 ainsi modifié; le courant était établi, il devenait irrésistible et on organisait ainsi la République définitive en France, sans inquiétude et sans remords, et la Commission ouvrait à l'Assemblée la voie qu'avaient indiquée Wallon et Dufaure, devenus les initiateurs de cette lamentable entreprise.

On passa à l'article 5 ainsi conçu : « En cas de vacance, par décès ou par toute autre cause, les deux Chambres réunies procèdent immédiatement à l'élection d'un nouveau Président. Dans l'intervalle, le conseil des Ministres est investi du Pouvoir Exécutif. »

Puis à l'article 6 : « Les Chambres auront le droit, par délibérations séparées prises par chacune d'elles, à la majorité absolue des voix, soit spontanément, soit sur la demande du Président de la République, de déclarer qu'il y a lieu à reviser les lois constitutionnelles. Après que chacune des deux Chambres aura résolu, elles se réuniront en Assemblée Nationale pour procéder; les délibérations auront lieu à la majorité absolue des voix.

« Toutefois, pendant la durée des Pouvoirs conférés par la loi du 20 novembre 1873 au Maréchal de Mac-Mahon, cette revision ne peut avoir lieu que sur sa proposition. »

Le baron de Ravinel proposa et développa sommairement l'article additionnel suivant : « Le siège du Pouvoir Exécutif et des deux Chambres est à Versailles. » Puis il déclara retirer sa proposition pour la présenter en troisième lecture.

Cette reculade lui valut la désapprobation bruyante de la Droite, et Giraud (de la Vendée), poussé par nous, la reprit en son nom, et elle fut votée par 332 voix contre 327 et devint l'article 7.

Ce fut un croc-en-jambe donné à la Gauche et une leçon donnée aux Parisiens. C'était aussi déflorer à leurs yeux cette jeune République qui se montrait si peu parisienne dès le berceau.

Par un article additionnel qui devint l'article 8, l'Assemblée décida que la loi sur les Pouvoirs publics ne serait promulguée qu'après le vote définitif de la loi sur le Sénat.

Le passer à la troisième lecture fut voté par 508 voix contre 174 et la Chambre s'ajourna au 11 février, lendemain du mercredi des Cendres.

CHAPITRE XIV

Discussion de la loi d'organisation du Sénat. — Proposition de dissolution de l'Assemblée Nationale. — Considérations politiques. — Reprise de la discussion de la loi d'organisation du Sénat. — Troisième délibération de la loi d'organisation des Pouvoirs publics. — Protestation de l'Extrême-Droite. — Nouveau Cabinet. — Prorogation. — Ma visite au président du Conseil.

1875. 11 février.

L'Assemblée reprit ses travaux par la discussion de la loi d'organisation du Sénat. (Lefèvre-Pontalis Antonin, rapporteur.) M. Pascal Duprat proposa l'amendement suivant :
« Le Sénat est électif. Il est nommé par les mêmes électeurs que la Chambre des députés. » On ne pouvait rien imaginer de plus illogique que cette proposition. Un Sénat destiné à faire contrepoids aux entraînements d'une Chambre issue du suffrage universel, devait avoir nécessairement une origine différente; mais les Révolutionnaires ne se piquent ni de logique ni de discrétion quand ils y trouvent profit. Ils savaient qu'ils exploitaient à leur convenance le suffrage universel, cela leur suffisait.

Malgré cette inconséquence, non moins coupable que ridicule, la proposition fut votée par 322 voix contre 310, grâce à l'abstention de 41 membres de l'Extrême-Droite.

Je dois dire que le duc de La Rochefoucauld se sépara d'eux et vota contre.

12 février.

Ce vote dénaturait entièrement le caractère de l'Institution du Sénat. Le Gouvernement le comprit, et le lendemain, à l'ouverture de la séance, le général de Cissey, vice-président du Conseil, lut la déclaration suivante :

« Messieurs,

« Le Président de la République n'a pas cru devoir nous autoriser à intervenir dans la suite de la discussion. Il lui a paru, en effet, que votre dernier vote dénaturait l'Institution sur laquelle vous êtes appelés à statuer et enlevait ainsi à l'ensemble des lois constitutionnelles le caractère qu'elles ne sauraient perdre sans compromettre les intérêts conservateurs.

« Le Gouvernement, qui ne peut en déserter la défense, ne saurait donc s'associer aux résolutions prises dans votre dernière séance. Il croit de son devoir de vous en prévenir, avant qu'elles puissent devenir définitives. »

Cette déclaration significative et énergique réjouit tous les bons esprits dans l'Assemblée et elle fut comprise. Toutefois on s'amusa à jouer avec les articles et les amendements de ce projet de loi. La Droite ne daignant même plus voter, les amendements des gauchards, Bérenger, Bardoux et de Mahy passaient tous à l'envi et à la grande joie de leurs auteurs, et, quant à l'article du projet de la Commission portant que les membres du Sénat ne recevraient ni traitement ni indemnité, la Droite s'empressa de le voter pour faire pièce à la Gauche et il passa.

Le quatorzième et dernier article fut voté sans difficulté.

Mais quand il s'agit de voter pour passer à la troisième délibération, dans le parti Conservateur les indifférents s'éveillèrent, les hostiles se calmèrent, impressionnés tous par la déclaration du Gouvernement, et 368 voix contre 345 repoussèrent la troisième lecture.

La Gauche, hors d'elle de colère, lança Brisson à la tribune qui demanda d'urgence la dissolution de l'Assemblée, impuissante, dit-il, à donner au pays un Gouvernement définitif. Gambetta appuya la demande de dissolution avec

une violence de langage qu'il n'avait pas eue de longtemps. On vota, et la dissolution fut repoussée par 390 voix
contre 257 : 133 voix de majorité.

On remarqua que M. Dufaure avait voté contre la dissolution, on reconnut là son esprit de modération.

Quant à Thiers et à Jules Grévy ils votèrent la dissolution, en haine de l'Assemblée qui les avait rejetés l'un et
l'autre; ils étaient aussi égoïstes et aussi passionnés l'un
que l'autre, sans en avoir l'air.

Cette séance fort agitée dura jusqu'à huit heures un quart
et l'Assemblée décida qu'il n'y aurait pas séance le lendemain samedi, 13 février.

Comme on le voit, au cri d'alarme du vice-président du
Conseil, la majorité s'était réformée autour du Maréchal.

C'est, qu'en effet, les âmes honnêtes et patriotes com-
prenaient que le Maréchal et l'Assemblée devaient se prêter
un mutuel appui pour sauver le pays des entreprises révolutionnaires et prolonger le plus possible cette union, car
cette Assemblée disparue tout est à craindre de celle qui
lui succédera.

Et cependant on ne voulait pas admettre que cette Assemblée pût durer autant que le Maréchal, opinion que j'avais
toujours eue et exprimée, mais en vain. Il est vrai qu'il
eût fallu depuis longtemps veiller à conserver dans l'Assemblée une majorité honnête et dévouée au pays, en
supprimant les élections partielles qui ne nous envoyaient
plus guère que des ambitieux et par conséquent des révolutionnaires, tant que le nombre des députés d'un département n'aurait pas été réduit au tiers, et une proposition
en ce sens avait été faite par Courcelles (de la Haute-Saône),
que la faiblesse ou l'inintelligence des Ministres d'alors fit
retirer par son auteur; par là on mettait à profit pour notre
pays si éprouvé, la bonne fortune d'une Assemblée *introu-
vable* sortie de l'enseignement de l'adversité. Mais cela
n'était malheureusement plus possible. Toutefois, on eût pu

ne pas envenimer la querelle entre les Légitimistes et les Orléanistes, et tenir compte à l'Extrême-Droite, dont je n'ai pas atténué les torts et les maladresses, des difficultés que lui créait sa position dépendante vis-à-vis d'un Prince un peu trop absolu peut-être dans ses principes,

Au lieu de cela, M. Decazes voulait *couper la queue*. C'est l'expression dont je l'ai entendu se servir, après une incartade des Chevaux-Légers. Il rêvait de bien asseoir le Maréchal sur le Septennat, puis de dissoudre l'Assemblée, convaincu qu'il serait maître des élections; qu'il ferait nommer des Orléanistes à la place des Légitimistes, et des Républicains modérés à la place des Radicaux, et que par là la survivance du Maréchal à la Présidence de la République était assurée au duc d'Aumale. Celui-ci, au moment favorable, pourrait faire sauter la République et nous ramener à la Monarchie libérale-constitutionnelle de 1830.

Le duc d'Audiffret-Pasquier, qui avait plus de talent de parole que de sagesse politique, resté dans l'ombre depuis quelque temps et impatient d'en sortir, fit alliance avec M. Decazes. Il était tout Orléaniste; je l'avais vu le 24 mai 1873, pendant la séance, alors que Thiers chancelait, parcourant les banquettes et disant partout : C'est le duc d'Aumale qu'il faut nommer. Le jeune d'Haussonville était aussi très remuant, il avait rompu en visière avec l'Extrême-Droite; par lui M. le duc de Broglie était aigri, je crois, contre ce groupe, et l'action de ces trois hommes, les plus considérables du parti Orléaniste, s'exerça ouvertement dans l'Assemblée en dehors des Légitimistes. Ceux-ci, en effet, avaient obstinément refusé de constituer le Septennat personnel.

Mais comme il fallait une majorité pour faire voter la loi constitutionnelle des Pouvoirs du Maréchal, ne pouvant la trouver du côté droit de l'Assemblée, MM. Decazes et d'Audiffret-Pasquier la cherchèrent du côté gauche. La Gauche promit son concours, mais elle demanda en retour que le

1875.
12 février.

Maréchal abandonnât la plus précieuse de ses prérogatives : celle de nommer le tiers des sénateurs. Le Maréchal, en subissant cette exigence, renia les sentiments énergiques qu'il avait exprimés le 12 février par l'organe de son Ministère, il montra une grande faiblesse politique et commença à jouer ce rôle passif qui l'a conduit à un complet effacement.

22 février.

C'est dans ces conditions que l'Assemblée recommença la discussion du nouveau projet de loi d'organisation du Sénat. Le Rapporteur, Lefèvre-Pontalis, donna lecture du projet présenté par la Commission, lequel maintenait au Président de la République la nomination de soixante-dix sénateurs inamovibles et disposait que les fonctions sénatoriales seraient gratuites, mais comme dans l'exposé des motifs, il disait que le Maréchal, dans la pensée de rallier une majorité, était prêt à renoncer à cette prérogative si on lui rendait la nomination des conseillers d'Etat, ceux qui ne tenaient aucun compte de sa personnalité et ne songeaient qu'à organiser la République se sentirent fort à l'aise, aussi le contre-projet de la minorité de la commission présenté par M. Wallon, lequel enlevait au Président de la République la nomination des sénateurs inamovibles pour les donner à l'Assemblée Nationale passa-t-il tout entier, voté qu'il fut par toutes les Gauches et une grande partie du Centre-Droit, conduit par le prince de Joinville, les ducs de Broglie et d'Audiffret-Pasquier, Bocher et autres.

Voici le texte de cette loi de coalition :

Loi relative à l'organisation du Sénat.

« Article premier. — Le Sénat se compose de trois cents membres : Deux cent vingt-cinq élus par les départements et les colonies, et soixante-quinze élus par l'Assemblée Nationale.

1875.
22 février.

« Art. 2. — Les départements de la Seine et du Nord
éliront chacun cinq sénateurs.

« Les départements de la Seine-Inférieure, Pas-de-
Calais, etc., au nombre de six, éliront chacun quatre sénateurs.

« Les départements de la Loire-Inférieure et autres, au
nombre de vingt-sept, éliront chacun trois sénateurs.

« Tous les autres départements, chacun deux sénateurs.

« Le territoire de Belfort, les trois départements de
l'Algérie, les quatre colonies de la Martinique, de la Guadeloupe, de la Réunion et des Indes Françaises, éliront
chacune un sénateur.

« Art. 3. — Nul ne peut être sénateur s'il n'est Français, âgé de quarante ans au moins, et s'il ne jouit de ses
droits civils et politiques.

« Art. 4. — Les sénateurs des départements et des colonies sont élus à la majorité absolue, et quand il y a lieu,
au scrutin de liste, par un collège réuni au chef-lieu du
département ou de la colonie et composé :

« 1° Des Députés ;

« 2° Des conseillers généraux ;

« 3° Des conseillers d'arrondissement ;

« 4° Des délégués élus, un par chaque conseil municipal,
parmi les électeurs de la commune.

« Dans l'Inde, les membres du conseil colonial ou des
conseils locaux sont substitués aux conseillers généraux,
aux conseillers d'arrondissement et aux délégués des conseils municipaux.

« Ils votent au chef-lieu de chaque établissement.

« Art. 5. — Les sénateurs nommés par l'Assemblée sont
élus au scrutin de liste et à la majorité absolue des suffrages.

« Art. 6. — Les sénateurs des départements et des colonies sont élus pour neuf années et renouvelables par tiers
tous les trois ans.

« Au début de la première session, les départements seront divisés en trois séries, contenant chacune un nombre égal de sénateurs.

« Il sera procédé, par la voie du tirage au sort, à la désignation des séries qui devront être renouvelées à l'expiration de la première et de la deuxième période triennale.

« Art. 7. — Les sénateurs élus par l'Assemblée sont inamovibles.

« En cas de vacance, par décès, démission au autre cause, il sera dans les deux mois pourvu au remplacement par le Sénat.

« Art. 8. — Le Sénat a, concurremment avec la Chambre des députés, l'initiative et la confection des lois.

« Toutefois les lois de finances doivent être en premier lieu présentées à la Chambre des députés et votées par elle.

« Art. 9. — Le Sénat peut être constitué en Cour de justice, pour juger, soit le Président de la République, soit les Ministres, et pour connaître des attentats commis contre la sûreté de l'État.

« Art. 10. — Il sera procédé à l'élection du Sénat, un mois avant l'époque fixée par l'Assemblée Nationale pour sa séparation.

« Le Sénat entrera en fonctions et se constituera le jour même où l'Assemblée Nationale se séparera. »

Tous ces articles furent votés sans difficulté, les 22, 23 et 24 février. Sur le vote d'ensemble il y eut 435 voix pour, et 234 contre; on se demandait si c'était un rêve que de voir organiser ainsi la République par des Monarchistes coalisés avec les Républicains. Le prince de Joinville sanctionnait la coalition par son assiduité aux séances et ses votes ouvertement accusés en faveur du projet de loi; quant au duc d'Aumale il était en congé depuis l'ouverture de la discussion des lois constitutionnelles, cette absence, à ce moment solennel, avait bien aussi sa signification.

1875.
25 février.

Immédiatement après la loi du Sénat vint la troisième délibération sur le projet de loi d'organisation des Pouvoirs publics. Cette loi fut votée sans discussion, la majorité coalisée ayant hâte d'en finir comme quand on sent qu'on fait une œuvre mauvaise. Toutefois l'Extrême-Droite, par l'organe de son président La Rochette et la voix éloquente de Belcastel, fit entendre, du haut de la tribune, des protestations contre la désertion par les Orléanistes de la cause Monarchique et leur alliance avec les Révolutionnaires pour organiser la République et fermer la porte à la Monarchie. Ces protestations restèrent sans réponse, mais l'histoire impartiale la leur fera un jour.

Voici le texte de ce projet de loi :

Loi relative à l'organisation des Pouvoirs publics.

« Article premier. — Le Pouvoir législatif s'exerce par deux Assemblées : la Chambre des députés et le Sénat.

« La Chambre des députés est nommée par le suffrage universel dans les conditions déterminées par la loi électorale.

« La composition, le mode de nomination et les attributions du Sénat seront réglés par une loi spéciale.

« Art. 2. — Le Président de la République est élu, à la majorité absolue des suffrages, par le Sénat et par la Chambre des députés, réunis en Assemblée Nationale. Il est nommé pour sept ans. Il est rééligible.

« Art. 3. — Le Président de la République a l'initiative des lois, concurremment avec les membres des deux Chambres; il promulgue les lois, en surveille et assure l'exécution.

« Il a le droit de faire grâce : les amnisties ne peuvent être accordées que par une loi.

« Il dispose de la force armée.

« Il nomme à tous les emplois civils et militaires.

« Il préside aux solennités nationales; les envoyés et Ambassadeurs des puissances étrangères sont accrédités auprès de lui.

« Chacun des actes du Président de la République doit être contresigné par un Ministre.

« Art. 4. — Au fur et à mesure des vacances qui se produiront, à partir de la promulgation de la présente loi, le Président de la République nomme, en conseil des Ministres, les conseillers d'État en service ordinaire.

« Les conseillers d'État ainsi nommés ne pourront être révoqués que par décision prise en conseil des Ministres.

« Les conseillers d'État nommés en vertu de la loi du 24 mai 1872 ne pourront, jusqu'à l'expiration de leurs pouvoirs, être révoqués que dans la forme déterminée par cette loi.

« Après la séparation de l'Assemblée Nationale, leur révocation ne pourra être prononcée que par une résolution du Sénat.

« Art. 5. — Le Président de la République peut, sur l'avis conforme du Sénat, dissoudre la Chambre des députés avant l'expiration légale de son mandat.

« En ce cas, les collèges électoraux sont convoqués pour de nouvelles élections dans le délai de trois mois.

« Art. 6. — Les Ministres sont solidairement responsables devant les Chambres de la politique générale du Gouvernement et individuellement de leurs actes personnels.

« Le Président de la République n'est responsable que dans le cas de haute trahison.

« Art. 7. — En cas de vacance, par décès ou par toute autre cause, les deux Chambres réunies procéderont immédiatement à l'élection d'un nouveau Président. Dans l'intervalle, le conseil des Ministres est investi du Pouvoir Exécutif.

« Art. 8. — Les Chambres auront le droit, par délibérations séparées, prises dans chacune à la majorité absolue des voix, soit spontanément, soit sur la demande du Président de la République, de déclarer qu'il y a lieu de reviser les lois constitutionnelles.

« Après que chacune des deux Chambres aura pris cette résolution, elles se réuniront en Assemblée Nationale pour procéder à la revision.

« Les délibérations portant revision des lois constitutionnelles, en tout ou en partie, devront être prises à la majorité absolue des membres composant l'Assemblée Nationale.

« Toutefois, pendant la durée des Pouvoirs conférés par la loi du 20 novembre 1873 à M. le Maréchal de Mac-Mahon, cette revision ne peut avoir lieu que sur la proposition du Président de la République.

« Art. 9. — Le siège du Pouvoir Exécutif et des deux Chambres est à Versailles. »

L'ensemble de cette loi fut voté par 425 voix contre 254 sur 679 votants.

Il y eut neuf absents par congé, le duc d'Aumale, trois ambassadeurs, les autres, malades ou en affaires sans doute.

Il y eut trente-huit abstentions, parmi lesquelles on doit signaler celle du prince de Joinville, douze radicaux indécis, entre autres Louis Blanc, le surplus étant les hommes irrésolus ou prudents au sens politique mais assez peu honorable du mot; M. Buffet était retenu auprès de sa mère mourante, M. de Bourgoing n'était pas encore validé.

Ces deux lois furent promulguées le 28 février. Elles étaient l'organisation complète et définitive de la République et fermaient la porte à toute tentative monarchique par l'Assemblée.

L'Assemblée reconstitua son bureau.

Furent nommés : président : Buffet, par 487 voix. (La République étant assise on n'avait plus peur de Buffet, et on votait pour lui.) Vice-présidents : Martel, d'Audiffret, Audren de Kerdrel et Ricard, à la place de Benoist d'Azy, par 300 voix contre 275.

L'entrée de Ricard de la Gauche à la vice-présidence et celle de Lamy du Centre-Gauche au secrétariat furent les premiers fruits de la République. Le journal la *République française* exalta ce succès.

On aurait aussi voulu remplacer à la questure militaire le général Martin des Pallières par le républicain Saussier, et au secrétariat, Blin de Bourbon par Scheurer-Kestner, mais la condescendance du Centre-Droit n'alla pas jusque-là; la Gauche n'en fut pas satisfaite, toutefois elle porta ses espérances sur le Ministère qui allait être incessamment modifié.

Nous attendions ce changement avec une impatience pleine de tristesse. On attendait le retour de M. Buffet, alors dans les Vosges auprès de sa mère mourante; tous les journaux de Gauche en faisaient l'arbitre de la situation; on affirmait que le Maréchal le chargerait de composer un Ministère, car c'était lui surtout, disait-on, qui, par ses conseils, l'avait engagé avec le Centre-Droit, dans l'alliance de la Gauche.

La Gauche se montrait exigeante, le Maréchal se raidissait de peur d'être entraîné. M. Buffet, revenu, s'entendait avec M. Dufaure, mais le duc de Broglie conseillait au Maréchal de ne pas accorder tout ce qu'on lui proposerait; de là impatience de M. Buffet et menace de tout abandonner si le Maréchal cédait aux inspirations du duc de Broglie.

Voilà quelle situation s'était faite le Maréchal pour n'avoir pas eu le courage de dire aux partis : *arrière*, débattez-vous, déchirez-vous, mais pas de désordre, car gare à ceux qui en feront!... Attendons la fin du Septennat, et si alors vos prétendants à la Monarchie ne se sont pas mis d'accord, je vous remettrai la consigne; jusque-là *j'y suis, j'y reste*.

Le Maréchal crut devoir ménager les partis, mais ils finirent par lui créer une situation intenable.

Enfin l'*Officiel* du jeudi, 11 mars, donna la composition du nouveau Ministère :

M. Buffet, ministre de l'Intérieur, vice-président du Conseil, à la place de Chabaud-Latour.

M. Dufaure, ministre de la Justice, à la place de Tailhand.

M. Léon Say, ministre des Finances, à la place de Mathieu Bodet.

M. Decazes, ministre des Affaires étrangères.

M. de Cissey, ministre de la Guerre.

M. de Montagnac, ministre de la Marine.

M. Wallon, ministre de l'Instruction publique, à la place de M. de Cumont.

M. Caillaux, ministre des Travaux publics.

M. de Meaux, ministre de l'Agriculture.

M. Buffet communiqua à l'Assemblée le programme du nouveau Cabinet, il se résumait en deux résolutions : Nous ferons respecter par tous les lois constitutionnelles que l'Assemblée a votées, mais nous ne mettrons ni notre vigilance ni notre pouvoir au service d'aucune rancune; l'état de siège sera maintenu jusqu'après le vote d'une loi sur la presse que le Gouvernement présentera.

Ce programme mécontenta les républicains, le *Rappel* et la *République française*, organe de Gambetta, devenu cependant très modéré, ne se firent pas faute de blâme et de récriminations.

Le duc d'Audiffret-Pasquier fut nommé président de l'Assemblée, en remplacement de M. Buffet, par 418 voix.

On ne faisait pas mystère de la sympathie de Gambetta pour le duc d'Audiffret-Pasquier, il la lui devait, en effet, pour son discours à propos des marchés.

Le duc d'Audiffret fut remplacé comme vice-président par Duclerc, personnage républicain très avancé, et, par son entrée, le bureau commença à prendre une teinte de républicanisme assez accusée.

L'Assemblée se prorogea, pour les vacances de Pâques, jusqu'au 11 mai.

Avant de quitter Paris, je fus rendre visite à M. Buffet;

1875.
18 mars.

je lui demandai si le Gouvernement désespérait de rien tirer de plus de la présente Assemblée, et s'il ne voulait pas du moins la mettre en demeure de faire les lois nécessaires les plus importantes, cette Assemblée pouvant être remplacée par une autre qui ne serait pas aussi conservatrice.

Le Ministre abonda dans mon sens et ne me parut point désirer le renouvellement prochain de l'Assemblée, mais il ajouta : La Dissolution sera fatalement amenée par l'impuissance, si les divisions persistent.

20 mars.

En quittant l'hôtel Beauveau, je trouvai de Cumont, ex-Ministre de l'Instruction publique, avec lequel je causai un instant ; il me répéta ce que je savais, que la situation était bien embarrassée ; enfin, me dit-il en me quittant, le nouveau Cabinet *va tâcher* de faire les élections, et après on verra !...

Le Cabinet n'avait nullement envie de les faire.

CHAPITRE XV

Proposition Courcelles. — Projet de loi sur les Caisses d'épargne. — Projets de lois complémentaires des lois constitutionnelles. — Démission de la Commission des lois constitutionnelles. — Le Conseil supérieur des Beaux-Arts. — Mon projet de loi au sujet des Tuileries. — Pose de la première pierre de l'église du Sacré-Cœur de Jésus à Montmartre. — Deuxième et troisième délibérations sur le projet de loi d'organisation des Pouvoirs publics.

1875.
11 mai.

L'Assemblée reprit ses travaux; après le tirage des bureaux le président mit à l'ordre du jour la proposition Courcelles, qui avait été présentée avant la Prorogation et discutée dans les bureaux, elle portait qu'il serait sursis à toute élection partielle à moins que la députation d'un département ne fût réduite aux trois quarts par décès ou toute autre cause. Cette proposition n'était pas nouvelle, Courcelles l'avait conçue en 1873, voyant que chaque élection partielle envoyait un Républicain à l'Assemblée; mais le Gouvernement d'alors, par faiblesse, lui avait fait dire de ne pas la présenter; de Meaux s'était chargé de cette mission et Courcelles y avait consenti. Cette proposition, excellente en 1873, parce qu'elle conservait la majorité monarchique originelle de l'Assemblée, est vaine aujourd'hui où cette majorité monarchique n'existe plus, elle est, de plus, dangereuse, car elle impose implicitement à l'Assemblée le devoir de se dissoudre à bref délai. Aussi je la combattis vigoureusement, dans le huitième bureau, contre Marcel Barthe qui l'appuyait. Le journal la *Patrie*, dans son numéro du 21 mars, rendit compte des débats des bureaux et travestit un peu ma pensée.

1875.
11 mai.
La proposition Courcelles fut donc mise à l'ordre du jour dès la rentrée, le Gouvernement y tenait, les deux élections du Lot et du Cher étaient pendantes, les délais étant expirés pendant la Prorogation, les décrets de convocation des électeurs avaient été rendus, il n'y avait pas de temps à perdre.

12 mai.
M. Clappier présenta le rapport sur la proposition Courcelles, concluant à ce que toutes les élections partielles fussent suspendues jusqu'aux élections générales.

Je votai contre cette proposition qui n'était qu'une ficelle du Gouvernement pour remettre à plus tard une besogne ennuyeuse, mais qui, injuste en son principe, puisqu'elle privait des départements de leur représentation, inutile dans son but, avait le grave inconvénient d'être une mise en demeure à l'Assemblée de se dissoudre au plus tôt, son existence étant une cause d'injustice.

Aussi Wolowski, s'armant adroitement de ce prétexte plausible, demanda que cette suspension de l'exercice du droit d'être représenté ne fût pas imposée à ces départements pour une période de temps indéfinie et proposa de fixer les élections générales avant le 31 décembre.

A ce mot, l'instinct de la conservation réveilla les indifférents, et 448 contre 174 protestèrent qu'ils n'entendaient pas qu'on fixât ainsi le jour de leur mort.

Et la proposition Courcelles, réduite à cette simple résolution que toute élection partielle serait ajournée aux élections générales, fut votée par 315 voix contre 279.

Ce vote mit, comme on dit vulgairement, du plomb dans l'aile de l'Assemblée, et ainsi elle tendait insensiblement, et par sa propre défaillance, à sa fin dernière.

14 mai.
Vint en discussion un projet de loi sur les Caisses d'épargne, présenté par MM. Tallon, Fournier et de Chabaud-Latour (fils), tous jeunes et pleins d'ardeur, désireux de se produire, mais peu au fait du côté pratique de cette institution. Ils proposaient d'élever de 1,000 à 3,000 francs la

limite des dépôts. Ils y trouvaient l'avantage, pour le dépo-
sant, de mettre en sûreté une somme plus forte, et pour
l'État d'avoir plus d'argent dans ses caisses. On disait même
que le Ministre des Finances acceptait volontiers cette res-
source, tout en gardant prudemment le silence. Le Ministre de l'Agriculture de Meaux, à idées progressives et très
agissant aussi, avait accepté le projet de loi avec entrain ;
mais, dès le début de la discussion, Teisserenc de Bort,
ancien Ministre du Commerce, démontra jusqu'à l'évidence
que ce projet de loi était aussi perfide pour l'ouvrier que
pour l'État, et il fut compris de l'Assemblée ; le jeune Ministre de Meaux, que rien n'arrêtait, eut l'imprudence de
s'engager sur cette question ; on peut dire qu'il s'y enferra.
Ernest Picard lui répondit avec des arguments si sérieux
et des allusions si malignes que l'Assemblée repoussa
l'article 2, qui était toute la loi, par 409 voix contre 150.
Ce fut une grosse déconvenue pour M. de Meaux, qui fut
absolument abandonné par son collègue L. Say, lequel
n'assista même pas à la discussion. Les journaux de
l'Opposition, le *Rappel* entre autres, en firent le sujet d'articles assez désobligeants pour le Ministre.

Fortement ébranlé dans la séance du 14, ce malencon-
treux projet de loi fut tellement ridiculisé par les orateurs,
et entre autres par Le Royer, qui parla contre les articles
autorisant les femmes mariées et les mineurs à déposer
personnellement et démontra que la Caisse d'épargne
pourrait devenir, pour la femme mariée, le recel des fruits
de l'inconduite ou de l'infidélité, et pour les mineurs, l'é-
mancipation, que la Commission, pour éviter un nouveau
déboire, retira le projet.

L'Assemblée s'ajourna au mardi 18 mai, après les fêtes
de la Pentecôte.

Je ne puis encore prévoir la destinée de cette Assemblée.
Je crois qu'elle a contre elle le Gouvernement, tous les
séides du Pouvoir, l'Extrême-Gauche, la Gauche et les

1875.
15 mai.

ardents du Centre-Gauche; je doute que cela fasse une majorité pour la dissoudre, mais le Gouvernement peut faire naître ou saisir une occasion favorable pour amener la dissolution, inévitable d'ailleurs dans un avenir rapproché. Je le reconnais, les divisions ont déplacé la majorité, elle n'est plus aux Conservateurs, elle est aux hommes de progrès, aux révolutionnaires. Je n'espère donc pas une longue existence pour cette Assemblée qui, malgré ses divisions, compte encore beaucoup plus d'hommes excellents que n'en compteront jamais, je le crains, celles qui lui succèderont; mais je voudrais qu'elle vive assez de temps pour que, se dépouillant des intérêts de parti, source de ses divisions, elle fît, dans le seul intérêt du pays et n'ayant que lui en vue, de bonnes lois sur l'électorat politique, sur la presse, sur l'instruction primaire, sur le droit de réunion, enfin sur les points délicats, difficiles, dangereux de la législation présente.

19 mai.

Ma femme et ma fille Louise assistaient à cette séance.

Le Garde des Sceaux déposa et lut deux projets de loi dits complémentaires des lois constitutionnelles, et relatifs, l'un aux rapports des Pouvoirs publics, l'autre à l'élection des Sénateurs.

Il demanda, au nom du Gouvernement, que ces projets fussent renvoyés à la Commission des lois constitutionnelles, dite Commission des Trente.

On se rappelle combien l'élément monarchique dominait dans cette Commission et comment la minorité républicaine, conduite par Dufaure et Wallon, y avait pris le dessus et fait éclore la République. La confiance du Gouvernement en cette Commission annonçait toutefois son intention de modérer l'entraînement, et eut dû être comprise et soutenue par les Conservateurs. Il n'en fut rien. L'Extrême-Droite continuant son opposition systématique, vingt-cinq membres votèrent contre le Gouvernement, les autres s'abstinrent; les alliés du Centre-Gauche passèrent à la

Gauche et l'Assemblée décida que ces deux projets de loi seraient renvoyés à une Commission spéciale.

Voilà donc le Gouvernement battu; la joie des Républicains éclata dans leurs journaux qui en tirèrent un nouvel argument pour demander la Dissolution.

Je remarquai cette phrase entre autres dans le journal la *République française* :

« Nous marchons vers l'avenir que nous fait la Constitution nouvelle; la séance d'hier nous oriente définitivement vers le terme de l'Assemblée actuelle. »

Je n'avais pas de sympathie pour le Gouvernement bâtard, issu du vote du 25 février; mais je m'affligeais de voir que les divisions du parti Conservateur en s'accentuant de plus en plus le livraient en proie, dans la personnalité du Gouvernement, à toute la violence dissolutionniste de la Gauche et hâtaient l'arrivée d'une nouvelle Assemblée franchement républicaine dont on avait tout à redouter.

Le Gouvernement, personnifié en Buffet et Dufaure, assez blasés l'un et l'autre en politique, prit philosophiquement son parti, et le président d'Audiffret annonça que les bureaux auraient à nommer, le samedi 22 mai, la Commission spéciale à laquelle l'Assemblée venait de décider le renvoi des deux projets de loi.

Il se produisit alors un incident assez singulier.

M. Batbie, président de la Commission des Trente, vint déclarer que puisque l'Assemblée refusait de renvoyer à cette Commission les deux lois complémentaires des lois constitutionnelles qu'elle avait eu mission d'étudier, devant ce vote de méfiance elle se démettait de ses fonctions. Il s'ensuivait qu'elle se démettait aussi du projet de loi électorale dont M. Batbie était rapporteur. M. Laboulaye, membre de la Commission, prit la parole et déclara que, quant à lui, il n'entendait pas se démettre et voulait conserver le projet de loi électorale.

Le président mit fin à ce débat en décidant que la Commission se réunirait et se mettrait d'accord pour maintenir ou retirer sa démission.

Le lendemain, M. Batbie vint déclarer, au nom de la Commission, que si l'Assemblée ne lui renvoyait pas les lois complémentaires, elle se démettrait; que M. Laboulaye avait accepté cette résolution, si même il ne l'avait pas proposée lui-même.

M. Laboulaye monta à la tribune pour expliquer l'inconséquence dont on l'accusait; il dit qu'il avait oublié cette résolution, qu'on pouvait toujours revenir, qu'on se trompait souvent.

M. Batbie déclara que vingt-un membres persistaient à donner leur démission. On attendit ce que feraient les autres, mais, par le fait, la Commission se trouva dissoute.

Le Garde des Sceaux, connaissant la mauvaise composition des bureaux, demanda et obtint que la nouvelle Commission chargée de l'étude des lois constitutionnelles complémentaires fût, comme son aînée, nommée au scrutin de liste par vote à la tribune.

Eut lieu le premier tour de scrutin.

Deux listes avaient été faites qui portaient l'une et l'autre les noms des députés du Centre-Gauche qui avaient voté pour le Gouvernement le 25 février, et à la suite, l'une, les noms des amis du duc de Broglie et quelques noms tendant jusqu'à l'Extrême-Droite par de Tarteron et de Belcastel; l'autre, les noms les plus accentués de la Gauche, comme Brisson et Gambetta. Si ces deux listes avaient été portées intactes, la Commission aurait été composée des éléments Orléanisto-Républicains de la coalition du 25 février, mais la Gauche biffa la plupart des noms du Centre-Droit, et les scrutins des 25 et 26 firent sortir en tête de la Commission vingt-cinq Républicains avérés, dont voici les noms :

Duclerc, Laboulaye, L. de Lavergne, Delorme, Cézanne, Krantz, Humbert, Ricard, Bethmont, J. Ferry, E. Picard, Voisin, Beau, Waddington, Le Royer, Rampon (Ardèche),

Baze, Christophle, Scherer, A. Grévy, Luro, J. Simon, Vacherot, J. Cazot, de Marcère.

Les cinq dernières places remplies au ballottage furent laissées par grâce au Centre-Droit et à la Droite. Ce furent : Delsol, de Sugny, Sacaze, Adnet, A. Léon.

Ils mirent en question de refuser ce mandat en quelque sorte dérisoire, puis se décidèrent à l'accepter. Ainsi les Orléanistes purent juger à quels alliés ils avaient sacrifié leurs anciens amis politiques de la Droite et de l'Extrême-Droite, en concourant avec eux à faire voter la République.

Il manqua une voix à Gambetta pour être nommé au deuxième tour de scrutin. Ses amis, jaloux de sa dignité, ne voulurent pas la compromettre dans un ballottage; il se retira, ainsi que Brisson auquel il manquait neuf voix.

La République triomphait. C'était une Commission toute républicaine qui allait étudier trois lois d'une importance capitale. Le Gouvernement en fut impressionné. On lisait sur la figure des Ministres la préoccupation et le découragement. Le Maréchal était, disait-on, fort irrité et disposé à se raidir. Le Cabinet annonçait qu'il se retirerait si le scrutin de liste, dans la loi électorale, l'emportait sur le scrutin d'arrondissement.

Je quitte un instant le domaine de la politique.

M. Wallon, à son arrivée au Ministère, avait porté, avec l'activité scrupuleuse de sa nature, son attention sur toutes les parties de son département, par conséquent sur la direction des Beaux-Arts qui, n'étant plus comme sous l'Empire dépendante du Ministère de la maison de l'Empereur, était devenue à peu près indépendante et trouvait douce cette situation. Le Ministre insista pour exercer son contrôle, on résista, puis on éteignit les lumières et il se trouva désorienté, mais point découragé, et l'idée lui vint d'entrer d'une manière effective dans la direction des Beaux-Arts à l'aide d'un Conseil supérieur dont il nommerait les membres et qu'il présiderait. Il me fit l'honneur de me demander mon avis sur son projet; je ne pus que l'approuver et, le 22 mai 1875, un décret du Président de la République institua, près le Ministre de l'Instruction publique, des Cultes et des Beaux-Arts, un Conseil supérieur des Beaux-Arts composé de trente membres qui furent :

MM.

Wallon, Ministre de l'Instruction publique, des Cultes et des Beaux-Arts, président.

Jourdain, secrétaire-général du Ministère de l'Instruction publique, des Cultes et des Beaux-Arts, vice-président.

Le marquis de Chenevières, directeur des Beaux-Arts.

Ferdinand Duval, préfet de la Seine.

Henri Delaborde, secrétaire perpétuel de l'Académie des Beaux-Arts.

Guilhaume, directeur de l'Ecole des Beaux-Arts.

Ambroise Thomas, directeur du Conservatoire de musique.

Reiset, directeur des Musées nationaux.

Vicomte de Cardaillac, directeur des Bâtiments civils.

Lehmann, peintre, de l'Académie des Beaux-Arts.

Müller, peintre, de l'Académie des Beaux-Arts.

Cabanel, peintre, de l'Académie des Beaux-Arts.

Bonnat, peintre.

Jules Dupré, peintre.

Comte, peintre.

Cavelier, statuaire, de l'Académie des Beaux-Arts.

Dubois Paul, sculpteur.

Lefuel, architecte des Palais nationaux, de l'Académie des Beaux-Arts.

Beswilwald, architecte, inspecteur général des Monuments historiques.

Henriquel-Dupont, graveur, de l'Académie des Beaux-Arts.

Bazin, compositeur en musique, de l'Académie des Beaux-Arts.

1875.
26 mai.

Ravaisson, conservateur des Antiques au Louvre, de l'Académie des Inscriptions et Belles-Lettres.

De Longperrier, numismate, de l'Académie des Inscriptions et Belles-Lettres.

Chevreul, chimiste, conservateur honoraire du Muséum, de l'Académie des Sciences.

Duc, architecte, de l'Académie des Beaux-Arts.

Aclocque, ingénieur, membre de l'Assemblée Nationale.

Marquis de Costa de Beauregard, membre de l'Assemblée Nationale.

Baron de Vinols, membre de l'Assemblée Nationale.

Buisson, membre de l'Assemblée Nationale.

Clappier, membre de l'Assemblée Nationale.

Lambert Sainte-Croix, membre de l'Assemblée Nationale.

Vicomte d'Armaillé, antiquaire.

Cottier, antiquaire.

Le Conseil supérieur des Beaux-Arts fut une extension considérable de la Commission des Beaux-Arts, par le nombre et la haute notoriété de ses membres et par sa dépendance directe du Ministre de l'Instruction publique, des Cultes et des Beaux-Arts. Il se réunissait au Ministère.

J'avais eu précédemment l'occasion de parler, dans la Commission des Beaux-Arts, sur une question d'esthétique, de manière à m'attirer la bienveillance de deux des membres les plus marquants : MM. Guilhaume, statuaire, directeur de l'Ecole des Beaux-Arts, et Delaborde, secrétaire perpétuel de l'Académie des Beaux-Arts.

A la première séance du Conseil, le 5 juin 1875, dans une discussion relative au jury de l'Exposition, j'affirmai hautement mon attachement aux principes conservateurs qui doivent diriger et féconder les aptitudes artistiques dans leur développement, et soutins que les œuvres d'art, admises à l'honneur du Salon, devaient être soumises au contrôle autorisé des artistes les plus éminents, et, par

1875.
26 mai. conséquent, des membres de l'Académie des Beaux-Arts qui comptait les plus hautes célébrités artistiques de France. M. Lehmann avait fait, en ce sens, la proposition que l'Académie des Beaux-Arts dressât une liste de trente artistes des plus éminents sur laquelle les exposants choisiraient le jury. Cette proposition si sage, et j'ajouterai si libérale, puisqu'elle admettait les artistes eux-mêmes à choisir leurs juges, fut combattue par les novateurs du Conseil, MM. Buisson et Lambert Sainte-Croix, députés, qui, se faisant les organes de MM. Ferdinand Duval, préfet de la Seine, et de Chenevières, directeur des Beaux-Arts, n'admettaient pas que l'élection des membres du jury fût circonscrite dans les limites tracées par l'Académie des Beaux-Arts, mais voulaient laisser aux artistes, pour ce choix, le champ entièrement libre.

Je m'élevai avec une grande vivacité contre cet esprit d'indépendance et ce refus à l'Académie des Beaux-Arts de compétence et d'autorité pour contenir, dans de justes limites, les choix souvent aveugles ou prévenus des exposants. Je me montrai le défenseur convaincu des prérogatives indéniables de cette illustre Compagnie, et de la nécessité, pour les jeunes artistes, d'accepter par elle la direction de leurs maîtres dans la carrière artistique.

MM. Delaborde et Lefuel m'appuyèrent; le Ministre, en louant ma vivacité, m'approuva aussi implicitement, mais nous eûmes contre nous le nombre. M. Lefuel, piqué au vif, répondit quelques mots incisifs à M. Lambert Sainte-Croix, et finit en lui disant : « Peut-être que nous ne sommes pas des artistes, nous ! »

Nous sortîmes de la salle, vivement peinés de voir l'esprit démocratique envahir ainsi le sanctuaire des arts, et MM. Delaborde, Lefuel, Müller et Cavelier me firent l'honneur de m'adresser l'expression de leur gratitude d'avoir si chaudement pris la défense de l'Académie des Beaux-

Arts, et, par elle, des principes tutélaires du bon goût et
des Beaux-Arts. Là, comme ailleurs, s'infiltrait l'esprit démocratique voulant s'affranchir de toute règle, favorisé par
la faiblesse et la condescendance de l'autorité qui, là
comme ailleurs, faisait des concessions au nombre dans
l'espoir d'en tirer le profit de la popularité. Les journaux
d'art, en rendant compte de la séance, dirent que j'étais
entré dans une grande colère pour défendre l'Académie
des Beaux-Arts.

Après ma retraite de la vie politique en 1876, par suite
de l'état de ma santé, M. le Ministre voulut bien me
conserver mon siège au Conseil supérieur des Beaux-Arts;
les convocations m'étaient adressées en province, mais,
n'habitant pas Paris, il m'était impossible d'assister aux
réunions, et quelque prix que j'attachasse à l'honneur de
faire partie de cette assemblée, la délicatesse me faisait un
devoir de ne pas occuper de nom une position dont il
m'était impossible désormais de remplir les devoirs, et
j'adressai au Ministre ma démission, le 29 février 1876. Il
voulut bien y répondre par la lettre suivante :

« Paris, le 6 mars 1876.

« Monsieur et cher collègue,

« J'ai fait part au Conseil supérieur des Beaux-Arts de
votre démission. Ce n'est pas sans un profond sentiment
de regret que les membres de ce Conseil se voient séparés
d'un collègue dont ils avaient su apprécier les lumières, le
caractère élevé et le dévouement. Pour ma part, ce regret
devient plus vif encore quand je songe au motif qui vous
éloigne de la vie politique et de nous. Quoi qu'il arrive,
soyez sûr que je n'oublierai pas les services que vous avez
rendus aux Beaux-Arts, ni la part que vous avez prise aux
travaux de l'Assemblée Nationale dans laquelle j'étais heureux de siéger à si peu de distance de vous.

« Agréez, Monsieur et cher collègue, l'assurance de ma haute considération et de mes sentiments les plus dévoués.

« *Le Ministre de l'Instruction publique,*
des Cultes et des Beaux-Arts,

« H. WALLON. »

Peu de jours après je recevais du Ministre un exemplaire du grand ouvrage du comte de Clarac, accompagné de la lettre suivante du Directeur des Beaux-Arts :

« Palais-Royal, le 26 avril 1876.

« Monsieur le baron,

« J'ai l'honneur de vous annoncer que par arrêté, rendu sur ma proposition, M. le Ministre a bien voulu mettre à votre disposition un exemplaire de l'ouvrage de M. le comte de Clarac (sculpture antique et moderne), pour vous remercier du concours éclairé que vous avez prêté à l'administration dans l'examen des questions qui ont été soumises aux délibérations du Conseil supérieur des Beaux-Arts.

« Agréez, Monsieur le baron, l'assurance de ma considération très distinguée.

« *Le Directeur des Beaux-Arts,*
« Marquis DE CHENEVIÈRES. »

Je reprends à la suite des travaux de l'Assemblée.

Mgr Dupanloup, voyant que les choses allaient vite, pria l'Assemblée de mettre à l'ordre du jour d'une séance rapprochée la suite de la deuxième délibération du projet de loi relatif à la liberté de l'enseignement supérieur.

Eut lieu la deuxième délibération sur ce projet de loi.

Pendant le cours de cette discussion, furent présentés divers projets de lois de crédit, ayant un caractère d'urgence.

1875.
7 juin.

L'un d'eux avait pour objet la demande, par le Ministre des Travaux publics, d'un crédit de 2,500,000 francs applicable à l'installation de la Cour des Comptes dans le pavillon Marsan.

Le Gouvernement insurrectionnel de la Commune de Paris avait incendié le Palais du quai d'Orsay où siégeaient le Conseil d'Etat et la Cour des Comptes. Ces services s'étaient installés provisoirement : le Conseil d'Etat dans un hôtel de la rue de Grenelle-Saint-Germain, et la Cour des Comptes dans les étages supérieurs de l'aile Montpensier au Palais-Royal.

La première restauration exécutée par l'Etat aux palais nationaux incendiés par la Commune, avait été celle du pavillon du nouveau Louvre où se trouvait la Bibliothèque, et de l'aile des Tuileries longeant la rue de Rivoli, depuis ce pavillon jusqu'au pavillon Marsan, extrémité nord-est du palais des Tuileries. Un crédit de 4 millions avait été voté antérieurement pour ce travail, et le Ministre demandait un nouveau crédit de 2,500,000 francs pour approprier le pavillon Marsan à l'installation de la Cour des Comptes.

10 juin.

Ce pavillon avait été la demeure de la famille royale. Mᵐᵉ la duchesse de Berry l'avait occupé, après elle la duchesse de Nemours; l'installation de la Cour des Comptes, au palais des Tuileries, produisait un froissement douloureux dans tous les cœurs royalistes de l'Assemblée.

11 juin.

J'arrivai à la séance au moment où Cordier (de la Seine-Inférieure), rapporteur du projet, était à la tribune. Je savais qu'il s'agissait des Tuileries, mais je ne connaissais pas l'Exposé des motifs; je le lus à la hâte, et quand j'y vis cette phrase : « *Nous pensons qu'il importe de faire disparaître au plus tôt ces vestiges de nos discordes civiles,* » je compris qu'on allait condamner implicitement les Tuileries à la destruction. Je crayonnai à la hâte quelques idées et je demandai la parole (*Journal officiel* du 12 juin 1875) :

1875.
11 juin.

« Messieurs,

« Je ne viens pas combattre les conclusions du rapport. La question paraît jugée et la différence entre le chiffre des dépenses des deux projets sera péremptoire, je crois, aux yeux de l'Assemblée. Je viens seulement faire une réserve formelle sur un paragraphe du rapport qui, par le vote du projet de loi, aurait une portée que vous ne voudrez pas lui donner, je l'espère.

« Ce paragraphe est celui qui conclut à la nécessité de faire disparaître au plus tôt les ruines des Tuileries pour faire disparaître la trace de nos discordes civiles.

« Nous voulons tous, dans cette Assemblée, faire disparaître la trace de nos discordes civiles, dont le souvenir nous pèse, nous le voulons tous; mais un grand nombre d'entre vous et moi nous le voulons en relevant les ruines faites par la Commune et non en achevant son œuvre de destruction.

« J'ai eu l'honneur, l'année dernière, de vous faire la demande d'un crédit pour conserver ce qui nous reste du palais des Tuileries, c'était sans arrière-pensée politique, croyez-le, mais dans le seul but de conserver à la France cette œuvre capitale de Philibert Delorme, le type le plus parfait de notre art de la Renaissance. Vous n'avez pas jugé à propos d'accorder ce crédit, je me suis incliné devant la décision de l'Assemblée.

« Mais aujourd'hui je ne puis laisser passer sans protester cette phrase du rapport qui, accepté par vous, serait une autorisation indirecte donnée au Gouvernement de faire disparaître ce qui reste des Tuileries. Le palais des Tuileries est assez important au point de vue historique pour que nous ne le laissions pas périr par une sorte de prétérition, de sous-entendu législatif.

« Il faut, si ce qui nous reste des Tuileries doit être conservé ou périr, qu'il périsse ou qu'il subsiste par une expression formelle de votre volonté, par une loi spéciale, personnelle, Messieurs, car ces ruines parlantes ont une grande personnalité de majesté et d'infortune. » (Rumeurs à Gauche.)

A droite. Oui ! oui ! — Très bien ! très bien !

« Ainsi donc, Messieurs, à moins que M. le Ministre ne déclare formellement qu'on ne peut rien induire des termes du rapport pour autoriser, à plus ou moins bref délai, la ruine de ce qui nous reste de l'œuvre de Philibert Delorme, je demanderai à présenter la proposition suivante :

« Une Commission de quinze membres, nommée dans « les bureaux, statuera sur le parti à prendre au sujet de « ce qui reste du palais des Tuileries. » (Approbation sur plusieurs bancs.)

Le Ministre des Travaux publics prit la parole et dit : « A l'occasion de cette demande de crédit, Messieurs, on « a soulevé la question de savoir si on ne doit pas faire « disparaître ce qui reste du palais des Tuileries. Nous « n'avions pas à nous occuper de cette question qui est « tout à fait différente, cependant je crois qu'il est utile « qu'un parti soit pris à ce sujet et je remercie M. le « baron de Vinols d'avoir bien voulu apporter une propo- « sition de loi qui vous permette de vous prononcer. »

Je répondis au Ministre que j'étais heureux d'avoir prévenu son désir en appelant l'Assemblée à se prononcer sur cette question, que sa dignité lui faisait un devoir de résoudre depuis longtemps, et je déposai sur le bureau la proposition dont le texte est ci-dessus. Le président annonça qu'elle serait imprimée, distribuée et renvoyée à la Commission d'initiative parlementaire.

Ma femme et ma fille Louise assistaient à cette séance. Je fus écouté par l'Assemblée avec attention et intérêt.

Le Figaro, dans son numéro du 21 juin, article intitulé : *Echos de Paris,* exprima le vif intérêt que prenait la population parisienne à ma proposition au sujet des Tuileries et indiqua les projets divers qui avaient cours dans le public pour utiliser ces restes précieux.

J'écrivis à M. de Villemessant, pour le remercier, une lettre qu'il inséra dans le numéro du 22.

Le 16 juin eut lieu la cérémonie de la pose de la première pierre de l'église du Sacré-Cœur à Montmartre; j'eus l'honneur d'y être invité et d'y assister, avec environ cent quatre-vingts députés. La cérémonie fut présidée par Mgr Guibert, archevêque de Paris, qui prononça un discours inspiré du texte du Sermon sur la montagne et qui, du haut de cette *Montagne des Martyrs*, adressa à ce Paris si orgueilleux et si coupable, l'exhortation des huit béatitudes, avec un accent de vérité saisissante.

Fut achevée la deuxième délibération sur la loi de l'enseignement supérieur et voté le passer à une troisième délibération.

Cette loi proclamait la liberté de l'enseignement supérieur : les diocèses pourront acquérir, recevoir, disposer, comme personnes civiles. Les grades seront obtenus après examens passés, soit devant les Facultés de l'Etat et le jury d'examen de ces Facultés, soit devant un jury spécial *mixte*, composé par moitié de professeurs des Facultés de l'Etat et de professeurs des Facultés libres dans lesquelles les candidats auront fait leurs études.

On se réjouit grandement, dans le parti catholique, de cet affranchissement du joug de l'Université.

Cette conquête fut disputée avec fureur par le parti universitaire et libre-penseur de l'Assemblée, ayant à sa tête Jules Simon.

M. Wallon, ministre de l'Instruction publique, bien qu'universitaire, montra dans cette discussion une impartialité qui lui fit grand honneur. La Gauche rugit de voir le père de la République devenu l'allié des cléricaux, et plusieurs l'appelaient alors, par dérision, père de l'Eglise.

La première loi constitutionnelle complémentaire, celle

qui réglait les rapports des Pouvoirs publics, fut mise à
l'ordre du jour du 21, malgré la résistance désormais
impuissante de la Droite.

Ce projet de loi, rédigé par des Monarchistes libéraux
par principe et par des Républicains autoritaires par intérêt, n'était ni républicain ni monarchiste, aussi fut-il vigoureusement attaqué par les républicains radicaux, Louis
Blanc et Madier-Montjau.

Les Monarchistes radicaux, c'est-à-dire les Légitimistes
convaincus, n'auraient pas eu de peine non plus à faire
ressortir les contradictions du projet de loi; mais ils gar-
dèrent le silence, car je ne puis dire qu'en cette circonstance du Temple ait été leur organe en venant invectiver
le Maréchal-Président, jusqu'à dire qu'il avait manqué au
devoir que lui imposait l'honneur de commander une
armée de 80,000 hommes, en s'éloignant du champ de
bataille après sa blessure, au lieu de venir mourir au
milieu de ses soldats.

Ce reproche excita dans l'Assemblée un vif mécontentement et, à la demande du président, la parole fut retirée
à du Temple : punition sévère que je n'ai vu appliquer
qu'une fois.

Après une réponse de M. Buffet aux discours de L. Blanc
et de Madier-Montjau dans laquelle il fit aussi ressortir
l'inconséquence de leur conduite de venir attaquer le programme du 25 février, on décida de passer à une deuxième
lecture.

Commença la discussion d'un projet de loi de déclaration
d'utilité publique de plusieurs lignes de chemins de fer et
de leur concession à la Compagnie de Paris à Lyon et à la
Méditerranée.

Ce fut une guerre acharnée entre les représentants des
départements intéressés, intérêt sous lequel se cachaient
pour plusieurs celui de leur réélection. Elle dura plusieurs
jours.

Pendant la séance, un huissier vint me prier, de la part du chef des procès-verbaux des séances de l'Assemblée, de donner, pour qu'elle fût imprimée et distribuée, la rédaction définitive de ma proposition au sujet des Tuileries.

La voici, avec quelques modifications à la forme sous laquelle je l'avais produite à la tribune, à la séance du 11 juin, et qui se ressentait de la hâte dans laquelle j'avais dû la formuler sans préparation, au cours de la séance, ayant eu à peine le temps de lire rapidement l'Exposé des motifs du projet de loi que j'avais à combattre :

N° 3,036

—

ASSEMBLÉE NATIONALE

ANNÉE 1875

Annexe au procès-verbal de la séance du 11 juin 1875.

—

PROPOSITION

TENDANT A LA NOMINATION D'UNE COMMISSION APPELÉE
A ÉTUDIER LA QUESTION DES TUILERIES,

Présentée par M. LE BARON DE VINOLS,
Membre de l'Assemblée Nationale.

—

EXPOSÉ DES MOTIFS

« Messieurs,

« Les deux façades des Tuileries restées debout après l'incendie qui, au mois de mai 1871, a dévoré l'intérieur du Palais, ont une importance artistique de premier ordre, puisqu'elles sont l'œuvre de Philibert Delorme, et renferment des beautés architecturales dont se sont inspirés, depuis trois siècles, les architectes les plus éminents de notre pays.

« Au point de vue historique, on ne peut oublier que ce fut le palais des souverains de la France pendant cette période de l'histoire moderne où elle a joué dans le monde un rôle si prépondérant par la gloire de ses armes et la puissante expansion de son génie national dans les Sciences, les Lettres et les Arts.

« A ce double titre, les restes précieux de ce monument ont droit à l'attention la plus sérieuse de l'Assemblée Nationale dont la responsabilité et l'honneur sont intéressés à les conserver et à les restaurer, à moins qu'il ne soit démontré qu'il y a impossibilité matérielle à le faire.

« Pour résoudre cette importante question, qui émeut profondément l'opinion publique attristée de l'abandon dans lequel sont laissées les Tuileries livrées aux injures du temps et par elles à une destruction lente mais certaine, le soussigné a l'honneur de soumettre à l'Assemblée Nationale la proposition suivante : ·

« ARTICLE UNIQUE. — Une commission de quinze mem-
« bres, nommée dans les bureaux, étudiera le parti à
« prendre au sujet de ce qui reste du palais des Tuileries.
« Elle présentera à l'Assemblée Nationale un projet de
« résolutions conforme au résultat de cette étude. »

Je fus appelé devant la Commission d'initiative parlementaire, la trente-cinquième depuis la réunion de l'Assemblée Nationale, pour exposer les motifs de ma proposition. La Commission, après m'avoir entendu, en délibéra et conclut à l'unanimité moins une voix, celle de Luro (du Gers), néo-républicain, à ce que l'Assemblée Nationale la prît en considération. M. Monnet (des Deux-Sèvres) fut nommé rapporteur, et déposa à la séance du 22 juillet le rapport suivant :

N° 3,339

—

ASSEMBLÉE NATIONALE

ANNÉE 1875.

Annexe au procès-verbal de la séance du 22 juillet 1875.

—

RAPPORT SOMMAIRE

FAIT AU NOM DE LA 35ᵉ COMMISSION D'INITIATIVE PARLEMENTAIRE (*) CHARGÉE D'EXAMINER LA PROPOSITION DE M. LE BARON DE VINOLS, TENDANT *à la nomination d'une Commission appelée à étudier la question des Tuileries,*

PAR M. ALFRED MONNET,
Membre de l'Assemblée Nationale.

« Messieurs,

« Le 11 juin 1875, l'honorable baron de Vinols a déposé sur le bureau de l'Assemblée Nationale une proposition ainsi conçue :

ARTICLE UNIQUE. — « *Une Commission de quinze membres*
« *nommée dans les bureaux étudiera le parti à prendre au*
« *sujet de ce qui reste du palais des Tuileries; elle pré-*
« *sentera à l'Assemblée un projet de résolution conforme*
« *au résultat de cette étude.* »

« Cette proposition a été renvoyée à la 35ᵉ Commission d'initiative, qui, à l'unanimité des membres présents,

(*) Cette Commission est composée de MM. Dupont, *président* ; Lestourgie, *secrétaire* ; Bozérian, Ferrouillat, Humbert, de Marcère, Boucau, Warnier, marquis de Pontoi-Pontcarré, Parsy, Teisserenc de Bort, comte de Brettes-Thurin, Voisins, Joigneaux, Luro, comte de Béthune, marquis de La Roche-Aymon, Adrien Léon, Goblet, Monjaret de Kerjégu, Monnet, Delacour, Beau, comte de Vaulchier, Chatelin, Vétillard, La Serve, Tassin, comte de Tréveneuc, Giraud. (Voir le n° 3066.)

1875.
22 juillet.

moins un, a décidé qu'elle devait être prise en considération.

« Nommé rapporteur, je viens, Messieurs, au nom de votre Commission, vous dire les motifs de sa décision.

« Bien qu'il ne s'agisse que d'une prise en considération, nous avons pensé, Messieurs, que trop de souvenirs se rattachaient au palais des Tuileries pour ne pas puiser dans son origine, dans son histoire et dans ce qui reste de ses richesses architecturales, les arguments qui doivent, selon nous, justifier les conclusions que nous avons l'honneur de vous soumettre.

« Les terrains où fut élevé le palais des Tuileries étaient, en 1300, occupés par des fabriques de tuiles destinées aux constructions de Paris. Telle est l'origine d'un nom aujourd'hui consacré par trois siècles.

« Deux maisons y furent bâties en 1343 par Pierre Desessards et Nicolas de Neuville. En 1518, François Ier acquit ces deux maisons par un échange, qui donna à la famille de Neuville le château de Chanteloup, près Arpajon.

« C'est sur l'emplacement qu'elles occupaient qu'en 1564 Catherine de Médicis fit poser les fondations du palais des Tuileries, sous la direction de deux architectes dont la juste renommée a traversé les âges : Philibert Delorme et Jean Bullant.

« Bientôt obsédée par des craintes superstitieuses, Catherine fit arrêter les travaux et ordonna la construction de l'hôtel de Soissons, afin de s'éloigner ainsi d'un lieu que de sinistres prédictions lui rendaient redoutable.

« Ce qui fut construit par *Philibert Delorme* et *Jean Bullant* se composa seulement du pavillon central en avant-corps, de ses deux ailes en terrasse et des deux pavillons qui les terminent. Cette construction forma le grand bâtiment du milieu tel qu'il existe encore aujourd'hui, après les démolitions qui ont eu lieu depuis 1871.

« Henri IV fit continuer le palais d'après les projets de

Ducerceau, et ce fut lui qui commença, sur les dessins d'Etienne Duperrac, architecte du roi, la grande galerie qui, du côté de la rivière, rejoint les Tuileries au Louvre.

« Alors la façade du palais sur le jardin devint composée de cinq pavillons en avant-corps et de quatre ailes en retraite.

« Enfin, sous Louis XIV, en 1664, Colbert, surintendant des bâtiments du roi, fit exécuter des additions considérables aux Tuileries par l'architecte Lévau, mort en 1670, dont les projets et les travaux furent continués par son élève, François d'Orbay.

« Ces deux architectes ne se bornèrent pas à des constructions nouvelles, ils firent aussi de nombreuses modifications à l'œuvre de Philibert Delorme. Notamment ils ajoutèrent au pavillon du milieu l'ordre composite, l'attique, le fronton et le dôme carré.

« Ils supprimèrent le magnifique escalier que Delorme avait placé dans l'axe du palais, et qui était, dit Blondel, *le plus grand et le plus considérable du monde.* Il fut remplacé par un escalier sur le côté, ce qui créa un passage direct entre la cour et le jardin, et permit d'apercevoir du Carrousel le pont tournant qui terminait la grande allée centrale du jardin, chef-d'œuvre de Le Nôtre.

« Le développement immense qui fut, à cette époque, donné au palais des Tuileries, modifia le caractère de son architecture primitive, et en y apportant des dissemblances en troubla l'harmonie. — Notamment les deux grandes constructions qui s'appelèrent les pavillons de Flore et de Marsan, écrasèrent par leurs proportions la construction de Philibert Delorme, dont les ordres délicats et légers s'accommodèrent mal de ce voisinage.

« Des règnes de gloire et de prospérité accumulèrent dans le palais des Tuileries des richesses artistiques de toutes sortes. Les peintres et les sculpteurs les plus célèbres travaillèrent à sa décoration, et les œuvres des plus

grands maîtres y furent réunies : *Philippe de Champagne,
Nicolas Mignard, Le Brun, Coypel, Le Guide, Annibal
Carrage, Le Corrège,* etc., voilà les hommes dont les œuvres
contribuèrent à faire des Tuileries un palais digne d'être
la demeure des souverains de la France.

« Si dans son ensemble et par suite des travaux suc-
cessifs exécutés à diverses époques, le palais des Tuileries
n'était pas d'une architecture irréprochable, il n'en con-
tenait pas moins de nombreux détails de bon goût et
d'élégance, dignes d'être respectés et conservés avec soin.
— En 1756, Blondel, dans son traité sur l'architecture
française s'exprime ainsi :

« Le palais des Tuileries offre des parties dignes de la
« plus grande admiration et des types de colonnes, cha-
« piteaux et entablements, qui ont servi de modèles aux
« plus grands architectes du siècle de Louis XIV. »

« Le palais dont nous venons de retracer les origines,
est à un autre point de vue digne d'un bien vif intérêt, et
la question grandit si l'on évoque les souvenirs historiques
qu'il rappelle.

« N'est-ce pas là, en effet, que s'est déroulée une partie
de notre histoire nationale? les bons et les mauvais jours
n'ont-ils pas également imprimé leurs traces sur ces murs?
et cela ne doit-il pas suffire pour leur assurer le respect
des contemporains, comme de ceux qui viendront après
eux?

« François Ier et Henri IV, Louis XIV et Louis XVI, un
grand Roi et un martyr, la gloire et le malheur, ont laissé
dans ce palais des souvenirs également sacrés.

« Hélas! nos étapes révolutionnaires devaient aussi en
laisser de douloureux et de terribles.

« Mais les journées des 9 et 10 août 1792, et tant de
dates néfastes qui se succédèrent depuis, furent dépassées
par le drame de 1871.

« Après deux mois de désordres et de folies, la foule

qui, inconsciente peut-être de la honte qu'elle impose à la France, s'est installée dans les Tuileries, est terrifiée quand apparaissent les braves soldats libérateurs de Paris. Eperdue, elle abandonne le palais, mais c'est une ruine en cendres qu'elle veut laisser après elle.

« Ces hommes, fatigués par les douleurs de la guerre, excités par des doctrines perverses, sans frein contre les plus basses convoitises, veulent dépasser leurs devanciers dans l'expression de leur haine pour tout ce qui fut notre grandeur, et l'incendie de nos monuments succède aux meurtres des otages.

« Les murs, les boiseries, les meubles sont à la hâte enduits de pétrole, et quelques minutes suffisent pour que le palais des Tuileries soit en flammes. La nuit ajoute à ces horreurs, et, pour le cas où le feu ne pourrait suffire à l'œuvre de destruction, une certaine quantité de poudre a été, par une infernale prévision, amoncelée dans le pavillon central, et bientôt une formidable explosion se fait entendre.

« Mais l'odieux projet est déjoué, les murs résistent, et les Tuileries restent debout.

« Au moment où nous écrivons ces lignes, le cadran de l'horloge du palais, subitement arrêtée dans sa marche, est encore là, dominant ces ruines, et indiquant cette heure terrible, comme une de celles qui ne doivent jamais s'effacer de la mémoire d'un peuple (1).

« Mais ces murs encore debout n'ont pu empêcher le développement de l'incendie, et déjà les flammes atteignent le Louvre, où sont accumulées les incalculables richesses artistiques que le monde entier nous envie.

« L'anxiété est profonde, et nos courageux soldats se précipitent pour disputer aux flammes ce qu'il est encore possible de leur arracher.

(1) Neuf heures!... (C'était le 23 mai 1871 au soir).

« Bientôt, ils sont plus forts que le terrible élément, et qui de nous, Messieurs, ne se souvient de la grande et patriotique émotion qui nous fut donnée par la parole frémissante d'un ministre, lorsque, de la tribune française, il nous fit entendre ces mots : *Le Louvre est sauvé*.

« Que la noble armée qui a délivré Paris de la destruction qui le menaçait soit à jamais glorifiée.....

« Le nom de l'un des intrépides sauveurs du Louvre a été particulièrement honoré par une décision de l'Assemblée Nationale. Nous nous souvenons tous du brave commandant de chasseurs à pied, M. de Sigoyer, qui, devenu prisonnier de l'émeute, expiait le lendemain sur la place de la Bastille, et par la mort la plus cruelle, son dévouement et son héroïsme.

« Puissent les murs dont nous voulons conserver les restes, et sur lesquels, comme par une amère dérision, on peut encore lire les mots généreux, mais toujours trompeurs, de liberté et de fraternité, éloigner à jamais de nous, par les enseignements qu'ils nous laissent, les luttes civiles et fratricides !

« Que Dieu, qui glorifie et châtie les nations, fasse que ce terrible exemple ne soit pas perdu, et que cette douloureuse épreuve porte ses fruits !...

« Mais, revenons, Messieurs, à la question que nous avons plus particulièrement à examiner.

« Nous l'avons déjà dit, solidement construits, les murs des façades du palais des Tuileries ont en partie résisté à la terrible épreuve de 1871.

« Les travaux déjà exécutés ont fait disparaître les constructions annexes qui n'appartenaient pas au palais de Philibert Delorme, et qui même n'étaient pas en harmonie parfaite avec son architecture.

« La question dominante est donc de savoir si ce qui reste aujourd'hui se trouve dans un état suffisant de conservation pour supporter les travaux nécessaires à la res-

1875.
22 juillet.

tauration, que nous appelons de tous nos vœux, et qui, du reste, avait été reconnue indispensable avant les terribles évènements de 1871.

« Un examen attentif nous permet de l'espérer.

« En se plaçant du côté du jardin, on constate de suite que le bâtiment situé à gauche du pavillon central a été beaucoup moins atteint que l'aile correspondante à droite. La pierre a résisté, cela est facile à reconnaître, puisque, dans cette partie, les boiseries des portes et des fenêtres existent encore. Des colonnes, des chapiteaux, des fragments d'élégantes sculptures ont été respectés par l'incendie, et semblent attendre l'artiste qui doit les sauver de la destruction.

« Autant qu'une telle affirmation est possible avant une étude approfondie et détaillée, on est en droit de dire que sans une dépense trop considérable le palais des Tuileries peut être conservé.

« C'est là, Messieurs, le vœu que nous formons, mais ce n'est pas par l'expression d'un sentiment, qu'une telle question peut être résolue.

« Nous avons dû nous renseigner auprès des hommes de science et d'expérience, auxquels les questions de cette nature sont familières; nous nous sommes entretenu avec des architectes habiles, et nous sommes heureux de pouvoir dire que leurs appréciations sont d'accord avec nos espérances.

« La restauration des Tuileries est possible; elle est urgente même, si on veut la rendre moins coûteuse.

« Nous n'avons point à examiner ce qui concerne les dispositions intérieures du palais, ce point sera l'objet de propositions et de décisions ultérieures. Nous voulons seulement faire remarquer que si, lorsque les travaux de conservation seront exécutés, on est obligé de compter avec les ressources disponibles, il sera parfaitement possible d'ajourner ceux de l'intérieur.

« Aujourd'hui il importe avant tout d'aller vite, de disputer au temps, aux intempéries ce qui nous reste des Tuileries. Chaque jour qui s'écoule en enlève une pierre, et le froid et la pluie, agents impitoyables de destruction, viennent aider à l'incendie de 1871.

« Nous avons derrière nous quatre années perdues, pendant lesquelles aucunes mesures de conservation n'ont été prises. Nous ne pouvons que le regretter vivement, et exprimer l'espoir de voir bientôt cesser cet état de choses.

« Si la proposition que nous soumettons à la Chambre est accueillie, elle sera discutée et soumise à toutes les formalités administratives et légales, qui n'en permettront pas une prompte réalisation.

« Nous pensons donc devoir demander, que sans attendre le terme de ces lenteurs inévitables, des mesures soient immédiatement prises pour abriter les ruines qu'il importe tant de conserver; cela est également réclamé, et par le côté moral de la question, et par la raison économique.

« La possibilité de la restauration du palais des Tuileries étant démontrée, il ne nous appartient pas d'indiquer la destination qu'il devra recevoir ultérieurement.

« Sur ce point important nous aurions la certitude de voir surgir les avis les plus contradictoires.

« Les uns, et c'est là un droit que leur donne le caractère même de la nouvelle Constitution, n'admettraient pas que le palais des Tuileries puisse recevoir une autre destination que celle de rester la demeure des souverains de la France; les autres, par un sentiment politique absolument opposé, repousseraient cette éventualité.

« Plusieurs projets nous ont été communiqués, soit verbalement, soit par écrit, nous ne voulons que les indiquer sommairement.

« D'après quelques-uns, le palais des Tuileries, relié au Louvre par deux galeries, deviendrait simplement une addition à notre grand Musée national.

1875.
22 juillet

« D'après d'autres, il devrait recevoir le musée spécial des peintres vivants, aujourd'hui installé au palais du Luxembourg, mais où il est à l'étroit, et un peu éloigné du centre de Paris.

« L'honorable M. Glais-Bizoin, ancien député, nous a fait remettre un projet et un plan par lesquels l'ancien palais des rois de France deviendrait le vestibule d'une immense construction recouverte en verre, « *qui dépasse-* « *rait en magnificence aussi bien qu'au point de vue de* « *l'utilité, le palais de cristal de Sydenham près Londres.* »

« Cette nouvelle construction serait destinée « *à la popu-* « *lation de Paris et aux étrangers qui ne trouvent, l'hiver,* « *pendant les longs et mauvais jours, et l'été dans les temps* « *d'orage, aucun lieu de refuge.* »

« L'indication que nous faisons ici de ce projet, dont nous relatons les termes, en est simplement un accusé de réception, puisque nous n'avons ni à l'étudier ni à l'apprécier, c'est à d'autres que cela appartiendra.

« Pour être absolument exact, nous devons mentionner l'avis de ceux qui voudraient voir enlever jusqu'aux dernières traces du palais des Tuileries.

« Toutes ces combinaisons qui tiennent trop peu compte des souvenirs de notre histoire et des exigences de l'art architectural, seront soumises à la Commission de quinze membres dont nous demandons aujourd'hui la nomination.

« Quant à nous, Messieurs, nous devons nous borner à exprimer hautement l'espoir que le caractère de ce grand monument national ne soit jamais dénaturé, et que l'incendie de 1871 devienne même l'occasion d'une restauration intelligente, qui nous rendra l'œuvre de Philibert Delorme.

« S'il pouvait en être autrement, nous trouverions mille fois préférable que les ruines actuelles soient respectées, et qu'avec leur aspect de désolation et de grandeur, elles restent debout au milieu de toutes les splendeurs de Paris,

pour transmettre aux générations de l'avenir l'horreur
salutaire des discordes civiles.

« Il est impossible de s'arrêter à la pensée de détruire
ce qui nous reste des Tuileries. Ces murs noircis, solides
encore, ces vestiges de splendeurs, sont revêtus d'un caractère presque sacré, qui commande le respect.

« Ils appartiennent à la France de l'avenir, tout aussi
bien que l'histoire du palais dont ils sont les restes appartient à notre histoire nationale. Nous n'avons donc pas le
droit d'y toucher pour les faire disparaître.

« Supposons un instant, Messieurs, qu'un de nos savants
explorateurs du monde ancien découvre, au milieu des
vestiges des grandes cités d'autrefois, des ruines ayant le
caractère grandiose de celles des Tuileries, qui donc ne lui
tresserait des couronnes? quel Institut ne lui ouvrirait ses
portes?... et quels sacrifices ne nous imposerions-nous pas
pour assurer la conservation de sa découverte?

« Nous le répétons une dernière fois, Messieurs, il faut
que le palais de Philibert Delorme soit restauré et nous soit
rendu, tout au moins dans ses formes extérieures d'autrefois.

« Nous conserverons ainsi pour l'architecture des modèles d'un art pur et d'une élégance correcte qui aideront à
perpétuer les bonnes traditions, et pour la France, qui nous
en sera reconnaissante, un grand monument indissoluble-
ment lié à son histoire.

« L'Assemblée Nationale, condamnée par les plus douloureux évènements à marquer ses étapes par des actes de
réparations, accueillera donc, nous l'espérons, la proposition que nous avons l'honneur de lui présenter, et, à la
veille de terminer ses travaux, elle donnera par là satisfaction à un vœu national.

« Par ces motifs, au nom de la 35e Commission d'initiative, nous avons l'honneur de demander à l'Assemblée
Nationale de vouloir bien prendre en considération la proposition de M. le baron de Vinols. »

Les vacances suivirent de près.

A la rentrée, M. Dupont, président de la Commission d'initiative parlementaire, prit la parole en ces termes : « Au nom de la 35ᵉ Commission d'initiative et comme Président de cette Commission, je viens, après en avoir donné avis à M. le Ministre des Travaux Publics, vous demander la mise à l'ordre du jour du rapport par lequel la Commission d'initiative conclut à la prise en considération de la proposition de M. le baron de Vinols, relative au palais des Tuileries. » — (Exclamations à gauche.)

« M. le baron de Vinols a déposé sa proposition à la séance du 15 juin; la Commission en a été saisie et s'est hâtée de faire le rapport qui a été déposé à la séance du 22 juillet 1875. Les mesures qu'il y aurait à prendre seraient urgentes et la Commission m'a chargé de solliciter la mise à l'ordre du jour. » — (Bruit et mouvements en sens divers.)

Le Président consulta l'Assemblée, elle refusa de mettre la proposition à l'ordre du jour. On ne songeait plus qu'à la dissolution.

L'opinion publique, distraite par les événements politiques, se reportait cependant, de temps à autre, attirée par un charme douloureux, sur le sort réservé aux Tuileries.

Il y avait près d'un an que j'avais quitté la vie politique, lorsque le 8 octobre 1876 je reçus, de la direction du journal le *Gaulois*, un numéro dans lequel on traitait de nouveau la question des Tuileries. Je fus sensible à cette attention et je répondis par la lettre suivante :

« Voliac, près le Puy (Haute-Loire), le 9 octobre 1876.

« Monsieur le Rédacteur,

« J'ai reçu les numéros du *Gaulois* des 5 et 6 octobre,

19

où je lis avec un vif intérêt l'article, aussi bien pensé qu'élégamment écrit, que vous consacrez aux Tuileries.

« J'ai porté cette cause, intéressante à tant d'égards, à la tribune de l'Assemblée Nationale en 1874 et 1875. J'ai trouvé alors dans le Parlement une opposition aveugle et violente à Gauche; à Droite, indifférence et légèreté.

« La presse parisienne est restée muette.

« Le *Figaro*, seul, s'est honoré en me soutenant un instant, mais il n'a fait qu'une courte étape dans cette voie et son zèle s'est promptement refroidi.

« Je vous remercie, Monsieur, comme Français, de défendre la cause des Tuileries; car pour moi tout Français qui ne se sent pas ému d'une douleur patriotique à la vue de ces ruines est un étranger en France.

« Veuillez agréer, etc.

       « Baron DE VINOLS. »

Plus tard, le 20 décembre 1876, M. Monnet, qui avait été rapporteur de ma proposition à l'Assemblée Nationale, la reproduisit au Sénat en rappelant qu'il ne faisait que reprendre un projet de loi dont j'avais eu l'initiative à l'Assemblée Nationale. La Commission chargée de l'examiner, composée de MM. Laboulaye, président, Monnet, secrétaire, Ernest Picard, Caillaux, général Riffault, Malens, marquis de Franclieu, Schœlcher et Robert-Dehaut, conclut, d'après l'avis d'une Commission spéciale extra-parlementaire qui s'était prononcée sur la possibilité d'une restauration, à ce que le Ministre des Travaux publics présentât prochainement aux Chambres un projet de loi assurant la conservation du palais des Tuileries dans ses formes extérieures primitives.

Voici le texte de ce rapport :

N° 53

—

SÉNAT

SESSION EXTRAORDINAIRE 1876

Annexe au procès-verbal de la séance du 20 décembre 1876.

—

RAPPORT

FAIT AU NOM DE LA COMMISSION (*) CHARGÉE D'EXAMINER LA PROPOSITION DE LOI DE M. MONNET, RELATIVE A LA RES-TAURATION DU PALAIS DES TUILERIES,

Par M. MONNET, *Sénateur.*

—

« Messieurs,

« A la séance du 3 avril 1876 une proposition de loi, tendant à ce qu'une Commission soit nommée pour étudier la question de la restauration du palais des Tuileries, a été déposée sur le bureau du Sénat. Cette proposition n'était que la reproduction de celle qui avait été soumise à l'Assemblée Nationale par M. le baron de Vinols, et à laquelle la dissolution de cette Assemblée n'avait pas permis de donner suite.

« Votre première Commission d'initiative a conclu à une prise en considération, et le Sénat a bien voulu adopter cette conclusion.

« A la suite de ce vote, une Commission a été nommée par vos bureaux, et c'est en son nom, Messieurs, que j'ai

(*) Cette Commission est composée de MM. Laboulaye, *Président;* Monnet, *Secrétaire;* Ernest Picard, Caillaux, général Riffault, Malens, marquis de Franclieu, Schœlcher, Robert-Dehaut.

l'honneur de venir aujourd'hui vous rendre compte de ses travaux, de son étude attentive de la question, et des conclusions auxquelles elle a cru devoir s'arrêter.

« Ce rapport laissera de côté tout ce qui concerne l'histoire du palais des Tuileries, et les considérations morales ou artistiques sur lesquelles l'accord semble fait pour assurer sa conservation.

« Ce côté de la question a été traité dans un premier travail présenté à l'Assemblée Nationale à sa séance du 22 juillet 1875 (n° 3,239); puis cette étude a été trop bien complétée par le rapport fait au Sénat par notre honorable collègue, M. Robert-Dehaut, pour qu'il soit utile d'y revenir désormais.

« Dans des limites ainsi restreintes, je veux donc me borner, Messieurs, à rester le narrateur fidèle de ce qui a été fait par la Commission sénatoriale, et des incidents qui se sont produits au cours de ses travaux.

« Présidée par l'honorable M. de Laboulaye, votre Commission s'est réunie douze fois.

« La question de savoir si elle était investie du droit d'examiner au fond tout ce qui pouvait concerner les Tuileries a été tout d'abord soulevée, et il a été reconnu que, pour pouvoir dire au Sénat s'il y avait lieu ou non de nommer une Commission, une étude complète était absolument nécessaire. Il a été également reconnu que si les termes dans lesquels le projet était présenté avaient l'inconvénient de produire des retards et de multiplier les formalités parlementaires, ils offraient l'avantage de grouper par avance les renseignements dont une Commission future pourrait avoir besoin, et d'offrir ainsi une double garantie à ceux qui auraient à prendre une décision définitive.

« La majorité de la Commission a, dès l'origine, repoussé la pensée de laisser disparaître ce qui reste du palais des Tuileries : elle n'a jamais varié sur ce point.

« Dès sa première réunion, elle a exprimé le désir d'entendre M. le Ministre des Travaux Publics, et de connaître l'avis du Gouvernement sur la question dont l'initiative parlementaire venait de saisir le Sénat, et le 7 juin, à sa seconde séance, M. le Ministre se rendit dans son sein.

« Les sentiments exprimés par M. le Ministre furent ceux de la majorité de la Commission. Il dit : *tout l'intérêt qu'il attachait à la question, combien il serait empressé d'aider la Commission du Sénat dans ses travaux, et qu'il espérait que, par des efforts mis ainsi en commun, on pourrait arriver à une solution qui apporterait enfin un terme à des dégradations que le temps aggrave chaque jour, et qui auront pour résultat d'élever le crédit désormais nécessaire pour une restauration.* (Procès-verbal.)

« La majorité de la Commission, heureuse de constater les dispositions du Ministre, et comprenant que, dans une étude de cette nature où elle aurait à exprimer des avis sur des questions spéciales, le concours d'hommes compétents lui était nécessaire, demanda à M. le Ministre de lui adjoindre à titre consultatif quelques auxiliaires, une Commission technique capable de lui donner tous les renseignements dont elle pourrait avoir besoin.

« Cette demande fut accueillie avec empressement par l'honorable M. Christophle, qui promit de désigner une *Commission consultative d'architectes et d'hommes compétents*, chargée de faire très prochainement à la Commission parlementaire un rapport sur l'état actuel des ruines des Tuileries, et sur le parti qu'il serait possible d'en tirer. (Procès-verbal de la séance du 7 juin 1876.)

« Après cette entrevue, la Commission ne se réunit que le 6 juillet, un mois après; mais les auxiliaires promis par le Ministre n'étant pas encore désignés à cette date, elle ne put que s'ajourner, en regrettant un retard qui pouvait rendre une solution difficile avant la prorogation prochaine du Sénat.

« Ce retard ne devait pas se prolonger, et le lendemain de

cette réunion M. le Ministre des Travaux Publics faisait publier dans le *Journal officiel* la décision suivante :

« Par arrêté, en date du 6 juillet 1876, le Ministre des
« Travaux Publics a institué une Commission spéciale, à
« l'effet d'étudier les questions relatives à la construction
« du palais des Tuileries et du palais du quai d'Orsay.

« Cette Commission, qui sera présidée par le Ministre
« des Travaux Publics, sera composée de :
« MM. Hérold, sénateur;
    « De la Sicotière, sénateur;
    « Jules Simon, sénateur;
    « Krantz, sénateur;
    « Bethmont, député;
    « Brice (René), député;
    « Tirard, député;
    « De Rémusat, député;
    « De Boureuille, conseiller d'Etat, secrétaire général
        « du Ministère des Travaux Publics;
    « Rognaud, inspecteur général des ponts et chaus-
        « sées, ancien professeur d'architecture à l'Ecole
        « polytechnique et à l'Ecole des ponts et chaus-
        « sées;
    « Duc, membre de l'Institut, inspecteur général des
        « bâtiments civils;
    « Viollet-le-Duc, architecte, membre du conseil
        « municipal de Paris;
    « De Cardaillac, directeur des bâtiments civils et
        « des palais nationaux;
« M. De la Porte, auditeur au conseil d'Etat, chef du
« cabinet du Ministre des Travaux Publics, remplira les
« fonctions de secrétaire de la Commission. »

« Cette décision du Ministre des Travaux Publics ne
parut pas, à plusieurs membres de la Commission parlementaire, pouvoir être considérée comme la réalisation de

la promesse faite à la séance du 7 juin. Par la solennité de sa formation, par la haute position et la notoriété de la plupart de ses membres, dont huit étaient pris dans les Chambres, il semblait, en effet, assez difficile d'admettre que cette nouvelle Commission pût être destinée au rôle secondaire et effacé d'une Commission consultative.

« Il n'est pas inutile de remarquer que, malgré des crédits successivement votés depuis 1871, pour faire face, d'une manière générale, aux dépenses les plus urgentes nécessitées par les désastres de l'incendie, et s'élevant à plusieurs millions, rien n'avait été tenté, rien n'avait été fait pour sauver d'une ruine complète les restes des Tuileries. Et, si malgré cet oubli de mesures préservatrices la question est aujourd'hui à l'étude, cela n'est dû qu'à l'initiative parlementaire, qui, par deux fois, a sollicité les représentants de la France de faire disparaître ces tristes témoignages de nos discordes civiles.

« Et c'est lorsque la question est engagée par le Sénat, qu'une Commission extra-parlementaire est officiellement chargée d'une étude parallèle, et que le Parlement semble dessaisi d'une question dont seul il a pris deux fois l'initiative depuis 1871 !

« Sous l'empire de cette préoccupation et d'un sentiment d'étonnement, la Commission sénatoriale se réunit le 11 juillet.

« A cette séance la majorité déclara, qu'ayant reçu un mandat du Sénat, elle ne pouvait en être relevée que par le Sénat lui-même; qu'elle continuerait ses travaux, mais qu'avant tout il lui paraissait nécessaire et convenable d'entendre de nouveau M. le Ministre, espérant qu'une loyale explication pouvait faire disparaître toute équivoque.

« M. le Ministre se rendit à l'invitation de la Commission, le 20 juillet, et aux appréhensions qui lui furent exprimées, il répondit par des déclarations nettes et précises, relatées au procès-verbal de la séance dans les termes suivants : *M. le Ministre demande que ses paroles soient retenues au procès-verbal, et il déclare qu'il entend que la Commission instituée par lui n'a uniquement et absolument qu'un caractère consultatif, que c'est à la Commission sénatoriale qu'elle fera son rapport, et que cette dernière est seule saisie du travail définitif. C'est par cette déclaration formelle qu'il inaugurera les travaux de la Commission extra-parlementaire, qui, au reste, n'a pas encore été réunie. (Procès-verbal du 20 juillet.)*

« Après une explication si nette, votre Commission, Messieurs, n'avait plus qu'à se préoccuper du mandat qu'elle avait reçu de vous, et dont la dignité restait intacte. Elle résolut de continuer une étude dans laquelle elle pouvait être désormais aidée par le concours des auxiliaires désignés par M. le Ministre.

« Ainsi débarrassée des préoccupations qui avaient un instant interrompu ses travaux, elle se réunit le 31 juillet, et décida qu'elle visiterait les ruines des Tuileries, et qu'elle demanderait à M. le Ministre de vouloir bien se joindre à elle, en se faisant accompagner de M. l'architecte des palais nationaux.

« Cette visite eut lieu le 3 août.

« Ce n'est pas sans une profonde et douloureuse émotion que l'on pénètre sous ces voûtes effondrées, sous ces murs noircis, impuissants à résister longtemps encore aux intempéries qui compromettent de plus en plus leur solidité.

« Puisse un tel spectacle éloigner à jamais de la France le retour de semblables malheurs!

« Le résultat de l'examen fait par la Commission a été que, par des travaux de restauration, le palais construit par Philibert Delorme pouvait être rétabli dans son état primitif.

« Les deux pavillons dont les restes ont été enlevés depuis 1871, bien qu'aucune loi ne soit intervenue pour proscrire leur démolition, non seulement n'avaient aucune analogie architecturale avec le palais central, mais ils n'étaient que des additions regrettables; et dans la pensée de la Commission, ils ne doivent pas être compris dans la restauration qu'elle désire.

« En ce qui concerne l'ancien palais, la majorité de la Commission n'a pu admettre l'avis de ceux qui pensent que le moyen le plus simple d'arriver à une reconstruction convenable serait de faire d'abord disparaître tout ce qui reste encore debout.

« C'est dans les travaux entrepris au compte de l'Etat qu'il est surtout facile de constater cette tendance de toujours préférer une reconstruction complète à une restauration encore possible, mais qui n'offrirait à l'amour-propre de son auteur qu'une satisfaction insuffisante..

« Les constructeurs d'aujourd'hui sont en cela plus exigeants que leurs devanciers des siècles passés, qui dans les monuments qu'ils ont laissés n'ont pas dédaigné de grouper sur les mêmes œuvres les études et les ressources de plusieurs générations; à ces efforts mis en commun l'art ne perdait rien, et les dépenses ainsi échelonnées rendaient possibles de grandes et magnifiques constructions.

« Votre Commission s'est félicitée d'entendre M. le Ministre des Travaux Publics affirmer, sur les ruines mêmes du palais, son désir très formel d'en assurer la conservation.

« Elle a trouvé comme lui que certaines parties des murs actuels semblaient suffisamment solides pour supporter des travaux de restauration, et que la conservation de sculptures délicates et artistiques, encore en bon état, produirait une sérieuse économie.

« Par ces motifs, la majorité de la Commission, d'accord en cela avec M. le Ministre des Travaux Publics, a repoussé la pensée d'une démolition complète des Tuileries, ce qui, sans invoquer d'autres considérations, mettrait dans une choquante évidence le défaut de parallélisme si disgracieux qui existe entre les deux côtés du Louvre.

« Elle a trouvé qu'une restauration était commandée par l'ensemble des monuments qui entourent le palais, et par le respect qui est dû à des souvenirs historiques comme à une œuvre d'art qui est tout ce qui reste à la France de Philibert Delorme et de Jean Bulan.

« A sa réunion du 4 août, votre Commission, résumant l'ensemble de ses travaux, et comprenant par ce qu'elle venait de tenter elle-même combien il était difficile à une Commission parlementaire de se prononcer avec une complète autorité sur des questions techniques, trouvant aussi qu'un projet de restauration devait être accompagné d'un devis et d'une demande de crédit, et que se charger de ce soin serait substituer le contrôle parlementaire à la responsabilité du Pouvoir Exécutif, a refusé d'entrer dans cette voie.

« Elle a tenu aussi à écarter de sa discussion tout ce qui pouvait concerner la destination intérieure du palais, pensant devoir se préoccuper uniquement d'une restauration au point de vue artistique, et que ce but n'en serait pas moins atteint alors que l'intérieur recevrait une destination économique, telle que celle d'un Musée national qui serait ainsi rapproché des collections du Louvre.

« La Commission a, en outre, protesté contre la possibilité de voir introduire des modifications architecturales dans l'œuvre primitive, et aussi contre la pensée de voir de grands travaux de l'Etat engagés sans la participation et le consentement des Chambres.

« C'est à M. le Ministre des Travaux Publics qu'incombe le devoir de veiller à ces détails, et de donner suite au projet soulevé par l'initiative parlementaire; c'est à lui qu'il appartient de présenter une loi aux Chambres, avec la demande du crédit nécessaire.

« Toutefois, et sans vouloir déplacer aucune responsabilité, la Commission a trouvé que les études qu'elle venait de faire lui permettaient d'émettre son avis sur le fond de la question, et elle a déclaré, en se plaçant exclusivement au point de vue de l'art, qu'elle était d'avis d'une restauration aussi prochaine que possible du palais des Tuileries, et qu'il était utile de prendre de suite des mesures pour arrêter le progrès des dégradations.

« Tel était l'état de la question au mois de juillet, au moment de la prorogation des Chambres.

« Après la reprise des travaux du Sénat, la Commission a pensé qu'avant le dépôt de son rapport il était utile d'entendre de nouveau M. le Ministre des Travaux Publics, pour connaître les modifications qui avaient pu être apportées à l'état de la question depuis ses dernières séances, et, sur l'invitation qui lui en a été faite, M. le Ministre a bien voulu se rendre au sein de la Commission le 19 décembre 1876.

« Il est résulté de l'exposé fait par M. le Ministre à cette réunion, que les études et les travaux préparatoires de la Commission extra-parlementaire arrivent aux conclusions précédemment adoptées par la Commission sénatoriale, pour la restauration du palais.

« Des hommes compétents qui, à l'origine, croyaient qu'une démolition complète devait précéder une restauration, ont reconnu qu'il n'y avait point lieu de recourir à ce moyen extrême.

« Deux hommes d'une grande renommée et dont la science est indiscutable ont été chargés par le Ministre de faire des expériences de restauration par deux systèmes, dont la différence porte surtout sur les résultats économiques.

« Se résumant, M. le Ministre a dit que la Sous-Commission extra-parlementaire lui avait présenté un rapport affirmant la possibilité et l'utilité d'une restauration, que c'était aussi là son avis personnel, et que la disparition du palais des Tuileries serait, selon lui, un acte de vandalisme auquel il ne saurait s'associer.

« La Commission a été heureuse de voir ainsi confirmer, par les auxiliaires qui lui avaient été donnés, les conclusions auxquelles elle s'était arrêtée dès le mois de juillet, avant la prorogation du Sénat.

« S'en référant à toutes les considérations qui précèdent, vos mandataires ne pensent pas, Messieurs, devoir vous proposer la nomination d'une Commission nouvelle.

« Telles sont, après les incidents dont vous venez d'avoir le récit, les conclusions auxquelles votre Commission a cru devoir s'arrêter, et qui se traduisent par l'expression *du vœu de voir M. le Ministre des Travaux Publics présenter prochainement aux Chambres un projet de loi assurant la conservation du palais des Tuileries dans ses formes extérieures primitives.* »

Je ne suivis pas les phases diverses que traversa cette proposition, mais je me réjouis grandement lorsque je la vis enfin résolue, conformément à mes indications et à mes vœux, par le projet de loi suivant, voté par le Sénat à la séance du 27 mai 1878, inséré dans le *Journal officiel* du 14 juin, et ainsi conçu :

« Article 1er. — La partie encore subsistante du palais des Tuileries sera *conservée et restaurée* pour être affectée à un musée d'art moderne.

« Art. 2. — Les travaux à exécuter comprendront la restauration et la consolidation des murs.....

« Art. 3. — Une somme de 5,100,000 francs est affectée à l'exécution de ces travaux. » (1)

---

(1) Cette loi est restée lettre morte par suite de l'acharnement des Révolutionnaires contre toutes les gloires passées de la France, et le monument le plus national de France a péri par la main des Français.

Je reviens aux travaux de l'Assemblée.

Vint en deuxième délibération la loi relative aux rapports des Pouvoirs publics. Cette discussion n'eut rien de saillant.

Les huit premiers articles passèrent sans difficulté.

Sur le neuvième, ainsi conçu : « Le Président de la République ne peut déclarer la guerre sans l'assentiment préalable des Chambres, » le duc de La Rochefoucauld-Bisaccia proposa l'amendement suivant : « Le Maréchal de Mac-Mahon, *pendant la durée de ses pouvoirs*, a seul le droit de déclarer la guerre. »

Cette proposition me surprit. Je trouvais excessif de conférer à un homme qui n'était pas Roi le droit de paix ou de guerre. Ce droit redoutable me semblait un droit régalien par essence, et, comme présupposant l'onction divine, le Roi légitime excepté, nul autre que la France par ses délégués n'a le droit de faire verser le sang de ses enfants.

Je pris donc un bulletin bleu, décidé quoique avec peine à voter contre le duc de La Rochefoucauld. Mes amis m'entourèrent, et avec une vivacité extrême me prièrent de ne pas me séparer d'eux. Je cédai et m'abstins de voter.

Cet amendement, qui fut repoussé et contre lequel votèrent les Ministres, fut inspiré peut-être par le désir de faire une avance au Maréchal. Elle eut été bien tardive.

Au moment du vote au scrutin public, demandé par l'Extrême-Droite pour passer à la troisième délibération, Audren de Kerdrel lut à la tribune une déclaration qui portait que ses amis les Monarchistes et lui n'avaient pas voté la République au 25 février, parce qu'ils étaient convaincus que le seul Gouvernement convenable à la France était la Monarchie héréditaire et constitutionnelle, mais que, puisque le Gouvernement existait, il s'agissait, pour des hommes dévoués avant tout à leur pays, *de faire* que ce Gouvernement présentât le moins de dangers possible et d'atténuer le plus possible les dangers de ses conséquences, et que dans ce but, restant dans l'arène pour la défense

1875.
7 juillet.

8 juillet.

des intérêts du pays, ils voteraient pour la troisième lecture. Je partageai ce sentiment et je votai blanc.

La loi de l'Enseignement supérieur vint en troisième délibération; elle dura quatre jours, mais ne présenta pas d'incident remarquable. La Gauche demanda le vote à la tribune sur l'ensemble de la loi, pour empêcher qu'on ne votât pour les absents. Elle n'en fut pas moins votée.

CHAPITRE XVI

Rapport sur l'élection d'un Bonapartiste dans la Nièvre. — MM. Rouher,
Gambetta, Buffet. — Ordre du jour de confiance au Ministère. — Budget de 1876. — Augmentation des gardiens du Louvre. — Troisième
délibération de la loi du Sénat. — Dernière prorogation.

1875.
16 juillet.

Le rapport, réclamé depuis onze mois, sur l'élection,
dans la Nièvre, de M. de Bourgoing, ancien écuyer de
l'Empereur Napoléon III, vint enfin en discussion. Bien
qu'il n'en résultât pas de charge sérieuse contre le candidat
élu, son élection fut invalidée; l'esprit de parti y fut pour
beaucoup, et ce parti était celui des Orléanistes extrêmes,
qui s'unissaient à toutes les Gauches, dans un sentiment
également vif de répulsion et de crainte à l'égard du parti
Bonapartiste.

On rappelait dans l'enquête une pièce trouvée, disait-on,
dans un wagon, qu'on sut depuis fabriquée à dessein.
Cette pièce, rendue publique à la tribune par Girerd,
député de la Nièvre, lors des premiers débats sur cette
élection, signalait l'existence d'une vaste conspiration
Bonapartiste, dénommée Comité de l'Appel au Peuple.
L'opinion publique s'en était émue, et M. Rouher, au nom
de son parti, demanda à interpeller le Gouvernement sur
la conduite qu'il comptait tenir à l'égard de l'association
dite de l'Appel au Peuple.

L'Assemblée décida que l'interpellation serait discutée
immédiatement. M. Rouher monta donc à la tribune et la
développa avec son talent habituel et la force que donne

une position indépendante; il fut très violent dans son appréciation du rapport de M. Ferdinand Duval, alors Préfet de la Seine.

Le vice-président du Conseil, Buffet, répondit à M. Rouher et protesta contre la vivacité des attaques dirigées contre le Préfet; il dit que le passé de ce fonctionnaire était un gage de modération; il cita des passages de sa déposition devant la Commission d'enquête et notamment celui où il disait : « Il n'y a pas qu'un péril et qu'un parti qui conspire contre l'ordre de choses établi; il n'y a pas que le parti Bonapartiste qui prend son mot d'ordre à Chillehurst, mais il y a aussi le parti de la Révolution cosmopolite qui prend son mot d'ordre à Genève, à Londres, à Bruxelles et même plus près. »

Gambetta répondit avec une violence déchaînée, dans laquelle il rompit en visière avec M. Buffet, lui adressa toute sorte de reproches et finit par déclarer qu'il ne méritait plus la confiance des Républicains.

Baragnon proposa alors un ordre du jour motivé ainsi conçu : « L'Assemblée, confiante dans les déclarations du Gouvernement, passe à l'ordre du jour. » Il fut voté par 444 voix contre 2.

Ce jour-là, 15 juillet, je quittai le logement que nous occupions rue Madame-Prolongée, n° 10, les vacances étant rapprochées et l'Assemblée n'ayant que peu de temps à vivre après la rentrée. Je n'avais pu venir à la séance. Mes voisins de place négligèrent de voter pour moi l'ordre du jour Baragnon, et le lendemain, à mon entrée dans la salle, mes amis m'exprimèrent leur étonnement de mon abstention; je montai immédiatement à la tribune pour dire qu'une absence forcée m'avait empêché de voter, mais que, si j'eusse été présent, j'aurais voté avec *empressement* l'ordre du jour Baragnon.

Ce vote avait, en effet, une grande importance, d'abord parce qu'il groupait *en majorité* les Conservateurs autour de M. Buffet, désigné ouvertement par Gambetta comme connivant en secret avec les ennemis de la République; parce qu'il brisait l'alliance compromettante qui semblait unir secrètement M. Buffet et les Républicains depuis le 25 février, et enfin parce qu'il faisait voir à celui-ci de quel côté de l'Assemblée étaient ses amis, et pouvait le porter à réfléchir sur les périls de la Dissolution et l'incertitude des élections prochaines.

A ce triple point de vue, la journée du 15 juillet donna une victoire importante au parti Conservateur, et ce fut un *tolle* général dans la presse républicaine contre Gambetta, dont la maladroite intervention avait fourni l'occasion de donner un vote de confiance au Cabinet. Mais leur mauvaise humeur ne dura guère : *Les loups ne se mangent pas entre eux.*

Du reste, Gambetta, en faisant cette sortie contre M. Buffet, avait bien pu avoir dessein de se laver de l'accusation de modérantisme que portaient contre lui les radicaux Louis Blanc, Madier-Montjau, Marcou, etc., le signalant comme travaillant, de concert avec les Monarchistes, à faire une République qui n'en avait que le nom; et la presse radicale qui l'avait flagellé la veille, se ravisant le lendemain, l'exaltait comme un grand orateur et un républicain incorruptible.

Vint ensuite la discussion du budget de 1876, elle alla vite comme les autres. A la séance du 29 juillet, j'eus occasion d'interrompre deux fois Millaud, député du Rhône, se plaignant que sous l'Empire on faisait beaucoup trop de portraits de l'Empereur, et de m'écrier : « Nous demandons « au Ministre de ne pas faire trop de portraits de la « République. »

Je déposai un rapport sur un projet de loi autorisant le département de la Haute-Loire à emprunter 400,000 francs pour ses chemins de grande communication.

L'intérêt des Arts excitait toujours ma sollicitude.

M. Reiset, directeur des Musées nationaux, m'avait fait ses doléances sur l'insuffisance du nombre des gardiens du Louvre. Je proposai une augmentation de crédit de 23,300 fr. pour élever de quinze leur nombre qui était de cent trente-huit et le porter à cent cinquante-trois. Cet amendement fut présenté par moi à la Commission du budget, qui l'accepta et le présenta dans le chiffre total du crédit affecté à ce service; il n'y eut pas de discussion sur cette augmentation à laquelle l'Assemblée ne fit même pas attention, tellement elle était inattentive et préoccupée des vacances prochaines et de la situation générale. Mon but était atteint au fond, mais je jugeai utile de faire connaître moi-même le fait à l'Assemblée et au public, et je l'exposai en ces termes à la tribune, à la séance du 30 juillet :

« Messieurs,

« Je viens réparer une omission commise par le *Journal officiel*, dans le compte rendu de la séance d'hier. Cette omission consiste à n'avoir point mentionné l'objet de l'amendement que j'ai eu l'honneur de présenter à la Commission, qu'elle a accepté et que l'Assemblée a bien voulu voter.

« Lorsque du vote d'un amendement, il résulte une nouvelle charge pour le budget, il est juste que le pays sache le motif de cette dépense nouvelle et ce que nous faisons de son argent. Il me semble peu convenable de passer, d'après le compte rendu de la séance, pour avoir proposé une augmentation de crédit en quelque sorte anonyme avec l'heureuse chance de le voir voté sans explication.

« Je viens donc, non pour la Commission qui connaît mon amendement, puisqu'elle l'a discuté et accepté, non pour l'Assemblée, puisqu'elle a bien voulu le voter, mais pour les lecteurs du compte rendu de nos débats, pour le

1875.
30 juillet.

public, dire en quoi il consiste, et je suis d'autant plus heureux de le faire connaître qu'il est d'un intérêt tout particulier.

« Mon amendement a eu pour objet la demande d'un crédit de 23,300 francs, destiné à augmenter de *quinze* le nombre des gardiens des Musées nationaux et à pourvoir aux frais de leurs gages et de leur habillement, et, en élevant leur nombre actuel qui est de cent trente-huit à cent cinquante-trois, à permettre d'ouvrir au public tous les jours de l'année toutes les salles du Louvre, ce qui avait été impossible jusqu'à présent.

« Par ce vote, d'une somme peu considérable, vous avez donné satisfaction aux vœux légitimes et pressants de la population parisienne, des visiteurs étrangers, enfin de tous les amis des Arts, au nom desquels je demande à l'Assemblée la permission de la remercier. » *(Très bien!)*

2 août.

La loi du Sénat fut votée en troisième délibération par 533 voix contre 72 et 92 abstentions. M. de Féligonde, auquel j'avais confié mes bulletins pendant un voyage de deux jours à Givet, où j'étais allé voir mon fils aîné Raymond, alors volontaire d'un an, ne jugea pas à propos de voter pour moi. J'approuvai sa réserve, la clause d'inamovibilité pour une partie du Sénat m'ayant toujours paru absurde, et l'institution du Sénat devenant la raison déterminante de la dissolution de l'Assemblée Nationale, et l'Assemblée Nationale étant, à mes yeux, le dernier espoir du pays, je ne voulais pas participer à son institution.

4 août.

L'Assemblée se sépara, s'ajournant au 4 novembre.

CHAPITRE XVII

1875.
4 novembre.

L'Assemblée rentra en session le 4 novembre, un mois
plus tôt que les années précédentes.

J'arrivai exactement le jour de l'ouverture et je constatai
dans la majorité conservatrice un affaissement, un dégoût,
un abandon de soi général; tous pressentant les dangers
de la Dissolution, aucun ne cherchant à réagir, tous déclarant qu'il fallait s'en aller et subir cette nécessité devenue
inévitable. J'avais beau dire dans tous les groupes : « Mais
le pays veut que nous restions; mais le Maréchal a tout
intérêt à nous conserver; nous devons rester jusqu'à la fin
du Septennat, en ne siégeant que trois mois au plus s'il le
faut, pour voter le budget et les lois d'urgence, avec un
traitement réduit à la durée des sessions. » On me répondait : « Ce serait très bon, mais c'est impossible; c'est trop
tard; nous ne pouvons pas nous éterniser. »

J'exprimais si hautement mon opinion sur les dangers de
la Dissolution, que le président du Conseil m'en fit faire
des observations, du reste pleines de courtoisie, par son
secrétaire particulier, M. Dufeuille. « Monsieur de Vinols,
me dit-il un jour que je le rencontrai dans la galerie des
Tombeaux, causant avec Raoul Duval, vous êtes un ennemi

acharné de la Dissolution; non seulement vous la blâmez hautement à l'Assemblée, mais même en public, en chemin de fer, vous la combattez à outrance, et cependant soyez assuré que si l'Assemblée ne se dissout pas, nous avons la guerre avec l'Allemagne au printemps. »

Je lui répondis avec une incrédulité absolue, lui exposai mes craintes au sujet de la Dissolution avec une parfaite indépendance, et n'en continuai pas moins à saisir toutes les occasions de la combattre.

A la première séance, le président du Conseil monta à la tribune et demanda que la deuxième délibération sur la loi électorale fût placée en tête de l'ordre du jour. Je fus aussi surpris qu'affligé de voir apporter tant de précipitation à la discussion de la plus importante des lois. A peine débarqués, sans avoir pu nous concerter, étudier la question, préparer la discussion, nous entendre pour les amendements, nous nous jetions à corps perdu dans ces suprèmes débats; c'était une démence, un aveuglement auxquels poussait le Gouvernement qui voulait faire vite. M. Buffet se faisait l'illusion de croire qu'il serait maître des élections, s'il pouvait obtenir de l'Assemblée de substituer le scrutin d'arrondissement au scrutin de liste; il avait eu le soin de faire publier par la presse, pendant la prorogation, qu'il en ferait une question de Cabinet.

Le bureau de l'Assemblée, fut nommé sans modification. Président : le duc d'Audiffret-Pasquier, par 396 voix ; Vice-présidents : Duclerc, 414; Martel, 409; Audren de Kerdrel, 306; Ricard, 286.

La deuxième délibération de la loi électorale s'ouvrit le 8 novembre.

Par un mutisme calculé sans doute pour hâter la solution au gré du Ministère, le projet de loi ne revenait pas sur les conditions de l'électorat politique et s'en référait à la loi électorale municipale votée le 7 juillet 1874, admettant les mêmes conditions d'âge, *vingt-un ans*. C'était

1875.
8 novembre.

abandonner la grave question de vingt-cinq ans d'âge, si vivement réclamée en 1874 par tous les Conservateurs de l'Assemblée et par la Commission, et qui n'avait été repoussée deux fois qu'à onze voix de majorité et par suite d'abstentions ou d'absences bien déplorables.

Je ne pus me résigner à faire ce sacrifice sans protester du moins par mon vote et je repoussai l'article premier ainsi conçu : « Les députés seront nommés par les électeurs inscrits sur les listes dressées en exécution de la loi du 7 juillet 1874. » Nous fûmes trois : Bidard, Gillon et moi, contre 667.

Je fus très agité pendant cette séance. Je m'adressais à tous les saints, comme on dit familièrement, pour trouver écho à mes craintes, à ma tristesse de voir l'Assemblée, insoucieuse, précipiter la marche qui la menait à sa fin et avec elle le dernier espoir du pays. Aux uns, je faisais part de mon projet de demander que l'Assemblée restât en fonctions jusqu'à la fin du Septennat avec trois mois de session par année; aux autres, comme Laboulaye, de l'amendement que je voulais présenter sur le vote à plusieurs degrés. Tous ou presque tous m'approuvaient, mais tous se courbaient en gémissant sous la nécessité inévitable, disaient-ils, de s'en aller. Seul, de Valady, député de l'Aveyron, me répondit : « Mon cher ami, je signe votre proposition; c'est une puérilité de la part du Gouvernement de croire que le scrutin d'arrondissement est un remède suffisant, il faut proposer quelque chose de plus sérieux, le vote à deux degrés, par exemple. Il passera ou ne passera pas, mais nous aurons fait notre devoir, et ce sera un honneur pour nous de l'avoir proposé. »

9 novembre.

Je rentrai à Paris fatigué; il faisait très froid, je me sentis pris à la gorge et à la poitrine si fortement que, me voyant seul à Paris, ma femme et ma fille Louise s'étant arrêtées chez nos parents d'Auvergne, mon fils aîné, sorti depuis quatre jours du régiment, étant alors auprès de sa

1875.
9 novembre. sœur aînée à Grenoble, mon deuxième fils à Tours, volontaire d'un an au neuvième dragons, je pris le parti de garder le lit pour arrêter le mal au début.

J'étais logé à l'hôtel des Saints-Pères, rue des Saints-Pères. Je n'oubliai pas de m'excuser par dépêche au président de l'Assemblée.

On commença la discussion de l'amendement demandant la substitution du scrutin uninominal par arrondissement au scrutin de liste par département, avec un député pour chaque arrondissement, jusques et y compris cent mille âmes de population et un député pour toute fraction au-dessus de cent mille âmes.

Antonin Lefèvre-Pontalis présenta cet amendement; Ricard, rapporteur de la loi, le combattit avec son emphase et sa faconde ordinaires. M. Dufaure, garde des Sceaux, lui répondit assez faiblement, mais sophistiquement et sarcastiquement; et avec son autorité acquise et acceptée les yeux fermés par la majorité, il eut, comme toujours, le succès. Quant à moi, je ne retins de saillant de son discours qu'un aveu que lui arracha la réalité des conditions fâcheuses du suffrage universel; cet aveu était peu flatteur pour un adepte du républicanisme et un serviteur de la souveraineté populaire, le voici : « Nous savons que sur les neuf ou dix millions d'électeurs il y en a des millions qui ne savent pas lire et écrire et qui n'ont pas reçu une éducation suffisante (*il ne dit pas instruction*) pour avoir aucune idée générale, aucune compréhension des intérêts généraux du pays. On est venu à leur secours en ne leur présentant qu'un nom, tandis que vous voulez leur imposer l'obligation de voter pour cinq, six, neuf; vous oubliez qu'ils ont déjà bien de la peine, lorsqu'un nom leur est proposé, pour choisir un conseiller général. »

10 novembre. Gambetta répondit à Dufaure, avec son ton et sa logique ordinaires, pour appuyer le scrutin de liste et demanda le scrutin secret.

Le vote eut lieu et donna pour le scrutin d'arrondissement 357 voix contre 326 : 31 voix de majorité.

Il y eut vingt-deux députés portés à l'*Officiel* comme s'étant abstenus. Je me trouvai du nombre et je télégraphiai immédiatement au président de l'Assemblée le motif légitime de mon absence.

Les journaux conservateurs exaltèrent beaucoup ce succès, et contribuèrent à faire exagérer par le Ministère la valeur de cette garantie, à mon sens bien illusoire.

Les autres articles, sans importance politique, furent votés grand train, les quelques amendements produits dans le premier mouvement de zèle furent retirés. La déroute générale commençait, ils dirent qu'ils les présenteraient en troisième lecture. M. Chesnelong même, auquel ne manquaient ni l'amour du bien ni le talent oratoire, abandonna le champ de bataille, se réservant, me dit-il, pour la troisième délibération.

Dès que j'eus reconnu cette déplorable indifférence, je me repliai sur moi-même, résolu, coûte que coûte, à faire mon devoir. Je cherchai qui voudrait comme moi tenter un dernier effort; je me mis en quête, j'interrogeai plusieurs collègues qui me firent des réponses découragées. Je trouvai Audren de Kerdrel : « Enfin, lui dis-je, n'aurons-nous pas le courage de présenter sur l'électorat politique un amendement conservateur? — Mais si, me répondit-il, Chesnelong et moi en présentons un. — Je veux le signer, lui répondis-je. — Eh bien, voyez Chesnelong, ajouta-t-il en me quittant. » Je me rendis en toute hâte près de Chesnelong, il me dit : « Oui, Kerdrel et moi nous présentons un amendement tendant à introduire la représentation des intérêts, c'est notre devoir de le faire. » Je lui demandai de le signer; il y consentit gracieusement, mais me dit que j'avais bien le temps, puisqu'il ne devait venir qu'en troisième lecture.

C'est dans ces conditions que je quittai l'Assemblée le

1875.
15 novembre. 8 novembre pour n'y revenir que le 13, après cinq jours
de maladie.

J'avais le secret pressentiment que la résolution de
Chesnelong ne tiendrait pas; d'ailleurs, ce qu'il m'avait
dit de son amendement ne m'y faisait pas attacher une
grande importance; je voulais plus que lui, je voulais
appliquer un remède sérieux à l'infirmité du suffrage
universel. Et je n'avais pas oublié qu'on m'avait dit constamment dans la Haute-Loire : « Faites-nous une bonne
loi électorale. » Je me rappelais aussi ce que m'avait dit un
jour Ernest Picard : « Si vous présentez un amendement
sur le suffrage universel à deux degrés, je l'appuierai. »

Le but cherché par moi était de rendre possible à l'électeur le choix du candidat, non *directement*, ce qui est
impossible aux 99 0/0 des électeurs, mais par un mandataire ayant sa confiance, et auquel il pût la donner sciemment, le connaissant personnellement.

Cet amendement était tout basé sur l'intelligence du
vote à tous les degrés.

Je préparai mon discours sur ces bases.

Je vins à l'Assemblée le 20 novembre, avant-veille du
jour fixé pour la troisième délibération.

Je fus peiné, quoique peu surpris, en recevant la distri-
bution quotidienne, de ne pas y voir l'amendement de
Chesnelong; il n'y avait que celui du vicomte d'Aboville,
assez semblable au mien, mais moins radical, et celui de
Belcastel, demandant deux suffrages pour les pères de
famille.

20 novembre. En me rendant au Ministère, où j'avais des renseignements à prendre pour la rédaction de mon amendement,
je traversai la galerie des Tombeaux, j'y trouvai Chesnelong causant avec de Sugny, je les saluai. Chesnelong se
leva et me dit : « Je ne crois pas bien utile de produire mon
amendement; nous avons eu une grande victoire dans le
scrutin d'arrondissement, il ne faut pas la compromettre. »

Je ne lui répondis rien, je fus achever ma rédaction; j'étais à la dernière heure, arrivé à Versailles à onze heures, je m'étais assuré d'abord auprès du secrétaire du président de l'Assemblée Nationale de la limite extrême du temps que j'avais pour déposer mon amendement; il m'avait indiqué quatre heures, je me hâtai de le terminer et le portai au secrétariat.

Le lendemain, il était imprimé et distribué; plusieurs de mes collègues vinrent me trouver pour me dire qu'ils étaient de mon avis, mais que c'était trop tard; ces collègues étaient tous de groupes politiques étrangers au mien. D'Aboville fut le seul de mes amis politiques qui vint m'en féliciter : « Votre amendement vaut mieux que le mien, » me dit-il.

Je n'avais aucun espoir de succès au train dont je voyais mener la discussion; mais aucun sentiment de défaillance ne s'éleva en moi, et la pensée du devoir accompli me rendait par avance absolument insensible à l'échec inévitable que je prévoyais.

Après un discours filandreux du sieur Ferrouillat, je montai à la tribune.

Messieurs, dis-je, c'est une conviction profonde et le sentiment d'un devoir impérieux qui m'amènent à la tribune pour vous demander une modification considérable mais indispensable, non à l'étendue du suffrage universel, mais au mode suivant lequel il doit être exprimé.

Je crois que l'intérêt du pays le demande, je crois que l'honneur de l'Assemblée y est engagé.

Vous avez fait beaucoup, Messieurs, en votant le scrutin uninominal, vous avez par là épuré les candidatures; mais, quant à l'électeur, vous le laissez dans l'état, je ne dirai pas d'incapacité, mais d'impuissance où il est d'exercer ce pouvoir souverain dont la loi l'investit, c'est-à-dire dans les conditions exposées d'une manière si frappante par l'honorable Garde des Sceaux dans son dernier discours sur la loi en discussion, conditions qui, si elles persistent, laissent plusieurs millions d'électeurs livrés aux intrigues des partis et en font, entre leurs mains, des instruments bien dangereux.

L'honorable M. Dufaure, dans son discours du 11 novembre, en précisant le mal, en a fait deviner le remède. Ses paroles sont à méditer, elles partent d'une autorité éminente, elles sont l'expression de l'évidence même, permettez-moi de vous les rappeler.

M. Dufaure vous a dit :

« Nous savons tous — je ne dis là rien de blessant pour
« mes concitoyens, — nous savons tous que la population
« des neuf à dix millions d'électeurs n'est pas tout entière
« composée d'hommes élevés comme les membres de cette
« Assemblée; nous savons très bien qu'il y a des millions
« d'hommes, remarquez bien le chiffre, Messieurs, qui ne
« savent pas lire et écrire; des hommes qui vivent dans
« leurs maisons, s'en éloignent jusqu'à leurs champs et
« reviennent de leurs champs à leurs maisons; des hommes
« qui vivent de leur travail, qui ne peuvent l'abandonner
« sous peine de perdre leurs moyens d'existence; des
« hommes qui n'ont pas reçu une éducation suffisante. »

Remarquez bien ce mot, Messieurs, « n'ont pas reçu
« une éducation suffisante ». Vous vous bercez de l'espoir d'élever le niveau de l'instruction, je le désire comme vous; mais l'éducation de l'homme des champs, de l'homme de l'atelier, qui l'élèvera à un niveau suffisant pour qu'il puisse comprendre les nécessités politiques?

Je reprends ma citation :

« Des hommes qui n'ont pas reçu une éducation suffi-
« sante pour avoir aucune idée générale, aucune compré-
« hension des intérêts particuliers et généraux du pays...

« Ils ont déjà bien de la peine, lorsqu'un nom leur est
« proposé, pour choisir un membre du Conseil général;
« ils ont bien de la peine quand ils ont à choisir un seul
« nom entre deux qui se présentent à eux. »

Messieurs, s'il y a plusieurs millions d'électeurs qui
ont de la peine à choisir un conseiller général qui, le plus
souvent, habite dans leur canton ou même dans leur commune, je vous demande combien il y en aura de millions
qui ne pourront jamais connaître, juger, apprécier suffisamment un candidat à la députation qu'ils n'ont jamais
vu et dont souvent ils n'ont jamais entendu parler.

L'Assemblée Nationale ne peut vouloir que les destinées
du pays soient laissées à la merci de l'ignorance et de
l'aveuglement, je le dis sans vouloir offenser personne;
l'Assemblée Nationale connaît cette matière mieux que
toute autre, aucun de vous n'est incompétent sur ce point;
vous connaissez tous parfaitement le suffrage universel.
Vous avez tous reconnu les impossibilités matérielles, constitutionnelles, radicales du suffrage universel direct.

Vous avez été envoyés ici, en grande partie, pour porter
remède à ce désordre politique, et le pays l'attend de
vous avec une fiévreuse impatience.

Ce remède est facile à trouver : Étant reconnu, et je
défie qu'on me prouve le contraire, que le suffrage universel *direct* ne peut être qu'aveugle ou forcé en immense
majorité, il faut trouver le moyen de l'éclairer et de lui
donner l'indépendance sans laquelle il est une véritable
dérision et un danger permanent.

Il faut voir le côté pratique des choses :

Dans une circonscription de 100,000 âmes où vous
comptez de 20,000 à 25,000 électeurs, combien y en a-t-il,
je vous le demande, dans les communes rurales, dans les
villes, dans les cantons ouvriers, qui connaîtront assez le
candidat pour pouvoir lui dire : Tu as mon entière con-

fiance; les lois que tu feras, je m'y soumets et j'y soumets les miens. Combien y en a-t-il?

Il y a une chose que le bon sens commande dans toutes les situations. Quand on a une affaire importante et indispensable, qu'on est incapable de traiter soi-même, que fait-on? On en charge quelqu'un en qui on a confiance. Eh bien! si l'électeur rural, si l'électeur ouvrier ne peut connaître, et cela est évident, le candidat de l'arrondissement, et par conséquent ne peut le choisir, il charge de ce devoir à accomplir pour lui, un ami qu'il estime, une personne dont il connaît l'honorabilité et le bon sens, et alors cette élection de premier degré est en quelque sorte une élection de famille, oui, de famille, d'intimité, et j'insiste à dessein sur ces mots, car, pour que la confiance soit sérieuse et digne du mandat, il faut que la connaissance de celui auquel il est confié le soit aussi, et, pour donner à ces hommes simples, éloignés du mouvement des affaires et des agitations politiques, le moyen de connaître celui auquel ils donneront leur confiance, nous le leur faisons choisir parmi leurs connaissances, leurs amis, leurs voisins dans le village ou le quartier.

Alors l'élection relève l'électeur à ses propres yeux; c'est bien librement qu'il l'a choisi, et il peut dire : Celui-ci a ma confiance. Alors plus ou peu d'abstentions, abstentions qu'on remarque surtout parmi les Conservateurs. Et pourquoi? Parce que les Conservateurs, comprenant mieux en général l'importance du mandat de député, reculent devant un choix aveugle et s'abstiennent, disant : Je ne connais pas cet homme!... Et quel est celui de nous qui oserait les blâmer de cette réserve?

Quand on est dans la vérité on est fort, quand on est fort on ne craint pas de faire des concessions. Moi qui aurais voulu qu'on adoptât l'âge de vingt-cinq ans pour l'électorat, parce que l'âge de vingt-un ans n'est pas l'âge de la virilité, il ne faut pas se faire d'illusion sur ce point,

à la campagne surtout, le jeune homme de vingt-un ans
n'est qu'un grand enfant, tandis qu'à vingt-cinq ans il a fait
son apprentissage, il a fait son tour de France, il a payé le
tribut de sa jeunesse, quelquefois de son sang à la patrie,
il est souvent marié et père de famille, il est vraiment
citoyen, eh bien! avec le mode d'élection que je propose,
je consens qu'à vingt-un ans un jeune homme choisisse
un délégué, aidé des conseils de son père, de sa famille et
de ses amis, je lui donne sans crainte la liberté du choix, le
trouvant capable de choisir dans les conditions tutélaires
qu'elle offre à sa jeunesse et à son inexpérience.

Pour le domicile, je ne crains pas de faire la même
concession; dans un cercle restreint comme celui de la
section de commune, il n'est pas besoin de deux ans de
domicile, il suffit d'un domicile d'une année pour connaître
ceux près desquels on vit et pour en être connu.

Vous voyez donc, Messieurs, que de cette élection au
premier degré sortiront d'honnêtes électeurs, des délégués
probes, des hommes ayant l'estime de leurs concitoyens,
parce que, soyez-en convaincus, dans les sections on ne
choisira ni les plus ardents ni les plus violents ni les
plus ambitieux, on choisira presque toujours les plus honnêtes, les plus considérés, les plus judicieux, parce qu'en
général on ne fait pas sciemment un mauvais choix.

Voilà donc le collège communal constitué dans les conditions les plus sérieuses de véracité et d'honnêteté, il
est composé des délégués des sections.

Mais le délégué de section n'a pas une instruction
assez développée, des relations suffisamment étendues pour
atteindre au chef-lieu de l'arrondissement et y choisir le
député; par sa position modeste et ses relations limitées, il
n'a pas d'action au delà du territoire de la commune. Que
fait-il? A son tour il choisit dans la commune des citoyens
estimés et considérés, offrant des garanties de moralité
sérieuse et dont les relations plus étendues que les siennes

1875.
22 novembre.

peuvent atteindre jusqu'à l'arrondissement. Vous avez
ainsi le collège électoral constitué, formé des délégués
communaux, investis d'un mandat dont ils comprendront
l'importance, et qu'ils tiendront à honneur de bien remplir.

En résumé, au lieu d'avoir dans chaque commune des
réunions tumultueuses que fuient en général les électeurs
honnêtes et paisibles (car presque toujours la prépondérance y appartient aux violents) et dont les candidats, soucieux de leur dignité, se tiennent éloignés, vous aurez
au chef-lieu d'arrondissement un collège composé d'hommes capables d'étudier et d'éprouver les candidats, en les
appelant à leur barre pour les interroger. Les bons choix,
ceux faits avec connaissance de cause, seront assurés autant
que possible, et le pays verra à la tête des affaires des
hommes choisis par des élections successives et sagement
graduées, qui représenteront bien véritablement le suffrage
universel et seront dignes de faire les lois de leur pays, et
ce sera l'honneur de cette Assemblée de l'avoir ainsi voulu.

Par ces motifs, j'ai l'honneur de vous proposer, Messieurs, d'accepter l'amendement qui suit :

« Article premier. — Les députés seront nommés au
chef-lieu d'arrondissement par les délégués des communes.

« Art. 2. — Les délégués des communes seront nommés
au chef-lieu des communes par les délégués des sections
de communes.

« Art. 3. — Les délégués des sections de communes
seront nommés dans les sections formées dans les communes rurales par villages, dans les bourgs et les villes par
quartiers, à raison de :

« 1° Un délégué par section de 100 habitants jusqu'à
500 dans les communes de 100 à 5,000 âmes de population,
sans toutefois que le nombre des délégués des sections
formant le collège communal puisse être inférieur à cinq ;

« 2° Un délégué par section de 2,000 habitants et fraction de 2,000 habitants, dans les communes de 25,000 à 50,000 habitants;

« 3° Un délégué par section de 3,000 habitants et fraction de 3,000 habitants, dans les communes de 50,000 à 100,000 habitants;

« 4° Un délégué par section de 5,000 habitants et fraction de 5,000 habitants, dans les communes de 100,000 à 325,000 habitants (la ville de Lyon comprise);

« 5° Enfin, un délégué par section de 10,000 habitants et fraction de 10,000 habitants pour la ville de Paris.

« Art. 4. — Les délégués de sections de communes nommeront, au chef-lieu de la commune, les délégués communaux en nombre proportionnel au chiffre de la population.

« Art. 5. — Les délégués communaux sont exclusivement choisis parmi les électeurs de la commune. Les délégués des sections doivent être électeurs de la commune et, de plus, domiciliés dans la section.

« Art. 6. — Les délégués communaux reçoivent une indemnité de déplacement. »

Je parlai avec l'aisance et le calme que donne le sentiment du devoir accompli, sans préoccupation du succès. Je fus plus entendu qu'écouté par l'Assemblée, qui souffrait avec peine l'expression d'une vérité qu'elle reconnaissait au fond, mais qu'elle n'avait pas le courage d'affirmer.

Personne ne m'interrompit. M. Ernest Picard, qui était en face de moi, m'approuvait constamment du geste, mais silencieusement; quant aux Ministres de l'Intérieur et de la Justice, MM. Buffet et Dufaure, qui siégeaient devant moi, ils ne levèrent pas la tête pendant tout mon discours.

Quand j'eus quitté la tribune, le président dit : « Je mets aux voix l'art. 1er de l'amendement de M. de Vinols. »

Un nombre assez considérable de mains s'élevèrent du côté droit, mais pas une du côté gauche; mon amendement fut repoussé.

1875.
22 novembre.

Quelques-uns de mes amis me félicitèrent au pied de la tribune me disant : « Votre idée est la bonne; mais c'est trop tard, on y reviendra un jour. » En regagnant ma place, et passant devant M. de Larcy, je dis : « La vérité doit retourner aux catacombes. — Comment ! me répondit-il en me tendant la main, mais j'ai voté pour vous. »

Revenu à mon banc, j'y fus chaudement félicité par de Vaulchier, député du Doubs. Sens (du Pas-de-Calais), chaud Bonapartiste, rentrait dans la salle; il me dit gracieusement : « Je suis bien aise d'avoir été absent, mon cher, car j'aurais eu le regret de voter contre vous. » Sens reprit : « L'amendement a été repoussé? — Oui, répondit de Vaulchier, il a été repoussé, mais à une faible majorité, à une faible majorité. » De Rambures (de la Somme), me félicita, disant : « J'ai voté pour vous. » Perrier, d'Epernay, me dit : « Nous avons tous voté pour vous autour de moi, mais c'est trop tard ! »

Le lendemain je me rendis à la salle de lecture pour connaître l'appréciation des journaux. Chesnelong m'ayant aperçu s'approcha de moi et me serra la main silencieusement.

Je parcourus les principaux journaux. Les journaux conservateurs, le *Paris-Journal* entre autres, dans son numéro du 24 novembre, jugeait ainsi ma proposition avec cet entrain gaulois qui est le sel du journalisme :

« Après un discours de M. Ferrouillat, d'une banalité absolue, qui a duré trois quarts d'heure, l'Assemblée clôt la discussion générale et tombe de Ferrouillat en Vinols.

« Nous ne confondons pas ces deux honorables députés. Le baron de Vinols est un excellent esprit, très sérieux, très nourri de fortes études et, ce qui ne gâte rien, une âme d'artiste. Mais il a le tort impardonnable de présenter en huitième lecture des amendements inadmissibles. Il est partisan du suffrage universel à deux, trois, quatre

degrés. Rien de mieux, nous ne partageons pas son opinion, mais nous comprenons très bien qu'un homme de
sens se figure que plus on tamisera, plus il y aura de
chance que le fumier dépose quelques paillettes d'or.
Seulement il fallait dire cela en seconde délibération. Et
de même M. d'Aboville. Cet honorable député ne va pas
jusqu'à la sublimation parfaite réclamée par M. de Vinols ;
il arrête sa chimie au deuxième degré. Soit ! mais il y a
quinze jours qu'il fallait proposer cela à la Chambre.
Celle-ci comprend que le moment est passé et elle repousse
l'un après l'autre les deux amendements. »

Cet article demandait une réponse de ma part, je la fis
par une lettre que le journal publia dans son numéro du 26 ;
elle était ainsi conçue :

« Paris, 24 novembre 1875.

« Monsieur le Rédacteur en chef,

« La presse a sa tribune, comme l'Assemblée nationale ;
votre estimable journal m'y appelle en termes si courtois
que je me fais un devoir d'y paraître. Je le fais d'autant
plus volontiers que vous semblez reconnaître le côté sérieux
de mon amendement sur la loi électorale, ne me faisant
d'autre reproche que celui de l'avoir produit trop tard.

« Je passe sur les raisons de santé qui m'ont tenu éloigné
des débats de la deuxième lecture ; j'ai pu assister seulement à la première séance, mais elle m'a suffi pour reconnaître, dans le Cabinet, le parti pris et bien arrêté de *faire
vite* ; dans la majorité conservatrice de l'Assemblée la disposition à une grande docilité à suivre cette marche ; dans
beaucoup d'individualités notables des préoccupations sénatoriales bien vives, trop vives peut-être !...

1875
21 novembre.

« A ces diverses conditions, dans lesquelles s'est ouverte la deuxième délibération sur la Loi électorale, je dois ajouter l'attente anxieuse du résultat de la lutte sur le scrutin d'arrondissement et je vous aurai donné l'explication du retrait général d'amendements qui signala l'ouverture de ces suprêmes débats, amendements au nombre desquels il faut noter celui d'un des plus vaillants champions de la cause conservatrice, l'honorable M. Chesnelong.

« Vous voyez, monsieur le Rédacteur en chef, qu'il ne m'a pas été donné de venir plus tôt dans la discussion, et, qu'à moins de déserter le combat, j'ai dû combattre à la dernière heure.

« Veuillez agréer, etc.

« Baron DE VINOLS. »

D'autres journaux conservateurs approuvaient ma proposition en l'accusant aussi d'être tardive; ceux de l'opposition la critiquaient avec plus ou moins de convenance et de bonne foi. Je restai insensible aux approbations des uns comme à la critique des autres, mais, ayant jeté les yeux sur le *Figaro*, je fus surpris d'y trouver une appréciation aussi fausse au fond que peu convenable dans la forme. Je ne m'arrêtai cependant pas à ce sentiment; mais le lendemain, en y réfléchissant, il me sembla que ma dignité de député me commandait de relever cette inconvenance. Mon fils Raymond étant venu dans ma chambre avant mon lever, je lui dictai une lettre à M. de Villemessant, dans laquelle je lui reprochais l'inconvenance de forme et l'inexactitude de fond de son article et que je le priais d'insérer dans les colonnes de son journal. Le *Figaro* n'ayant fait à ma demande qu'une réponse évasive, je le traduisis en police correctionnelle, et le 23 décembre, malgré le talent de son défenseur M⁰ Lachaud, il fut condamné à 300 francs d'amende, à l'insertion de ma lettre dans les trois jours et aux frais de l'instance. Les inexactitudes et l'inconvenance d'un journaliste m'étaient, certes, bien indifférentes, mais je crus de mon devoir de défendre, en ma personne, la dignité offensée de mes électeurs. Le *Figaro* ne se tint pas pour battu; il appela de ce jugement et eut le déboire de le voir confirmé par la Cour d'appel de Paris le 26 janvier suivant.

Un grand nombre de mes collègues me parlèrent de mon procès avec le *Figaro;* cette feuille était alors toute puissante et si redoutée que très peu m'approuvaient de la poursuivre, tant le sentiment de la dignité personnelle s'est affaissé dans notre pays. Mais après le gain du procès je reçus de nombreuses félicitations.

Le scrutin devait s'ouvrir le jeudi 9 décembre pour la nomination des soixante-quinze sénateurs à vie. Je n'avais pas voté la loi du Sénat. Je voulais la permanence de l'Assemblée Nationale; je voulais qu'elle demeurât seule dépositaire du droit de constituer, jusqu'au jour où la miséricorde de Dieu lui permettrait d'en user pour fixer sagement les destinées de mon pays. Je ne voulais donc pas prendre part au vote des sénateurs inamovibles. Mes amis politiques combattirent cette résolution, me disant que nos abstentions donneraient à nos ennemis des armes contre nous; je me rendis à leur désir, moins par conviction que par lassitude.

La veille du vote, La Bassetière m'aborda et me dit : « Vous faites bien toujours partie des Chevaux-Légers, quoique vous n'y veniez que rarement? Voulez-vous vous engager à porter la liste qui sera arrêtée par les divers groupes de la Droite? Ces groupes, en retour, s'engagent à porter les candidats que nous leur présenterons. — Quels candidats, dis-je? — Oh! on verra cela; chaque groupe, après cet engagement souscrit, fera sa liste, et nous comme les autres. » Alors me revint en mémoire le souvenir de certaines accointances, blâmables à mon sens, de l'Extrême-Droite avec la Gauche, et cette pensée ranimant en moi un sentiment naturel de répulsion contre tout

1875
8 décembre. engagement pouvant gêner ma liberté d'action, je répondis à La Bassetière : « Mon cher collègue, je ne puis m'engager sur une aussi grave question. » Il me quitta. Après lui vint Combier, qui n'obtint pas davantage de moi. Toutefois il m'était pénible de rester séparé des Chevaux-Légers; je m'assurai qu'on n'était pas tenu de souscrire à l'engagement qui venait de m'être proposé par La Bassetière pour avoir le droit de voter à la réunion, et je m'y rendis après une absence de près de deux ans; on y fit une liste de onze candidats pour l'Extrême-Droite.

En quittant la réunion, à onze heures du soir, pour me rendre à Paris, je rencontrai le général Robert, du Centre-Droit. Il me donna les noms des candidats choisis par les diverses fractions de ce groupe, au nombre de cinquante-un, qui, réunis aux onze choisis par les Chevaux-Légers, formaient une liste de soixante-deux; les treize restant pour compléter la liste des soixante-quinze sénateurs inamovibles à élire, étaient laissés au libre choix de chacun et devaient être pris dans la partie la plus honnête et la plus modérée de la Gauche.

Je compris que je pouvais voter dans ces conditions.

9 décembre. Le scrutin eut lieu à la tribune.

C'est alors qu'on vit ce que produit une alliance forcée entre partis. Les 360 voix que comptait la Droite coalisée se divisèrent par l'effet des convoitises ou des rivalités personnelles. On se biffa réciproquement à qui mieux mieux et, par suite de l'éparpillement des voix, le premier tour de scrutin donna pour résultat la nomination de deux sénateurs seulement : le duc d'Audiffret-Pasquier et Martel.

Que se passa-t-il dans la nuit du jeudi au vendredi? Je ne le sus que plus tard, n'étant pas dans les secrets. Toutefois on ne se fit pas scrupule, comme on va le voir, de disposer de moi à mon insu.

Le scrutin devait s'ouvrir le lendemain, à une heure.

Retenu à l'administration des chemins de fer, à Paris,

pour un échange urgent de titres, je ne pus prendre que le dernier train à la gare Saint-Lazare. Arrivé à Versailles, je me rendis en toute hâte au palais, craignant d'arriver trop tard pour voter. Au coin du boulevard de la Reine et de la rue des Réservoirs, je fus croisé par deux de mes collègues de l'Extrême-Droite, de Brettes-Thurin et de Cintré, qui venaient de l'Assemblée et partaient pour Paris. Ils me crièrent, en passant, d'un ton qui me surprit : « Allez! allez! vous êtes nommé sénateur. » Je ne compris rien à cela, mais je pressai le pas.

A mon entrée dans salle, je fus entouré de collègues exaspérés, et Depeyre me dit : « Et vous aussi, Vinols, vous êtes porté sur la liste des Gauches! — Comment, répondis-je, est-ce possible? » Je me précipitai dans la salle des séances, je franchis les degrés du bureau, et m'approchant du président : « Monsieur le président, lui dis-je, j'apprends qu'on a porté mon nom sur la liste des Gauches; je vous demande la parole pour protester. — Je ne puis vous donner la parole, me répondit le président, le scrutin est commencé. » Alors de toutes parts on me crie : « Protestez! protestez! — M. le président me refuse la parole, dis-je. — Protestez! protestez! criait-on de plus fort. » C'était un véritable conflit entre le président et les députés de la Droite groupés au pied de la tribune. Alors, du balcon qui touche au fauteuil du président, debout, la main appuyée sur la rampe, dominant les secrétaires, je m'écrie, au milieu du tumulte, de toute la force de ma voix : « Je proteste contre l'inscription de mon nom sur une liste patronnée par le parti opposé au mien. Cette inscription, si elle m'avait été proposée, je l'aurais repoussée énergiquement » (1).

Je descends : on m'entoure de toutes parts en me serrant les mains et me félicitant; pendant deux jours durèrent ces félicitations, elles m'obsédaient véritablement.

(1) Voir le *Journal Officiel* du 11 décembre 1875.

1875
10 décembre.

J'ai dit plusieurs fois que j'avais les sympathies personnelles d'un assez grand nombre de membres de la Gauche;
j'avais déjà obtenu 297 voix au moment de ma protestation; sans elle j'aurais été certainement nommé à cette
séance.

Je quittai la salle et descendis dans la galerie des Tombeaux. J. Ferry vint à moi : « Comment, mon cher collègue,
vous refusez d'entrer au Sénat? Comment voulez-vous que
nous fondions la République conservatrice, si des hommes
comme vous repoussent nos avances. — Mon cher collègue, lui dis-je, je vous estime beaucoup personnellement,
mais je ne partage pas vos opinions. Je n'ai pas foi en la
République, ce n'est pas un Gouvernement. — Eh bien!
ajouta-t-il, nous allons vous renommer quand même. —
Je donnerai ma démission, » lui répondis-je, et le quittai.
Rentré dans la salle de la buvette, je reçus un assaut
encore plus vif de Ricard, auquel je répondis comme à
J. Ferry. Plusieurs autres encore de la Gauche me reprochèrent cordialement de ne pas vouloir marcher avec eux.
Je répondis poliment à ces témoignages d'estime.

Le *Journal des Débats*, dans son numéro du 12 décembre,
ayant dit que c'était sous la pression des sollicitations réité-
rées de leurs collègues de la Droite que les membres de
l'Extrême-Droite avaient cru devoir protester en séance
contre l'inscription de leur nom sur la liste des Gauches,
j'adressai au Rédacteur la lettre suivante, qu'il inséra dans
son numéro du 14, et que reproduisirent tous les journaux
de la Droite :

« Monsieur le Rédacteur,

« Je viens vous donner l'assurance, par une affirmation
dont les termes de ma protestation devant l'Assemblée
Nationale ont été, dans leur laconisme, l'expression véhé-

mente, que je n'ai cédé, en la faisant, à aucune autre pression que celle de ma conscience indignée, de ce que, sans aucune participation de ma part, on eut engagé et compromis mon nom dans une alliance que mes principes politiques réprouvent et repoussent absolument.

« Veuillez agréer, etc.

« Baron de VINOLS. »

Le duc de La Rochefoucauld me dit à ce sujet : « Vous écrivez des lettres raides aux journaux. C'est très bien. » Je reçus encore beaucoup de félicitations.

Revenu peu à peu de tout ce trouble, je cherchai à pénétrer ce mystère. J'appris alors qu'à la suite du scrutin du 9 décembre, dont le résultat, en ne donnant la majorité qu'à deux sénateurs, montrait que l'engagement pris par les membres de tous les groupes de la Droite de marcher unis n'avait pas été tenu, M. de La Rochette, président du groupe de l'Extrême-Droite, dans le dessein de fermer l'entrée du Sénat au Centre-Droit, avait proposé une alliance au Comité des Gauches, présidé par J. Simon, et offert son concours et celui de seize de ses amis politiques, au nombre desquels il m'avait porté. Les Bonapartistes avaient aussi promis leurs voix aux coalisés.

Je me rappelai aussi que deux ou trois jours avant l'élection des sénateurs, de Douhet m'avait pris à part et m'avait dit : « Avez-vous entendu parler d'une alliance de l'Extrême-Droite avec la Gauche pour la nomination des sénateurs? il paraît que c'est sérieux. — Mon cher, lui avais-je répondu, je ne sais rien de cela, mais je n'en serais pas surpris, des tentatives de ce genre ayant eu lieu dans d'autres circonstances, je les ai toujours déplorées et blâmées; que les autres fassent à leur guise. Pour nous, au milieu de toutes ces défaillances, restons les derniers Français. — Vous avez raison, » m'avait-il, dit et nous nous étions quittés. Il ne resta pas longtemps convaincu que j'avais raison, car, entré dans la coalition des dix-sept, il fut nommé sénateur inamovible.

Le jour où avait eu lieu le premier scrutin, le 9 décembre, le marquis de Franclieu m'avait dit : « Voulez-vous être sénateur ? je me charge de vous faire nommer. — Marquis, lui avais-je dit, mais la liste est arrêtée, vous le savez bien, et la Droite tout entière s'est engagée à la porter. — Comment ! avait-il repris vivement, vous voulez pactiser avec les Orléanistes ? — Mais les Orléanistes deviendraient Légitimistes si le comte de Chambord mourait sans postérité mâle. — Jamais, avait-il ajouté, la Légitimité mourrait alors avec lui. » En le quittant je fus croisé par Tolain, de l'Extrême-Gauche, qui me dit gaiement : « Nous allons vous nommer sénateur. » Je pensai qu'il plaisantait. Le même jour, étant à la buvette, de Vallon, député Bonapartiste, avec lequel j'avais les meilleurs rapports, était venu me dire : « M. de La Rochette désire vous parler, il est dans la salle des séances. » Je m'y étais rendu. M. de La Rochette n'était pas à sa place, je ne me mis pas en peine de le chercher.

En rapprochant tous ces souvenirs, je me rendis compte du complot. Il avait été ourdi par M. de La Rochette, qui, accompagné du marquis de Gouvello, avait eu, dans la nuit du 9 au 10 décembre, une conférence avec J. Simon, Bardoux et autres, dans laquelle il avait été décidé que, sur la liste des Gauches, dix-sept noms seraient rayés et remplacés par ceux de dix-sept membres de l'Extrême-Droite. Voici, par ordre alphabétique, les noms des sacrifiés : Arago, Beau, Taxile Delord, Duchaffaut, Duréault, J. Favre, Limperani, Magnin, Marc-Dufraisse, Max-Richard, Mestreau, de Pressensé, Rampont (Yonne), Robert de Massy, Ch. Rolland, Senard et Testelin. Voici ceux de leurs remplaçants : le comte de Bois-Boissel, Bourgeois, le comte de Cornulier-Lucinière, le comte de Douhet, Dumon, le marquis de Franclieu, P. Gillon, le marquis de Gouvello, le vicomte de Lor-

geril, Pajot, le marquis de Plœuc, de La Rochelle, le marquis
de La Rochejaquelein, H. de Saisy, Théry, le comte de Tréville, le baron de Vinols.

J'ai dit comment, dès que j'avais eu connaissance de cette
alliance déshonorante, à mon entrée dans la salle des
séances, à deux heures et demie, je m'en étais dégagé. Le
scrutin était alors commencé depuis une heure environ.
Avant mon arrivée, de Bois-Boissel avait protesté en ces
termes : « Messieurs, je vous prie de vous tenir pour avertis
que je décline toute espèce de candidature. » Ma protestation vint à la suite; puis celle de La Rochejaquelein, ainsi
formulée : « Messieurs, j'avais déclaré que je ne voulais pas
être porté sur une liste où ne figuraient pas les candidats
choisis par la réunion de l'Extrême-Droite. » Puis celle de
Bourgeois et de P. Gillon; enfin celle du marquis de Plœuc
qui, produite à la fin du scrutin et dans des termes ambigus,
provoqua des insinuations si désobligeantes qu'il crut de
son honneur de donner, le lendemain, sa démission de
membre de l'Assemblée Nationale.

Le scrutin fut fermé à trois heures vingt-cinq minutes;
il donna pour résultat la nomination de dix-neuf sénateurs :

MM. le général Frébault. — Krantz. — Duclerc. — Le
général Changarnier. — Jules de Lasteyrie. — L'amiral
Pothuau. — Corne. — Laboulaye. — Foubert. — Roger du
Nord. — Léon de Malleville. — Barthélemy Saint-Hilaire.
— Wolowski. — Ernest Picard. — Casimir Périer. — Le
général d'Aurelles de Paladines. — L'amiral Fourichon. —
Le général Chanzy. — Cordier; tous de la Gauche excepté
trois : le général Changarnier, le général d'Aurelles de Paladines et l'amiral Fourichon.

Il restait cinquante-quatre sénateurs à élire.

Mon nom fut rayé de la liste, ainsi que ceux de MM. de
Bois-Boissel, la Rochejaquelein, Bourgeois, Paulin Gillon et
de Plœuc.

1875
10 décembre. M. de Gouvello, qui n'avait pas osé protester, touché de repentir, sans doute, fit secrètement supprimer le sien; les dix autres persistèrent.

11 décembre. Le lendemain eut lieu le troisième scrutin. Onze candidats seulement obtinrent la majorité :

MM. de La Rochette. — Marquis de Franclieu. — Comte de Cornulier-Lucinière. — Dumon. — Théry. — De Chadois. — Comte de Tréville. — Pajot. — Kolb-Bernard. — Baze. — Humbert; sept de l'Extrême-Droite, trois de la Gauche, un seul du Centre-Droit, Kolb-Bernard.

Il restait quarante-trois sénateurs à élire.

On ne peut passer sous silence ce fait significatif : Dans le scrutin du 11 décembre, le troisième de l'élection, où le nombre des suffrages exprimés fut de 689, où M. de La Rochette sortit le premier avec 357 voix, MM. Buffet et de Meaux, Ministres, restèrent dernier et avant-dernier, M. Buffet avec 128 voix, M. de Meaux avec 120. Ils jugèrent convenable de retirer leurs candidatures.

12 décembre. Il était urgent de laver l'opprobre dont la défection de M. de La Rochette et de ses coalisés de l'Extrême-Droite couvrait le parti Légitimiste, et de se dégager de toute solidarité avec eux. On se réunit le 12 décembre, avant la séance, aux Chevaux-Légers. On communiqua une lettre de M. de La Rochette par laquelle il donnait sa démission qui fut acceptée *à l'unanimité*. On en vint à la discussion d'une résolution à prendre; on dit que la réserve gardée par le journal l'*Union*, organe officiel de M. le comte de Chambord, dans son appréciation de la conduite de M. de La Rochette, commandait une grande prudence. Je fus de cet avis et en fis part à M. de Carayon Latour, qui me dit qu'il pensait de même; puis, prenant la parole, il ajouta que la démission du président de La Rochette, acceptée avec éclat et à l'unanimité, avait peut-être une signification suffisante et qu'on pourrait s'en tenir là. MM. Fresneau et Combier combattirent cette opinion. M. de La Bouillérie dit qu'il

approuvait la conduite de M. de La Rochette. Ce fut un *tolle* général, M. de Saintenac (des Pyrénées-Orientales), indigné, s'écria : « Je ne reste pas ici, puisqu'on ose bien y approuver la conduite de ceux qui nous ont trahis, » et il sortit. M. de La Bouillerie se leva et dit : « Je vais sortir aussi puisque mes paroles sont si mal accueillies, » et il sortit. On le rappela ; il revint et dit alors : « Je donnerai aussi ma démission de vice-président. — Nous l'acceptons, » répondirent spontanément presque tous les membres de la réunion, et on procéda immédiatement au renouvellement du bureau. Je crus voir que l'attention de la réunion s'éloignait de l'objet principal, je demandai la parole : « Ce n'est pas sans émotion, dis-je, que je prends la parole au milieu de vous, Messieurs, après être resté si longtemps éloigné. L'intérêt dominant de l'heure présente n'est pas de réorganiser notre bureau, mais de sauvegarder l'honneur du parti devant le pays. Nous allons mourir, et je ne sais si la nouvelle Assemblée comptera assez de Légitimistes pour reformer un groupe comme celui des Chevaux-Légers, mais du moins nous avons le devoir de transmettre à nos successeurs un souvenir d'honorabilité intacte et affranchie de toute solidarité avec ceux de nos amis dissidents, dont la conduite politique vient de nous compromettre si gravement. »

Cette opinion prévalut. On décida de se réunir le lendemain pour rédiger un projet de Manifeste qui serait publié dans l'*Union*.

M. de La Bouillerie, au milieu de l'agitation générale, répéta qu'il donnait sa démission et on se sépara.

Le lendemain on se réunit de nouveau pour entendre la lecture du Manifeste, qui fut signé par toute la réunion et adressé à l'*Union* qui le publia dans son numéro du 15 et le reproduisit avec toutes les signatures dans son numéro du 16. En voici le texte :

« Les députés soussignés, voulant accepter la seule res-

1875
13 décembre.

ponsabilité de leurs actes personnels et décliner celle qu'ont assumée les membres de la réunion qu'ils ont eu le regret de voir se séparer de la majorité, déclarent que, dans ses séances précédentes, la réunion avait affirmé la volonté de n'essayer une entente, pour l'élection des sénateurs, qu'avec les groupes Conservateurs.

« Elle n'a jamais eu d'autres représentants, parmi les candidats au Sénat, que les treize membres élus par elle, dont les noms ont été inscrits sur la liste de la Droite et dont aucun n'a figuré sur la liste opposée.

« Elle avait formellement repoussé toute idée d'alliance avec les groupes de l'Assemblée dans lesquels se rencontrent les adversaires les plus décidés de la Monarchie Légitime, les ennemis avoués de l'Église et de l'ordre social chrétien. Elle persiste dans cette politique royaliste catholique et conservatrice. »

M. de La Bouillérie ne parut pas à cette réunion.

J'avais quitté la réunion des Chevaux-Légers le 16 mai 1874, lors de la coalition de l'Extrême-Droite contre le Ministère de Broglie, déplorant cette scission funeste du parti monarchique, à laquelle M. de La Bouillerie avait la principale part. J'y revenais après dix-sept mois d'absence, au moment où cette scission produisait son effet le plus désastreux et le plus irrémédiable dans la composition du Sénat ; j'y revenais félicité de l'énergique fixité de mes principes politiques auxquels je venais de sacrifier un siège de sénateur inamovible ; j'y revenais, j'ose le dire, acclamé, et M. de La Bouillerie la quittait hautement blâmé et désapprouvé. Quelle preuve plus saisissante que, dans la vie politique surtout, il ne faut avoir jamais en vue que l'intérêt général et savoir lui sacrifier et l'intérêt personnel et l'esprit de parti.

Le même jour eut lieu le quatrième scrutin. Il eut pour résultat la nomination de neuf sénateurs :

MM. Léonce de Lavergne. — Le Royer. — L'amiral

1875. 13 décembre. Jaurès. — Bertauld. — Calmon. — Oscar de Lafayette. — Luro. — Gaulthier de Rumilly. — Tribert, tous de la Gauche.

Le duc de Broglie et M. Wallon, Ministre, arrivèrent des derniers sur la liste. M. Wallon jugea à propos de retirer sa candidature; le duc de Broglie persista.

Il restait encore trente-quatre sénateurs à élire.

14 décembre. Cinquième scrutin. Un seul sénateur fut élu : M. Fourcand, de la Gauche.

Il restait trente-trois sénateurs à élire.

15 décembre. Sixième scrutin. Furent nommés dix-huit sénateurs :

MM. le général de Chabron. — Corbon. — Lanfrey. — Hervé de Saisy. — Le général Pelissier-Valazé. — Carnot (père). — Le comte de Douhet. — Gouin. — Lepetit. — Littré. — Edmond Schérer. — A. Crémieux. — Schœurer-Kestner. — Le vicomte de Lorgeril. — Rampont (Yonne). — Le comte de Tocqueville. — Paul Morin. — Testelin, tous de la Gauche, excepté les trois derniers coalisés de l'Extrême-Droite.

Le duc de Broglie, resté aux derniers rangs sur la liste, jugea à propos de retirer sa candidature. Le duc Decazes, Ministre des Affaires étrangères, absolument le dernier, persista.

Il restait quinze sénateurs à élire.

16 décembre. Septième scrutin où dix sénateurs furent nommés :

MM. le général Chareton. — Bérenger. — Magnin. — Denormandie. — Jules Simon. — Edmond Adam. — Laurent-Pichat. — Schœlcher. — Cazot. — Le général Billot, tous de la Gauche.

Il n'y avait plus enfin que cinq sénateurs à élire.

17 décembre. Huitième scrutin, par lequel un seul sénateur fut élu :

M. le général de Cissey.

M. Wallon avait reparu; il était, après l'élu, le premier sur la liste; venait après lui Mgr Dupanloup.

Il restait quatre sénateurs à élire.

Neuvième scrutin qui donna pour résultat la nomination de deux sénateurs :

MM. Wallon. — Mgr Dupanloup.

Il en restait encore deux à nommer.

Je me rendis à la réception du Ministère de l'Intérieur. M. Buffet me serra la main et me félicita chaudement de ma conduite politique qui m'avait valu, me dit-il, l'estime et l'admiration de tous les gens de bien.

Dixième scrutin *sans résultat.*

Onzième et dernier scrutin qui compléta le nombre des sénateurs inamovibles par :

MM. l'amiral de Montaignac. — Le marquis de Malleville.

Ainsi, après onze jours de luttes et d'intrigues électorales dans le sein même de l'Assemblée Nationale, fut complétée la liste des soixante-quinze sénateurs inamovibles. Mais quelle liste ! Cette partie inamovible du Sénat, qui devait être Conservatrice par essence, comptait cinquante-six membres de la Gauche, c'est-à-dire une écrasante majorité révolutionnaire.

Ce fut là le résultat de la défection du groupe La Rochette, le dernier et le plus amer des fruits de la division du parti Monarchique ; impuissant à édifier, ce parti ne l'a été que trop à détruire, et sa première victime a été cette Assemblée Nationale, que la Providence avait donnée à la France comme un moyen suprême de restauration et de salut.

L'Assemblée Nationale acheva ses travaux et son existence pendant les derniers jours de décembre, en votant la loi sur les circonscriptions électorales où s'agitèrent les intérêts de candidature avec une âpreté pitoyable, puis une loi de répression des délits de presse et de levée de l'état de siège, et une foule de lois d'intérêt local.

Elle se sépara le 31 décembre à six heures un quart et se prorogea au 8 mars 1876, jour où le Sénat et la Chambre des députés, nouvellement élus, devaient se réunir et les pouvoirs de l'Assemblée Nationale prendre fin.

Je me rendis au Puy, où allait avoir lieu la double élection des sénateurs et des députés. Un comité conservateur s'organisa, dont on me fit l'honneur de me nommer président. Ce fut l'occasion pour moi de beaucoup de soucis et de fatigues. Après l'insuccès de nos candidats sénatoriaux, de Flaghac et Vinay, je fus désigné à l'unanimité, par le comité, candidat à la députation pour la circonscription Nord-Est du Puy. J'entrai en campagne avec ardeur, mais mes forces étaient à bout; je m'alitai le second jour, et, comprenant que Dieu me refusait les forces nécessaires pour poursuivre ma carrière politique, j'écrivis au président du comité de vouloir bien me donner un remplaçant. On désigna le marquis de Miramon.

Ce fut un des sacrifices les plus pénibles de ma vie.

CONCLUSION

L'Assemblée Nationale de 1871 était composée en majorité de Monarchistes, pourquoi n'a-t-elle pas rétabli la Monarchie ?

J'en vais dire mon opinion en toute sincérité. D'abord on s'est exagéré, je crois, la force de la majorité monarchiste de l'Assemblée Nationale. Elle était, il est vrai, considérable à Bordeaux, mais les élections complémentaires du mois de juillet 1871 l'affaiblirent notablement; ce fut donc seulement pendant la période de cinq mois, qui s'écoula du 11 février au 2 juillet, qu'elle fut virtuellement capable de ce grand acte.

Oui, je crois qu'alors, se trouvant en possession de toute sa force et *se dévouant* au salut du pays, elle eût dû et elle eût pu décréter la Monarchie, puis offrir la Couronne à celui des princes de la Maison de France que désignait son droit légitime et héréditaire, le suppliant, s'il y avait lieu, de faire aux nécessités, aux faiblesses, aux préjugés du temps présent les concessions de forme indispensables, comme celle du Drapeau; le Prince n'aurait pas repoussé cette prière de la France formulée par ses représentants, et alors c'eût été l'Assemblée qui, dans sa souveraineté et pour le salut du pays, aurait fait elle-même la *fusion* entre les Prétendants.

Il n'en a pas été ainsi.

Ce fut impossible à Bordeaux; l'Assemblée eut d'abord à assurer la sécurité personnelle de ses membres et la liberté de ses délibérations, entourée qu'elle y fut dès la première séance d'une multitude hostile accourue de tous les points de la France avec de sinistres desseins, et disposée à user de violence contre elle au premier prétexte donné.

Il fallut ensuite réorganiser les services publics bouleversés par la guerre et le gouvernement dit de la Défense Nationale et nommer un chef du Pouvoir exécutif.

M. Thiers s'imposait pour ces hautes fonctions. Il fut là dans son rôle d'homme parfaitement au courant de tous les ministères, très intelligent en affaires et très actif malgré son âge.

L'Assemblée eut ensuite à accomplir la plus douloureuse partie de sa tâche : arracher la France aux horreurs de l'invasion. Elle fit la paix, et cet acte si sage et si patriotique lui fut imputé à crime par les Révolutionnaires qu'elle avait dans son sein; transfuges à l'émeute, plusieurs députés la quittèrent à Bordeaux et vinrent soulever contre elle, dans Paris, les masses surexcitées par les longues souffrances du siège.

Millière et Delescluze payèrent de leur vie cette double forfaiture.

Mais c'était la France entière que l'Assemblée vint défendre de Versailles, elle y appela l'armée restée fidèle et la Commune fut vaincue.

C'est alors que, maîtresse de la situation, l'Assemblée Nationale eût dû accomplir la seconde partie de sa tâche : délivrer la France des factions révolutionnaires dont elle venait de voir les fureurs, et, pour lui assurer l'ordre et le repos, lui donner un Gouvernement Monarchique; elle le devait, elle le pouvait, elle ne le fit pas.

En vain, le 15 juin, un ardent Monarchiste, Dahirel, de- manda-t-il la nomination d'une commission de Constitu- tion ? En vain l'à-propos de cette réclamation fut-il signalé par Charreton, s'écriant : « Vous vous hâtez de peur que « les élections prochaines dérangent votre majorité. » Ce cri d'alarme d'un adversaire de la Monarchie, qui aurait dû être pour la Droite un avertissement suprême, passa ina- perçu; la proposition de Dahirel fut renvoyée à l'initiative parlementaire, et la majorité Monarchiste resta muette : elle n'avait pas de chef, et sans chef l'Assemblée la plus active et la mieux intentionnée s'agite dans la confusion et l'im- puissance.

Je me trompe; la majorité avait un chef, mais il se déroba.

M. Thiers, par sa grande notoriété politique, le dévoue- ment qu'il avait montré dans la guerre, sa nomination dans vingt-six départements, avait été reconnu de tous, à Bor- deaux, comme la personnalité éminente de l'Assemblée; l'investiture du Pouvoir exécutif avait sanctionné cette prééminence, et l'Assemblée Monarchiste qui lui avait donné sa confiance était en droit d'attendre d'un vieux ser- viteur de la Monarchie, instruit par sa longue expérience et par le péril suprême auquel venait d'échapper la France dans le déchaînement des passions révolutionnaires, qu'il n'y avait qu'un remède à tant de maux : le retour à un gouvernement régulier et stable, le retour à la Monarchie; lui seul, par sa haute influence et son habileté, pouvait amener entre les Légitimistes et les Orléanistes une fusion de sentiments et d'aspirations vers le but unique de cette Restauration. C'était son devoir; c'eût été le grand honneur de sa vie : il le méconnut.

M. Thiers (je ne voudrais pas être trop sévère pour

lui) était sceptique, pour lui tout était accident dans la
vie d'un peuple, tout par conséquent devait être expédient
dans la politique; si on tient compte aussi de sa faiblesse
de caractère et de sa passion du Pouvoir, on aura le secret
de sa défaillance et on s'expliquera comment, alors que
Dahirel, dans un élan patriotique, demandait un Gouvernement Monarchique, M. Thiers faisait demander par Baze
la confirmation de ses droits et prérogatives comme chef
du Pouvoir exécutif de la République française.

Le résultat des élections de juillet le mit à l'aise, car
en affaiblissant la majorité Monarchique il lui interdisait
désormais d'entrer en lutte ouverte pour la Monarchie. Et,
en effet, on prit, dès lors, pour traiter cette grande question, la voie tortueuse et incertaine des expédients, ils
n'amenèrent que des mécomptes.

Quant à M. Thiers, il s'engagea de plus en plus vers la
Gauche jusqu'au jour où, compromis par sa faiblesse dans
les agissements factieux de Gambetta contre l'Assemblée,
il perdit la confiance de la Droite qui, cette fois, coalisée
dans un sentiment énergique de conservation, lui retira le
Pouvoir qu'il n'avait plus la force d'exercer.

Sous le Gouvernement du Maréchal de Mac-Mahon, les
espérances monarchiques se réveillèrent, mais aussi les
divisions s'accentuèrent entre les Monarchistes. On agit
sans union, sans ensemble, et l'entreprise d'octobre 1873
échoua.

Ce fut le dernier effort tenté dans cette voie; chaque
élection partielle amenait du renfort aux adversaires de la
Monarchie, ils surent en profiter pour consacrer définitivement la forme républicaine.

Et maintenant, pour tirer de ces grands évènements l'enseignement que j'ai eu dessein d'y chercher, après avoir
vu que l'Assemblée Nationale n'a pas rempli la mission de
donner à la France un Gouvernement Monarchique et alté-

nué cette faute en en reportant sur M. Thiers la principale
responsabilité, il est juste de reconnaître les circonstances
atténuantes qu'on peut invoquer en leur faveur, les voici :

Après tout ce qui a été fait depuis plus d'un siècle pour
ôter à la France l'antique foi religieuse de ses pères et le
respect de l'autorité, dogme fondamental de toute société;
après tout ce qui a été fait surtout dans ce siècle pour développer les appétits matériels et les satisfaire, un égoïsme
brutal a remplacé presque partout l'esprit d'abnégation et
le dévouement patriotique, cependant, pour tirer la France
de l'abîme où l'avaient jeté la guerre et la Révolution
en 1871, il eût fallu, dans l'Assemblée Nationale, un héros
et des martyrs; mais comme la foi religieuse et le dévouement sont exilés de cette belle terre de France, le héros et
les martyrs ne s'y sont pas rencontrés !...

Faut-il désespérer de l'avenir de notre pays ? Non, certes!
pour nous, croyants, ce serait blasphémer; le bras de Dieu
ne s'est point raccourci, mais c'est lui seul qui peut nous
sauver.

Travaillons tous à mériter cette assistance Divine, c'est le
siècle des travailleurs; mais il n'y a pas que les travailleurs
de la matière. Travailleurs de l'intelligence, occupez-vous
des affaires publiques; montrez au peuple qu'il n'est pas seul
à travailler et que son labeur n'est pas toujours le plus
dur; aidez-le de votre pouvoir dans ses affaires; prenez
la défense de ses intérêts; édifiez-le surtout par une vie
sans reproche, confessant publiquement votre foi et votre
amour pour notre sainte religion, et si, dans les desseins
de Dieu, votre tâche bien remplie ne reçoit pas son salaire
sur cette terre, n'oubliez pas qu'il vous est assuré dans
le ciel.

Le Puy. — Imp. J.-M. Fayroux, place du Breuil.

ERRATA

———

Page 21, 27ᵉ ligne. — Au lieu de *l'Assemblée nationale*, lire *la République française*.

Page 105, 22ᵉ ligne. — Au lieu de *l'Extrême-Droite*, lire *la Droite*.

TABLE DES MATIÈRES

CHAPITRE IV

CHAPITRE V

CHAPITRE VI

CHAPITRE VII

CHAPITRE VIII

CHAPITRE IX

CHAPITRE X

CHAPITRE XI

CHAPITRE XII

CHAPITRE XIII

CHAPITRE XIV

CHAPITRE XV

CHAPITRE XVI

CHAPITRE XVII

Le Puy. — Imp. Prayssac, Place du Breuil.

www.ingramcontent.com/pod-product-compliance
Lightning Source LLC
Chambersburg PA
CBHW071636270326
41928CB00010B/1941